国家社科基金冷门绝学研究专项
"先秦关陇古族古国华夏化研究"

西北粮仓

The Northwest Breadbasket Hexi Corridor

河西走廊

陶兴华 著

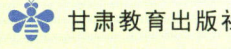
甘肃教育出版社
甘肃·兰州

图书在版编目（CIP）数据

西北粮仓——河西走廊 / 陶兴华著. -- 兰州：甘肃教育出版社，2025.6
ISBN 978-7-5423-5787-8

Ⅰ. ①西… Ⅱ. ①陶… Ⅲ. ①河西走廊－粮食问题－研究 Ⅳ. ①F326.11

中国国家版本馆CIP数据核字（2024）第035721号

西北粮仓——河西走廊
XIBEI LIANGCANG——HEXI ZOULANG
陶兴华　著

项目策划	薛英昭　孙宝岩
项目负责	张福英
责任编辑	张福英
版式设计	张小乐
封面设计	华　伟

出　版	甘肃教育出版社
社　址	兰州市读者大道568号　730030
电　话	0931-8433305（编辑部）　0931-8773056（发行部）
传　真	0931-8435009

发　行	甘肃教育出版社　印　刷　兰州人民印刷厂
开　本	787毫米×1092毫米　1/16　印　张　21.75　插页　4　字　数　220千
版　次	2025年6月第1版
印　次	2025年6月第1次印刷
书　号	ISBN 978-7-5423-5787-8　定　价　98.00元

图书若有破损、缺页可随时与印厂联系：0531-82079130
本书所有内容经作者同意授权，并许可使用
未经同意，不得以任何形式复制转载

前言

　　河西走廊地处甘肃西部，东起甘肃省武威市天祝藏族自治县境内的乌鞘岭，西至古玉门关，总体地势呈西北—东南走向，总长1000多千米，南北最宽处近200千米，最窄处仅有几千米。河西走廊地形地貌复杂多样，除了没有海洋景观，几乎所有的地形地貌在这条走廊上都有所呈现。因地形狭长，形如走廊，且位于黄河以西，故被称为"河西走廊"；又因地属甘肃省，故又被称为"甘肃走廊"。

　　河西走廊既是东西交通要道，又是文化交流的重要孔道，区位优势明显，战略地位极其重要。河西走廊虽然迟至西汉中期才正式纳入大一统中央政权管辖范围，但早在先秦时期，这里便已经存在着东西方文化的碰撞交流与互鉴融合。相对优越的地理位置和独特的地形地貌特征促使河西走廊较早就进入了新石器时代、青铜时代和早期铁器时代，产生了较为兴盛发达的彩陶文化和农牧业文明。

　　西汉武帝时期，张骞通过河西走廊出使西域，促使河西四郡和西域都护府得以设置，标志着官方的、有组织的、长期延续的"丝绸之路"正式开通。行政管理体系的建立，也保障了丝绸之路的畅通，进一步推进了本就已经存在的东西方文化交流的历史进程。从此，东西方经济文化交流从零星的民间往来，转变为由国家主导的涉及经济、技术、文化、艺术等诸多方面的大规模交往。

宋元明清时期，伴随着海上丝绸之路的兴盛，陆上丝绸之路的国际经济贸易地位有所衰落，但是位于陆上丝绸之路咽喉地带的河西走廊依然维持着汉唐以来的重要战略地位，是各政权之间竞相争夺和经略的重点区域。河西走廊不仅是地理通道，更是历史上著名的"民族走廊"和"文化走廊"，文化的多样性直接促进了文明的交流、互鉴与发展进步，其多元交融的特质深刻影响了中国乃至欧亚文明的发展。

河西走廊就像是中原王朝伸向西域的一条手臂，如若断臂，就意味着外族势力随时可以入侵中原。自从汉武帝时期征伐匈奴，始设河西四郡以来，历代中央王朝和西北地方政权都对河西地区给予了高度重视。《旧五代史》中记载："安禄山之乱，肃宗在灵武，悉召河西戍卒收复两京，吐蕃乘虚取河西、陇右，华人百万皆陷于吐蕃。"安史之乱的发生，已经动摇了唐王朝的统治根基，再加之吐蕃占据河西地区，更为飘摇不定的唐王朝增添了些许动荡不安。所以明王朝刚一建立，朱元璋就派军队西征并成功控制了河西地区，随后就开始不断地在河西地区修建长城及其他防御设施，清朝也在河西走廊地带修建了大量的军台、驿站和道路体系，以确保中央王朝以河西为重要基地对广大西北地区进行有效统治。清代著名学者顾祖禹在总结历史上的山川地域形胜时，对河西地区的区位优势作了高度概括和评价，他指出："欲保秦陇，必固河西；欲固河西，必斥西域。"

河西走廊是连接黄土高原、内蒙古高原与青藏高原的过渡地带，是汉唐以前中原文化与域外文化沟通交流的重要通道，是连接欧亚非三大洲物资贸易的必经之地，世界各地的多元文化在此交流互鉴。印度的佛教文化就是沿着河西走廊大规模地进入中原内地的，使得河西地区成为我国早期佛教文化的传播圣地，著名的西域高僧鸠摩罗什就曾在凉州弘扬佛法，开启了佛教中国化的历程，留下了丰富的汉译佛教经典和中国化佛教石窟艺术。位于河西走廊最西端的敦煌，有着现存规模最大的佛教绘窟艺术殿堂——莫高窟，敦煌藏经洞发现的经卷、画卷、文书等都具有极高的艺术价值与学术价值，备受世人关注。魏晋南北朝时期，中原地区长期陷入混乱，于是河西地区的相对稳定便吸引了大批中原人来此避难，不同的文化体系在此互动交融，从而创造出了丰富多彩且富有地域特色的文化遗产，呈现出跨越千年的辉煌与雄壮。季羡林先生曾评价道："世界上历史悠久、地域广阔、自成体系、影响深远的文化体系只有四个：中国、印度、希腊、伊斯兰，再没有第五个；而这四个文化体系汇流的地方只有一个，就是中国的敦煌和新疆地区，再没有第二个。"可以说，河西地区"承前启后，继绝扶衰"的文化精神在悠久的历史长河中经久不衰。支撑河西地区繁荣历史景象的因素有很多，除了其独特的区位优势之外，更为重要的是河西地区农牧业经济的长期兴盛，农牧业的发展为河西地区乃至整个丝绸之路经济文化交流奠定了较为坚实的物质基础。

河西走廊地势相对平坦，日照充足且昼夜温差大，这里虽然降雨量少、蒸发量大，但是祁连山的冰雪融水可以源源不断地为走廊提供基本生产生活用水，从而在大片荒芜的戈壁荒滩之中依然点缀生发出片片富饶的绿洲，并且还通过人工灌溉举措将部分戈壁滩改造成肥沃良田。考古发现，河西走廊早在先秦时期就已经开始了农业生产活动，特别是在西汉王朝设置河西四郡、推行移民实边、大兴屯田政策后，河西地区的农业经济得到了长足的发展。小麦、玉米、棉花、瓜果、胡豆、葡萄、核桃、苜蓿、石榴、胡萝卜等种类丰富的农作物在这里交替耕作，生产的粮食不仅品种丰富，而且产量较高，素来享有"西北粮仓"之盛誉，被历代统治者视为"强兵足食"之要地。史籍中也有许多关于河西走廊农业兴盛状况的记载，唐人杜佑在《通典》中记载，天宝八年（749年），全国和籴仓储粮总数1139530石，其中河西地区的粮食存量多达371750石，占到了全国总量的32.6%！时人则云，开元时"西有甘、凉六府之饶，东有两河之赋"。著名历史学家严耕望先生在《唐代交通图考》中这样评价河西地区的经济状况:"今居延海泽接张掖河,中间堪营田处百千顷,水草畜牧,供巨万人。又甘州诸屯,犬牙相接,见所聚粟麦积数十万,田因水利,种无不收,运到同城,甚省功费。"今日的河西走廊是中国西北地区重要的粮、棉、油、肉、菜生产基地,为国家提供了数量可观的商品粮,依然可算是名副其实的"西北粮仓"。

河西地区不仅自身拥有较为发达的农牧业发展基础,而且还在东西方农业、商贸和文化发展交流等方面发挥着重要的过渡和引领作用。河西地区农牧业的繁荣发展不但满足了当地人们生活的基本需求,同时也为中央政府巩固边防提供了雄厚的物质基础,而且还为商业和手工业发展提供了种类丰富的原料产地与地域广阔的交易市场,从而使得河西走廊成为陆上丝绸之路过往商旅的首选路线。农牧并重的经济结构,为河西地区与周边其他区域之间展开商贸联系与文化交流提供了较为充足的条件,从而促进了河西走廊经济商贸通道的兴起和繁盛。千百年来,河西地区是众多族群跨区域交往交流交融的枢纽地带。作为"民族走廊",河西地区在促进中华民族共同体形成过程中发挥了突出作用。

本书大体分为三大部分对河西农牧业开发情况进行概述,主要从河西走廊的自然地理环境、河西地区发达农牧业的创造主体、不同历史时期河西地区农牧业发展状况、新时代河西地区特色农牧业发展格局等视角切入,对河西走廊作为"西北粮仓"的历史地位、发展历程及其社会影响进行全面细致的阐发和总结,最终揭示河西地区在解决全国粮食问题、维护国家粮食安全战略等方面所发挥的重要作用和引领示范价值。

首先,概要介绍河西走廊的自然地理环境、区位优势和史前文化变迁情况,便于读者认识河西走廊作为"西北粮仓"赖以生存的自然地理条件、交通位置、农牧业发展早期历史基础等情况。河西走廊独特的自然地理条件为农牧业的发展提供了良好的光热条件、土壤条件和较为充足的灌溉水源,使河西走廊发展绿洲农业成为可能；同时，河西走廊有着丰富的草场资源，非常适宜畜牧业的发展，因此也就产生了世界最大马场——山丹马场。河西走廊的农牧业经济发展历史悠久，可以追溯到文字产生以前的史前文化时期。如新石器时期的马家窑文化、西城驿文化，青铜时代的齐家文化、四坝文化，以及早期铁器时代的骟马文化与沙井文化，河西地区早期农牧业的发展优势是这些史前文化得以兴盛的基础条件。又因河西走廊"接四境而扼三边"，有着得天独厚的区位优势条件，自古以来就成为中原、西域以及南北族群之间重要的交流通道。考古工作者在张掖西城驿、东灰山遗址中发现距今4000年左右的小麦遗存，这说明河西地区早在史前就已经发生了东西方粮食品种的互动交流情况。

其次，从专题角度分别探讨河西走廊农牧业生产发展对于中华民族共同体构建、敦煌文化兴盛、丝绸之路文明交流互鉴、生态资源保护与合理利用等方面的贡献与启示。中国古代强调"天人合一"的哲学理念，当今我们则重视人与自然和谐共生。第一部分内容重点介绍了河西地区的自然地理环境和区位优势，这在一定程度上是在探讨天、地等外在条件问题。人处于天地之间，既是适应者，又是创造者。因此，在介绍完天、地问题之后，就有必要探讨处于天地之间的人及其文化问题。所以，第二部分内容重点介绍不同历史时期在河西地区从事农牧业生产活动的诸多族群，他们长期生活在河西地区并且接力式地创造了灿烂辉煌的河西文化。历代河西人积极进取、艰苦奋斗、兼收并蓄，通过长期的生产活动深刻影响了中华民族的发展历程，也促进了河西走廊农牧业经济的发达，从而为各民族交往交流交融提供了新的发展机遇，不仅推动中华民族共同体从逐渐形成到发展壮大，而且创造出了灿烂辉煌、多姿多彩、包罗万象、举世无双的敦煌文化。

再次，以时间为线索，梳理了从西汉到明清时期河西走廊的农牧业开发政策、食品结构、粮食品种、生产技术、水利兴修、商品贸易、饮食文化等历史变迁线索，以便系统全面地阐述不同历史时期河西走廊的农牧业发展状况。从中可以发现，由于河西走廊突出的战略地位，该地区历来为中央和地方的统治者所重视，他们在河西地区积极推行合理有效的农牧业发展政策。前事不忘，后事之师，我们希望通过对河西地区农牧业开发史的梳理，能够为今后全面有效促进河西地区经济文化发展提供历史经验，进而实现鉴往知来、以史资政的优良效果。

进入新时代以来，鉴于河西地区自身生态环境的相对脆弱性，党和国家领导人及社会各界有识之士充分认识到对河西地区生态资源进行有效保护与高效利用，竭力推进河西地区走现代化、科技化、集约化、可持续发展之路的重要性。通过对河西地区的水利资源、特色农业、科学养殖业等情况的分析，希望能够为河西地区生态资源有效保护利用、农牧业经济可持续性发展提供可资借鉴的经验。今天的河西地区充分利用丝绸之路黄金段优势条件，搭乘"一带一路"倡议之东风，借助新兴科技手段，因地制宜地探索出了多种新型特色农牧业发展模式，并由此衍生出一系列的经济发展新兴产业链，形成了新时代农牧业产供销发展新格局，正在重振河西地区"西北粮仓"之雄风，对助推地方社会和国家经济文化发展事业迈上新台阶具有十分重要的作用。

河西走廊不仅具有位于丝绸之路咽喉地带的独特区位优势，更有着悠久深厚的农牧业发展基础。本书通过梳理河西走廊农牧业的发展概况，旨在阐释河西走廊粮食生产对于国家安定、经济发展、社会和谐、文教兴盛、文明互鉴、科技振兴、可持续发展等方面的重大意义和价值，不仅凸显河西走廊作为"西北粮仓"的重要地位，同时也以图文并茂的形式向读者展示更加真切立体的河西走廊，希望有更多同仁与我们一道投入到对河西走廊辉煌历史、宏伟现实和美好未来的全面深入的探析之中。

西北师范大学历史文化学院　陶兴华

目录

壹 河西粮仓所赖以生存的自然地理基础

一、永不褪色的河西走廊 003

二、祁连山孕育下的走廊绿洲 011

 （一）河西绿洲的生命之源——祁连山 012

 （二）祁连山孕育下的三大水系 014

 （三）绿洲农业发展的天然优势 019

 （四）畜牧业发展的坚实基础 021

三、河西区域变迁与河西走廊区位优势 026

 （一）河西区域范围的历史变迁 026

 （二）河西走廊的区位优势 027

四、结语 028

贰 河西绿洲与敦煌文化的兴盛

一、河西文化兴盛的必要条件 031

 （一）得天独厚的绿洲环境 034

 （二）独具特色的绿洲城镇 041

 （三）丝路孔道的交通优势 048

二、恢宏灿烂的河西文化 050

（一）五凉时期的河西文化 051

（二）熠熠生辉的敦煌文化 060

三、结语 067

叁　河西诸族的交往交流交融

一、历史时期的河西诸族 073

（一）先秦秦汉时期的河西诸族 073

（二）魏晋南北朝时期河西民族结构的变动 080

（三）隋唐五代及宋金时期的河西民族分布 085

（四）现代民族格局的形成 090

二、河西诸族的交融 097

（一）生产生活方式的交互共进 097

（二）民俗文化的互嵌式融合 102

（三）新兴民族的出现 105

（四）和而不同的"民族村" 106

三、民族融合的助力因素 109

（一）相对发达的农牧业 109

（二）宽松包容的政治环境 112

四、结语 115

肆　河西史前文化所见的东西农牧文化交流互鉴

一、河西地区新石器时代文化 119

（一）马家窑文化 119

（二）西城驿文化 123

二、河西地区青铜时代文化 128

（一）齐家文化　128

　　（二）四坝文化　130

　　（三）骟马文化　135

三、河西地区铁器时代早期的沙井文化　138

　　（一）沙井文化概况　138

　　（二）沙井文化所见的农牧业生产活动　139

四、结语　140

伍　两汉时期河西地区的农牧业开发

一、大汉天威　145

　　（一）凿空西域　145

　　（二）东联西进　148

　　（三）列四郡据两关　148

　　（四）移民与屯田　151

二、岁物丰成　153

　　（一）先进的农业生产技术　154

　　（二）丰富的农作物种类　162

三、六畜兴旺　167

　　（一）牧业发展的基础　167

　　（二）牲畜养殖与利用　170

　　（三）牲畜饲料的人工培育　178

四、多样化的饮食产品　178

　　（一）粮食类　179

　　（二）蔬菜类　180

　　（三）肉类　181

五、结语　182

陆　魏晋南北朝时期的河西庄园经济

一、魏晋时期河西经济的恢复　185
　　（一）农业恢复的措施　185
　　（二）从生产工具看农牧业发展状况　188

二、庄园经济下的农牧业发展　194
　　（一）"自给自足"的经济模式　194
　　（二）河西走廊的坞堡庄园经济　196
　　（三）河西地区的农牧业生产活动　201

三、五凉时期河西地区农牧业的发展　210
　　（一）前凉农牧业经营方略　211
　　（二）西凉农牧业生产概况　212

四、魏晋时期河西地区饮食文化　213
　　（一）饮食所见农牧业生产活动　213
　　（二）饮食结构体现的文化交流　215

五、结语　216

柒　隋唐时期河西地区农牧商贸业的全面繁盛

一、隋朝对河西地区的经营　219
　　（一）震慑突厥诸部，解除西北边患　219
　　（二）裴矩招商和隋炀帝西巡　221
　　（三）大兴屯垦，发展畜牧　224

二、唐代河西地区农牧业与商贸发展　227
　　（一）敦煌市场的盛衰　227
　　（二）甘州回鹘与丝路贸易　231
　　（三）农牧业发展状况　234

（四）市场格局的变动　238

　三、唐诗中的河西印象　240

　四、结语　245

捌　宋元明清时期河西粮仓与西北经略

　一、西夏政权对河西地区的统治与经营　249

　　（一）唐后期至西夏时期的河西形势　249

　　（二）西夏统治下的河西民族　251

　　（三）西夏政权对于河西畜牧业的管理举措　252

　　（四）西夏时期河西农牧业比重的转变　257

　二、作为元朝后花园的河西地区　260

　　（一）河西军政的发展　261

　　（二）河西水利开发与屯田演进　262

　　（三）法理严明的畜牧业　264

　三、明朝对河西的治理　265

　　（一）卫所制下的拓荒垦田　265

　　（二）恢复生机的农牧业　267

　　（三）再度繁荣的商品经济　269

　四、清朝重振河西地区　270

　　（一）明末清初备受战火摧残的河西地区　270

　　（二）清代河西地区农牧业的回暖　271

　五、神秘的黑水城　274

　　（一）黑水城的地理位置　275

　　（二）居延绿洲中的重要粮仓　275

　六、宋元明清时期的边疆制衡经略　279

　　（一）宗教的政治辅助作用　279

（二）河西地区的长城护卫　286

　七、结语　293

玖　继往开来的新时代河西粮仓

　一、新时代河西水资源的保护与利用　297

　　（一）河西水资源的基本概况　297

　　（二）河西水资源的保护与利用措施　298

　二、独树一帜的河西特色农业　302

　　（一）制种产业区　302

　　（二）酿制原料和瓜果生产区　304

　　（三）蔬菜产业区和中药材产业　307

　二、新时代的河西畜牧业　311

　　（一）成群结队的牛羊　311

　　（二）现代化农场　314

　三、结语　319

　参考文献　324

　后记　321

壹 河西粮仓所赖以生存的自然地理基础

河西走廊地处甘肃西部,东起甘肃武威天祝藏族自治县境内的乌鞘岭,西至古玉门关,介于南北两大山脉之间,东西长约1000千米,南北宽度20~200千米不等。该区域总体呈西北—东南走向,形如一道狭长走廊,因位于黄河以西,故称"河西走廊";又因地处甘肃,故又被称为"甘肃走廊"。

一、永不褪色的河西走廊

河西走廊在甘肃省内总面积约27万平方千米，海拔1000~2500米不等，但大部分地区海拔通常都在1100~1500米之间。河西走廊北边山脉自东向西主要有龙首山、合黎山和马鬃山，南边山脉主要为祁连山。河西走廊中部总体比较平缓，大部分地区是由南北两侧山地的沙砾物质经河流、雨水长期冲刷而形成的倾斜平原，地貌结构呈有规律性的带状分布，从两侧山坡到中间腹地依次为山麓坡积带、洪积扇带或冲积带以及洪积冲积带，因此形成了河西走廊山地、草原、荒漠、戈壁、河流、湖泊与绿洲盆地交错分布的局面。

河西走廊地处甘肃西部，东连陇中黄土高原，西接塔里木盆地和哈密盆地，南通河湟谷地和青藏高原，北达蒙古高原和大漠，有所谓"接四境而扼三边"的说法，乃"天下要冲、国家藩卫"，历代中央大一统政权都将其视为国家的西北门户，其"安危关乎天下之治乱"，历来是兵家必争之地。可见，河西走廊既是东西交通要道，又是文化交流的重要孔道，区位优势明显，战略地位极其重要。

河西走廊位于欧亚大陆腹地，气候类型属于典型的温带大陆性气候，区域内总体呈现出干燥少雨、多风沙、光照充足、昼夜温差大等特征。年降水量各地有所不同，但大致呈自东南向西北依次递减的趋势，多者不超

河西走廊风光

祁连山雪山草原

过500毫米，少者甚至不足50毫米。年蒸发量却达2000～3500毫米，而且越是干旱少雨的地方，越易受到风沙的侵袭。河西走廊的土壤大部分为山地土壤和荒漠土壤，少部分为绿洲可耕作土壤，可耕地主要是在荒漠条件下，经过长期的河流浇灌、切割、沉淀，农业施肥以及人为换土易壤等改良措施而逐渐形成的，这部分可耕作土壤土质较为肥沃细腻，但毕竟厚度有限，疏松多沙，所以在干旱少雨、多风沙等气候条件下，很容易受到侵蚀而荒漠化。

虽然河西走廊干旱少雨，多风沙，蒸发量远大于降水量，可用于耕作的土地面积极为有限，看似很不适宜于人定居，但是，天无绝人之路，上天把最好的礼物——祁连山冰川融水恩赐给了河西走廊。祁连山被誉为河西走廊的"高山水库"，这是当之无愧的。河西走廊的水资源大都来自祁连山冰雪融水，仅是发源于祁连山的大体呈南北走向的河流就有57条之多,且都属于内陆河。大黄山和黑山的自然分割使得这些为数众多的河流各有归属,分别形成了三大水系,自东向西依次为石羊河水系、黑河水系和疏勒河水系。

以上所述这三大水系的干流长度、地表径流量和流域面积各自差别很大,目前尚未形成精确统一的数据,但可以确定的一点是,无论是干流长度还是地表径流量,黑河水系都位列第一,其次是疏勒河水系,最后是石羊河水系。这三大水系不仅构成了河西走廊流域面积广阔的地表水资源,还对河西走廊较为丰富的地下水资源起到了重要的补给作用。凭借这三大水系众多河流所提供的地表水和地下水资源的灌溉滋养,河西走廊自东向西形成了三块面积较大的绿洲,即武威绿洲、张掖绿洲和酒泉绿洲。三大绿洲内部又存在一些小绿洲,如民勤绿洲、高台绿洲、临泽绿洲、敦煌绿洲、玉门绿洲等。这三大绿洲分别对应三大水系,虽然三大绿洲之间受到

张掖七彩丹霞

高山、荒漠和戈壁等一定程度的阻隔，但三大绿洲内部各个小绿洲又大体可以连成一片，于是在各大绿洲内部便产生了一定规模的农牧业、手工业和商业，进而形成了大大小小的村镇、各具特色的城市、商贸集散地、政治和文化中心。

总之，河西走廊区位特征明显，地理位置优越，在人类社会早期易于

产生多样化文明,进入文明时代以后更便于进行东西文明的交流与互鉴;古代河西走廊内外族群数量众多,而且流动性强,易发生族群间的互动与融合。

河西走廊是一处人文荟萃之地,这里不仅占据着重要的战略地位,拥有悠久灿烂的历史文化,还有多样化的自然生态景观。这里有银装素裹的

荒漠戈壁

西北粮仓——河西走廊

▎金塔胡杨林

祁连白、梦幻如水的冰川蓝、生机盎然的草场绿,以及开满山坡的黄色油菜花和色彩斑斓的丹霞地貌景观。踏上河西走廊这片魅力十足的土地,一幅幅如诗如画的奇特景观相继映入眼帘,我们会油然产生一种对大自然神奇力量的无限感慨。在河西走廊独特自然景观的背后蕴含着悠远深厚的历史积淀,我们可以在河西走廊的历史变迁轨迹中探寻到难以计数的古老印记。河西走廊作为早期文明时期贯通东西方的重要通道,尤其是作为西域传向中原的粮食生命线中关键的一站,所处地理位置和自然条件非常重要。

河西走廊虽然迟至西汉中期才正式纳入大一统中央政权管辖范围,但早在先秦时期，这里便已经存在着东西方文化的碰撞交流与互鉴融汇。相对优越的地理位置和独特的地形地貌特征促使河西走廊较早就进入了新石器时代、青铜时代和早期铁器时代，产生了较为兴盛发达的彩陶文化和农牧业文明，文明的多样性直接促进了文明的交流、互鉴与发展进步。西汉武帝时期，张骞通过河西走廊出使西域，这被后世誉为"凿空"之举，此后便有了河西四郡和西域都护府的设置。通常认为，官方的、有组织的、长期延续的"丝绸之路"便于此时开通，但实际上，民间的、自发的、时断时续的"羊马之路""铜铁之路""麦粟之路""彩陶之路""玉石之路""丝绸之路"早在先秦时期就已经形成了。据此，张骞出使西域仅是进一步"沟通"了本已存在的东西方文化交流的历史与现实，而非首次"开通"这一东西政治、经济、文化交流通道。无论是先秦时期还是汉唐时期，河西走廊作为东西经济、文化交流咽喉通道的战略地位始终没有改变过，这里不仅是多种文明交流融汇的特别区域，也是诸多族群流徙变迁与互动融合的重要场所。宋元明清时期，伴随着海上丝绸之路的兴盛，陆上丝绸之路的国际经济贸易地位有所衰落，但是地处陆上丝绸之路咽喉地带的河西走廊依然维持着汉唐以来的重要战略地位，是各政权之间竞相争夺和经略的重点区域。伴随着"一带一路"倡议的提出和推进，今日的河西走廊正在重新焕发出勃勃生机。

二、祁连山孕育下的走廊绿洲

祁连山与河西走廊仿佛是母亲与孩子的关系，可以说没有祁连山就没有河西走廊。祁连山位于河西走廊的南部，在滋养河西走廊方面发挥着重要作用。正是这座绵延悠长山脉的存在，才使得大部分区域为沙漠和戈壁景观的河西走廊生发出一片片富饶的绿洲。宜农宜牧宜商的点状分布的绿洲，便于人类社会生产生活的开展，从而使得河西走廊从一条地理意义上的走廊变成了一条蕴含丰富历史文化信息的走廊。

（一）河西绿洲的生命之源——祁连山

祁连山位于甘肃和青海境内，处于两省的交界处，东起乌鞘岭，西至当金山山口，与阿尔金山相接，东西长约1000千米，南北宽200~400千米。主峰岗则吾结（团结峰）海拔5808米，其他山峰海拔多在4000~5500米之间。祁连山并不是一条单独的山岭，而是由一群西北—

▎祁连山雪域烽燧

东南走向的高山与川谷盆地平行排列组成。河西走廊属于祁连山地槽边缘拗陷带,由于喜马拉雅运动时,祁连山大幅度隆升,走廊接收了大量的洪积、冲积物,自南而北依次出现南山北麓坡积带、洪积带、洪积冲积带、冲积带和北山南麓坡积带,它们共同造就了河西地区丰富多样的地貌类型和生物种群。

祁连山东南端乌鞘岭的存在,造成了河西地区与河东地区在自然地理环境、气候特征等方面的明显差异。乌鞘岭主体处于甘肃省武威市天祝藏族自治县境内,东西长约17千米,南北宽约10千米,主峰海拔3562米。与祁连山脉其他山岭相比,乌鞘岭海拔并不突出。但是乌鞘岭却有其极为独特之处,它是一条天然的地理分界线,这里是我国地势第一阶梯和第二阶梯的交界地带,是黄土高原和内蒙古高原的交界地带,是季风区和非季风区的分界,是干旱地区和半干旱地区的分界,还是北部内流河和南部外流河的分水岭。在历史时期,这种分界线所在地区往往成为兵家必争之地。

乌鞘岭一带气候寒冷,年均气温在零下2.2摄氏度,史料记载,乌鞘岭"盛夏飞雪,寒气砭骨"。乌鞘岭南北两侧区域海拔在2000米左右,然而到了乌鞘岭后地势陡升,挡住了经过长途跋涉辗转到来的最后一丝太平洋暖湿气流,致使乌鞘岭以北的河西走廊降水量明显偏少。

祁连山东部地区降雨量相对丰富,这里分布着许多国家森林公园,向西一直延伸到张掖市境内。随后森林开始减少,草原变得丰盛起来,于是便出现了山丹马场所在地的大马营草原,这里自古以来便是我国重要的牧区之一。到了祁连山西部的党河南山一带,呈现出的则是一片荒漠景象。降水量由东向西逐渐减少,也造就了河西走廊森林—草原—荒漠的地貌变迁态势。我们可以依据以上三种景观的出现情况,将祁连山分为东、中、西三段：民乐县扁都口以东为祁连山东段，扁都口至疏勒河上游谷地为中段，疏勒河谷以西为西段。

（二）祁连山孕育下的三大水系

绿洲的形成与水资源充足是分不开的，河西地区文明的兴盛与流经走廊的河流有很大关系。祁连山的冰雪融水与降雨造就了河西走廊较为发达的内流河水系，因此在河西走廊形成了三大绿洲平原，分别是以石羊河为中心的武威平原、以黑河为中心的张掖平原和以疏勒河为中心的酒泉平原。三大绿洲平原之间往往被大片的沙漠、戈壁分割开来；同时，三大平原内部也并非整体一片的绿洲，而是由一些相对接近的小绿洲点、线、面连缀组合而成。河西走廊大小绿洲的地表覆盖着一定厚度的黄土层，经由三大水系50多条内流河的浸润，从而形成了大大小小的民众聚居区和城市，生发了源远流长、恢宏灿烂的丝绸之路河西走廊段文化。

1. 石羊河水系

石羊河据说是因沿途常有石羊（即岩羊，常生活于高山之间）出现而得名，它发源于祁连山脉东段冷龙岭北侧的大雪山，主体流经河西走廊东部武威市的凉州区、古浪县、天祝县、民勤县和金昌市的金川区、永昌县等地，最终消失在巴丹吉林沙漠和腾格里沙漠一带的茫茫戈壁之中。石羊河全长大约250千米，流域面积约4万平方千米。石羊河水系流经区域地貌自南向北呈现出不同的面貌特征，南部主要是黄土梁峁（黄土塬经侵蚀分割而形成，主要包括呈条状延伸的岭冈和丘陵，顶面较为平坦，斜坡较陡峭）及山麓洪积冲积扇（干旱、半干旱地区的暂时性山地水流出山口后，逐渐堆积形成的扇形地貌）；中部是盆地平原，形成了武威和永昌等绿洲，灌溉农业较为发达；北部以沙砾荒漠为主，并有剥蚀石质山地和残丘，东

石羊河

部为腾格里沙漠，靠近北部和东部的地区形成了民勤绿洲。总体而言，石羊河水系可算是甘肃武威、金昌两大干旱地区的主要工农业用水来源。

石羊河是近代以来的名称，汉代称之为"谷水"。《汉书·地理志》记述："南山，谷水所出，北至武威入海，行七百九十里。"北魏时期的地理著作称其为"马城河"，五代时期因流入终端湖——白亭海而将其称为"白亭河"，明代又改称为"三岔河"，清代一度称之为"郭河"。石羊河的主要支流有大景河（大靖河）、古浪河、黄羊河、金塔河、西营河、东大河及西大河等，它们与石羊河干流共同组成了石羊河水系。石羊河水系按照水文地质单元又可分为三个独立的子水系，即大靖河水系、六河水系及西大河水系。大靖河水系主要包括大靖河，流入大靖盆地后被转化利用。六河水系主要由古浪河、黄羊河、杂木河、金塔河、西营河、东大河组成，主体流入武威南部盆地后被综合吸收利用，六河在武威南部盆地边缘汇入

金川峡水库

石羊河干流，最终在进入民勤盆地后被消耗殆尽。西大河水系上游主要是西大河，流入永昌盆地后被转化利用，随后汇入金川峡水库，最终被金川—昌宁盆地充分吸收利用。

2. 黑河水系

黑河发源于祁连山北麓中部，又称古弱水、黑水，流经青海省、甘肃省和内蒙古自治区，主体流经河西走廊中部地区，是甘肃省境内最大的内陆河，也是中国西北地区第二大内陆河。《尚书》《水经注》《山海经》等古籍都有对黑河的相关记载。《尚书·禹贡》记载："（大禹）导弱水，至于合黎，余波入于流沙。导黑水，至于三危，入于南海。"多数学者认为，《禹贡》此处提到的"合黎"就是河西走廊北部的合黎山；也有学者认为这里所说的"流沙"就是黑河的支流山丹河。黑河流域面积较广，从发源地到注入居延海全长800多千米，跨越三种不同的自然环境单元，流域面积超过14万平方千米。

黑河的主要支流有八宝河、山丹河、洪水河、童子坝河、大都麻河、酥油河、梨园河、摆浪河、马营河、丰乐河、讨赖河等，它们共同组成了黑河水系。讨赖河（也称作北大河、托勒水等）是黑河最大的支流，发源于祁连山脉的托来山东段，流经青海省海北藏族自治州祁连县和甘肃嘉峪关市、酒泉市等地，沿途注入下游金塔县鸳鸯池、解放村等水库，最后汇入黑河。讨赖河是酒泉、嘉峪关等地工业、农业和日常生活用水的主要来源。山丹河也是黑河重要的支流之一，它是造就山丹绿洲乃至张掖绿洲的主要水源。

黑河水系东西介于大黄山和黑山之间，北部与内蒙古自治区额济纳旗接壤，其中的额济纳河也属于黑河水系的一部分；黑河水系东部与武威盆

张掖境内黑河

地大体相连，西部与疏勒河流域的酒泉盆地毗邻。黑河流域面积广，流域内存在不少的大小绿洲，它们共同构成了河西走廊面积最大的绿洲，这里自古以来就是西北地区重要的牧区和农业区。

3. 疏勒河水系

疏勒河发源于祁连山区疏勒南山与讨赖南山之间，主要流经河西走廊西段的肃北蒙古族自治县、玉门市、瓜州县、敦煌市等地，全长600多千米，是甘肃省境内第二大内陆河水系，流域面积约17万平方千米。"疏勒河"是明、清以来的称谓，西汉时称其为"籍端水"，东汉时期改称"冥水"，唐代以后有"独利河""葫芦河"等称谓，元、明时期一度称其为"布隆吉勒河"。"疏勒"有"水草丰美"的意思，学界多认为是蒙古语的音译，也有人认为源于突厥语。疏勒河的主要支流有党河、榆林河、石油河与白杨河等，它们与疏勒河干流共同组成了疏勒河水系。党河是清代以来"党

▎疏勒河

金郭勒"的简称,其中"党金"与人名有关,"郭勒"则是表示河流意思的蒙古语。党河在古代不同时期有氐置水、龙勒水、甘泉水、都乡河等称谓。党河全长400千米左右,流域面积为1.7万平方千米,党河的存在对于敦煌绿洲的形成起到了至关重要的作用。疏勒河流域的上游主要是冲积平原,中游地区主要是河西走廊的酒泉—敦煌绿洲,下游以盐碱滩为主。疏勒河绿洲外围有面积较广的戈壁,间有沙丘分布。疏勒河流域是河西走廊一带海拔最低、气温最高、太阳辐射最强、日照时数最长、年降水量最少、年平均风速最大的地区。

石羊河、黑河、疏勒河这三大水系主体均发源于祁连山脉,水源主要来自祁连山冰雪融水,降雨起到了一定程度的补充作用。三大水系大都从南部山区出发,在总体向北的同时又向东、西两个方向延伸,从而形成了纵横分布于河西走廊的东部、中部和西部地区的水系格局,水系流经地区形成了森林、草原、农田、村落、城市等景观,从而在以戈壁、沙漠地貌为主的27万平方千米的河西走廊出现了片片绿洲,大小绿洲联合形成了以武威、张掖、酒泉为核心的绿洲群。这些绿洲的出现与形成,为河西走廊成为西北粮仓创造了天然的先决条件。

(三)绿洲农业发展的天然优势

河西走廊南依祁连山,这里有较为丰富的高山冰雪融水,为绿洲地区农作物生长提供了较为充足的灌溉用水,这使得河西走廊长期保持着独特的灌溉农业。除了三大水系的供水条件以外,河西走廊的气候因素也适宜农牧业的发展。河西走廊深居内陆地区,是典型的温带大陆性气候。河西走廊年降水量较少,但由于其所处地势海拔较高、云层较少,所以日照较为充足。据统计,年日照时长可达2500～3500小时。光照资源丰富,十分

西北粮仓——河西走廊

有利于农作物的生长。温带大陆性气候四季变化明显,昼夜温差变化幅度大,有利于农作物的营养元素积累。综合这些有利因素可知,尽管河西走廊地处干旱的沙漠、戈壁地区,但由于走廊具有良好的光热、土壤、水利等优势条件,因此河西走廊较早就形成了较为成熟发达的绿洲农业,悠久灿烂的中华文明也因之在河西走廊留下了浓墨重彩的一笔。

河西走廊绿洲

（四）畜牧业发展的坚实基础

河西走廊除了拥有农业发展的优势条件外，牧业的发展也具备巨大潜力。祁连山的冰雪融水不仅为河西走廊的灌溉农业提供了较为丰富的水量，同时也造就了优良的山地牧场和盆地草原。另外，河西走廊处于黄土高原、青藏高原和内蒙古高原交界之处，优越的自然环境和独特的地理位置吸引了众多的族群来到河西走廊，历史时期民族结构的复杂性使得河西走廊在一定程度上具备了"民族走廊"的意义和价值，这也使得河西走廊的经济结构长期呈现出农牧两种生产生活方式互补和并重的局面。在祁连山北麓的山脚下，有一片水草丰美、总面积约2.4万平方千米的大草原——祁连山草原，它实际上是张掖一带众多草原的统称。

我们可以将祁连山草原大致划分为三种不同的地理类型：1.高山草原区，包括肃南县、山丹县和民乐县的大部分地区；2.中部低地草甸区，散布于甘州区、临泽县和高台县等地；3.荒漠草原区，主要位于绿洲外围和荒漠边缘。在祁连山众多草原之中，名气最大的要数大马营草原，这里地势平坦，气候湿润，是世界第一大马场——山丹马场的所在地。山丹马场也是世界历史最悠久的大马场，自西汉开始，山丹马场就成为

祁连山草原

历朝历代的官方军马饲养基地。除了祁连山北坡的草原以外，在祁连山南坡的青海湖边也有大片美丽的草原。祁连山南、北坡的高山草原的族群有特别的联通方式，经有效联结后可以形成一股强大的势力，致使河西地区成为历朝历代各支游牧族群激烈争夺和异常活跃的舞台。祁连山草原水草丰美、湿润多雨，非常适宜畜牧业的发展。月氏、乌孙、匈奴、鲜卑、突厥、回鹘、党项、契丹、女真、蒙古、藏、回、裕固和哈萨克等少数民族都曾经在这里长期繁衍生息，对于河西走廊的开发和各民族的交融作出了不可磨灭的历史贡献。据统计，河西走廊拥有各类天然草地面积约10万平方千米，其中可利用的草原面积约9万平方千米，占河西走廊总面积的31%，占甘肃省可利用草原面积的51%。在新时代、新技术、新理念的引领和推动之下，河西走廊的优良草地资源必将为畜牧业的良性发展发挥更加便捷有效的作用。

山丹马场风光

山丹马场鸾鸟湖

三、河西区域变迁与河西走廊区位优势

河西自古以来就是多民族聚居地，各少数民族与汉族在这一区域长期互动交融，使得河西走廊在一定意义上也成为一条民族走廊、史诗走廊。河西走廊独特的自然条件和地理位置，使得它在不同历史时期成为各族群和政权争相角逐的舞台，"河西"地域概念内涵的变迁从一个侧面凸显了河西走廊日益重要的战略地位和区位优势。

（一）河西区域范围的历史变迁

今天我们提到的河西地区，通常都指以河西走廊为主体部分的区域范围，然而历史上不同时期的"河西"区域所指还是有所不同的。

在先秦时期就有"河西"的记述，但是与今日的河西走廊几乎没有什么关系。《尔雅·释地》记载："两河间曰冀州，河南曰豫州，河西曰雍州。"《战国策》和《史记》等典籍中多次提到与战国时期魏国有关的"河西""西河"等概念，此处的河西大体指今山西、陕西两省间黄河以西和洛河以东的一片区域，该地区初为梁国、芮国和部分戎狄势力的领土，后来成为秦晋两国长期角逐、分割占领的区域。三家分晋后，该地又成为秦、魏两国激烈争夺的区域，秦魏两国为此发生过五次大战，史称"河西之战"。

伴随着汉朝在今河西走廊一带的军事推进，西汉政府在这里设置了河西四郡，此后河西地区大体指代今甘肃、青海两省交界处黄河以西的区域，主要包括甘肃河西走廊、青海湟水流域和内蒙古的阿拉善、额济纳等区域。魏晋南北朝和隋唐五代时期大体沿用了汉代对河西的概念和范围的认知。北魏时期的河西在沿袭汉代河西概念的同时，还多了一个"平城之河西"的认知。唐代设置了河西节度使，河西概念大致等同于汉代。党项族建立西夏政权后,河西地区受西夏政权统治,辽金政权的统治者将西夏疆域统称为河西。蒙古国建立以后,统治者沿用辽金政权的认知,将西夏旧地笼统视为河西。因此,辽宋夏金元时期的河西范围与汉唐时期相比明显扩大。

明代设置了陕西行都指挥使司,管辖范围包括今甘肃嘉峪关以东的河西走廊地区和湟水流域,相比汉唐时期,明代的河西地区少了今酒泉地区。清朝设立的甘肃行省包括今甘肃省、宁夏回族自治区全部和青海省以及新疆维吾尔自治区的一部分地区。清人在言河西时,通常会加以限定,借以使人明白其所指为甘肃行省之河西,但是清人使用"河西"概念的频率要远低于使用"甘肃"的频率。1912年以来,河西作为一较大地域名称,不再具有行政区划的意义,但是人们约定俗成地将其用于指代整个河西走廊及走廊附近小部分地区。

(二)河西走廊的区位优势

河西走廊不仅具备农牧业发展的优良条件,还因为独特的地理位置,得以长期作为民族融合舞台、商贸集散地和文化交流通道而存续发展。自古以来,河西走廊一带虽然干旱少雨,大部分地方属于戈壁、沙漠景观,但它却是中原与西域之间经济文化交流的交通要道。西方诸多的粮食、牲畜、果蔬、香料等物种和玉石、铜器、马车、玻璃器等物品,经由河西走廊传入中原内地,中原地区的农作物、丝绸、茶叶、瓷器等产品及其加工技术也源源不断地输出到西方。总之,无论是农业、牧业、工商业还是文化方面,河西走廊一带都留存着文明交流互鉴的历史痕迹。《尚书》《诗经》《穆天子传》等先秦典籍中就有关于内地与西域经济文化交流的相关记载,《史记》《汉书》等正史中记载的中原与西域之间的互动交融个案更是不胜枚举。汉唐时期的边塞诗歌或多或少地给我们留下了一些雄浑壮丽的印象,汉晋简牍、敦煌文书、石窟寺庙等文化遗产则见证了河西走廊曾经的人文荟萃和灿烂辉煌。

河西走廊一带在历史上是族群代兴和互动交融的重要区域，更是东西方多样文化交流互鉴的主要孔道，也是屏蔽关陇、经营西域的核心基地，是历代王朝经略西北的粮仓重地。自从汉武帝时期征伐匈奴、始设河西四郡以来，历代中央王朝和西北地方政权都对河西地区给予了高度重视。清代著名学者顾祖禹在总结历史上的山川地域形胜时，对河西地区的区位优势作了高度概括和评价，他指出："欲保秦陇，必固河西；欲固河西，必斥西域。"

四、结语

位于中国西北内陆的河西走廊，属于丝绸之路的黄金地段，从古至今都是东西方经济文化交流的重要通道，曾经并依然发挥着重要的桥梁与纽带作用。河西走廊是中国西北地区重要的农牧业发展区，绿洲的出现极大地改变了大面积荒漠戈壁景观的单调性，苍茫戈壁之上几抹生机勃勃的绿色使得河西走廊发展出特色农牧业经济，因此被冠以"西北粮仓"的美誉。无论是农业、牧业、工商业还是文化方面的发展变迁，我们都可以从中看出河西走廊是具有重要引领和过渡作用的丝绸之路咽喉孔道。

河西走廊不仅战略地位重要，区位优势明显，而且还有着可供农牧业和工商业发展的自然条件。河西走廊一带虽然干旱、少雨、多风沙，但是祁连山的冰雪融水就如同一座巨大的天然水库，为河西走廊输入了50多条内流河，这些河流自东向西依次组成了石羊河、黑河和疏勒河三大水系，造就了武威、张掖、酒泉三大绿洲盆地。三大水系形成的水资源条件、面积较大的绿洲区域条件、时间充足的光热条件等可算是河西走廊经济文化发展的基本条件，它们共同促进了河西走廊农牧业的发展、城市商贸的繁华和多元文化的兴盛。

贰 河西绿洲与敦煌文化的兴盛

定居于河西走廊的人们为了提高生活水平和谋求发展，积极投身于农、牧、工、商、交通、观光和工程建设等不同类型不同规模的生产活动中。这些人类活动不仅深刻地改变了河西绿洲的面貌，同时还对当地居民的生活福祉产生了深远的影响，并促成了以敦煌文化为核心的河西文化的兴起。

贰　河西绿洲与敦煌文化的兴盛

河西文化的兴盛与绿洲农业有着密不可分的关系。绿洲农业是指在荒漠或半干旱地区，利用地下水或河流进行灌溉，从而种植出各种粮食作物和果蔬产品。绿洲农业不仅提供了人们生存所需的食物和生活资料，也促进了经济文化的交流和发展。在古代，许多文明都发源于绿洲地区并于此兴盛，如古埃及、古罗马以及古代丝绸之路上的城邦诸国。这些文明都依靠绿洲农业获得了粮食和财富，从而孕育出独具特色的宗教、文学、艺术和建筑等文化形态。同时，绿洲地区的文化也会影响和推动绿洲农业的发展。绿洲农业为文化发展提供粮食和其他物质基础，文化则为绿洲农业提供技术和知识保障，从而促进了人类文明的进步。

一、河西文化兴盛的必要条件

河西绿洲位于甘肃省西部，是"丝路上的梦幻之地"。河西绿洲拥有悠久的历史文化，是古代丝绸之路上的重要驿站。河西绿洲的形成与河西地区的自然地理环境有密切关系，同时也离不开绿洲农业的发展。在这片干旱的土地上，绿洲农业成为人类生存和发展的基础，河西文化也深受绿洲农业的影响。在绿洲农业的基础上，当地人民创造了独具特色的文化形态。例如，敦煌文化和凉州文化都是在绿洲农业的基础上发展起来的，反映了当地人民的生产生活和文化信仰。此外，河西绿洲还是中华民族多元文化的交汇地带。在古代，丝绸之路的商贸往来和文化交流使得西域文化

河西走廊农田

和中原文化交融，从而形成了独特的区域文化。河西绿洲文化的复杂性、多样性和包容性，反映出绿洲地区灌溉农业的繁荣和社会的发展。河西的绿洲农业和文化的发展是相互促进、相辅相成的。绿洲农业提供了生产资源和物质基础，推动了文化的繁荣和发展；文化和艺术则成为绿洲农业的精神支柱，促进了科技、文化和艺术的交流与创新。

河西绿洲孕育出的文化多姿多彩、纷繁复杂，我们如今将辉煌灿烂的莫高窟、精妙绝伦的彩塑、宏伟瑰丽的壁画、包罗万象的遗书统称为敦煌文化。但是这只是狭义上的敦煌文化，广义上的敦煌文化所包含的内容以及所涉及的空间极为广阔，我们可以将其理解为泛河西文化。在古代丝绸之路的往来沟通作用下，多种文化在河西走廊发展、交融，形成了独具特色的河西文化。以敦煌文化为代表的河西文化，见证了绿洲对于河西文化兴盛的重要影响。河西文化不仅是丰富多彩的中国文化的重要组成部分，也是人类文明发展变迁的重要见证。

（一）得天独厚的绿洲环境

1. 农业——河西文化发展的经济基础

独特的自然地理环境孕育了河西绿洲。河西地区虽然干旱少雨，处于沙漠戈壁地带，但是祁连山的冰雪融水与山区降水使得河西地区河流众多。大大小小的河流在河西地区形成了三大内流水系，自东向西分别是石羊河、黑河、疏勒河三大水系，三大水系滋润并灌溉了武威、张掖、酒泉、敦煌、瓜州等内陆绿洲盆地。水资源是人类赖以生存和发展的物质基础，正是因为河西走廊三大水系的存在，孕育了绵延不绝的河西社会文明。

受益于得天独厚的绿洲环境，从先秦时期开始，河西走廊就已成为多民族生存发展的优良地区。自河西归汉后，汉王朝大规模移民徙边，大量

祁连山草原上的羊群

的移民和戍卒为河西地区的农业生产提供了必要的劳动力，他们带来了中原地区先进的农耕和水利技术，大大促进了河西的农业开发，使河西地区的经济结构逐渐由以畜牧业经济形态为主向农牧兼营转型。

河西走廊虽然可耕地面积有限，但是土壤相对肥沃，加之有祁连山丰富的冰川融水等得天独厚的自然条件，在中原移民大量涌入和先进农耕技术输入的情况下，河西地区的农业生产水平得以显著提高。农业作为古代中国主要的生产方式，是社会发展的经济基础，充足稳定的粮食产量使得河西走廊的经济基础更加扎实稳固。河西地区农业发展不仅可以保证移民和驻军的基本需求，甚至还可以在中原地区发生饥荒时，调拨出大量的粮食用以救济中原灾民。

移民的到来不仅促进了河西的农业经济发展，而且还带来了中原文化的优秀元素。移民中不仅有戍卒、刑徒、流民等群体，还包括众多文化素养较高的官员和文化人士，他们的到来极大地促进了中原文化在河西的传播。这些文化修养较高的人士及其子孙后代，逐渐成为河西当地的名门望族，他们的文化信念、社会活动在很大程度上影响和丰富了河西地区的文化底蕴。

2. 河西文化发展的地理因素

较为充足的水资源、肥沃的绿洲土地、扎实的农业生产技术带来了稳定的粮食产量，绿洲农牧业的稳定发展使得河西文化的发展得到了良好的物质保障，即使中原王朝处于战乱动荡时期，河西地区仍然可以偏安一隅、自给自足。除此之外，复杂的绿洲环境及绿洲附近的沙漠奇观也为河西文化的兴盛提供了一定的支持。绿洲虽然土地肥沃、物产丰富，但围绕绿洲的却是大片荒芜的戈壁流沙，严酷的外界环境以及荒漠中一些独特的自然现象，容易诱发人们对大自然产生神秘感和畏惧感。这种感觉推动了人们向宗教寻求庇护，同时也使得河西地区的宗教文化显得更加丰富多彩。

敦煌鸣沙山的鸣沙现象很独特，对敦煌地区的宗教产生过一定程度的影响。距离敦煌城南几千米处有一片沙漠，沙丘高大而且经常会自然产生各种奇特的声音，特别是在夜晚，沙丘有时还会迸溅出彩色火花，这里被当地人称为"鸣沙山"或"神沙山"。《旧唐书》中记载，天气晴朗之时，沙鸣声此起彼伏，犹如雷声轰鸣，城中可闻之。《西河旧事》也说，天气晴朗时，城内即可听到沙鸣之声，有些游人未到达山前就感到惊恐不安，纷纷驻足不敢前往鸣沙山。有学者认为，沙丘鸣响是沙层游走摩擦所致，但其根本原理至今仍不完全清楚。在古代，人们认为这种鸣沙现象是神奇力量所致，因此称之为"神沙山"。于是，宗教修行者便选择在此地修行，接踵而来的便是在沙丘中的月牙泉边建起了许多寺庙，例如菩萨殿、雷神台、娘娘殿等。直至20世纪中期，这里仍保存了300多间道教寺院屋舍。

敦煌鸣沙山

西北粮仓——河西走廊

■ 敦煌月牙泉

　　月牙泉是敦煌一处重要的宗教活动场所，而且月牙泉与鸣沙山一样，也是一处地理奇观。湖泊的四周被沙丘环绕，形状酷似一弯月牙。尽管月牙泉湖泊位于沙漠之中，但千百年来却从未被流沙埋没。据水文地质调查揭示，月牙泉下方地层与莫高窟地层一样，都属于第四纪砂砾石层。党河水的侧向下渗，使得砂砾石层充满水分，而月牙泉附近地层存在断层，从而使得地下水在月牙泉的位置上涌成泉，并汇集成湖泊。在古代，月牙泉也被称为"沙井"或"神泉"。神山与神泉共存，佛道人士既可以在这个神奇的地方修炼，又可以在这里居住生活。敦煌遗书中发现有武则天时期神泉观的经文，从中可知神泉观就建在月牙泉旁，可见当时该地已经成为敦煌重要的宗教活动中心之一。由于古代月牙泉的水量较大，湖面开阔，唐代特别在湖边设置了船舶。湖中有鱼和水草，湖边还曾经生长着高大的树木，它们都被神化了，有关它们的神话故事至今仍在流传。月牙泉和鸣

莫高窟

沙山等特殊的地理景观和自然现象，在一定程度上促进了宗教文化在敦煌的凝聚和发展。

敦煌周围沙漠戈壁之中常会出现"海市蜃楼"这一特殊自然现象，它们对敦煌地区的宗教兴盛也起到了一定的推动作用。据武周圣历元年（698年）立于莫高窟的《李君莫高窟佛龛碑》记载，前秦建元二年（366年），有个叫乐僔的沙门，来到敦煌城东南鸣沙山东麓，忽然眼前一亮，金光灿烂，好像有千佛在金光中显现。于是，他就在鸣沙山东面的悬崖上，开凿了莫高窟的第一座佛窟。不久之后，又有一位从东方来的法良禅师，在乐僔窟的旁边又营造了一座洞窟。从此以后，便开启了近千年的敦煌石窟艺术创造史。

以今人的视角来看，乐僔所见很可能是由"蜃景"引起的，这与敦煌附近独特的沙漠戈壁环境是分不开的。沿丝路东来西往的商贾、僧侣们在干热、荒芜的荒漠艰苦行进时，常可见到在不远处形成的湖泊、山水、亭台楼阁或车马行人等的海市蜃楼景象，他们当时那种兴奋、困惑以及惶恐的心情可想而知。当这一现象无法得到科学的解释时，便很容易驱使人们从宗教中寻求解答，这就自然而然地与"天国显现，菩萨显身"等说教联系起来。自乐僔开始，开窟之风一发不可收拾。从前凉到北凉，在高僧的感召下，在统治者的支持下，在当地大族的资助下，敦煌地区佛教得到迅猛的发展，到北魏平定北凉之前，这里已是"村坞相属，多有塔寺"了。至今，乐僔、法良开凿的源头佛窟已经很难追寻其踪迹，但一些属于北凉时期的洞窟和小佛塔却得以保存下来。

北凉石塔

敦煌地区荒漠与绿洲的环境不仅在当时有利于本地宗教文化的兴起和发展，而且在日后漫长的岁月中庇佑了本地大量佛教和道教建筑、泥塑、壁画以及丰富的文字资料等宗教文化的载体，使其保留至现代。首先，石窟位于绿洲和荒漠的交会地带，不易遭受战火侵扰，故而保存较好。敦煌县城内也曾有过众多寺庙、佛塔等宗教建筑，多为土木结构，在经历多次战乱以后已经所剩不多。其次，绿洲地区水资源多为冰川融水，降雨极少，从而形成了有利于石窟、壁画等文物保存的干燥自然环境。敦煌年降水量不足40毫米，而蒸发量却高达2400毫米。干旱的荒漠气候，让敦煌石窟艺术以及藏经洞中的经卷不易腐烂，从而得以长期保留，后人也因此得以从敦煌遗书、壁画中一窥古时敦煌地区的社会风貌。

(二)独具特色的绿洲城镇

在河西走廊,人类活动多集中在自然条件较好的绿洲区域。河流下游地势平坦,形成了一块块大小不等的绿洲,这里灌溉农业较为发达,同时也是河西地区城镇密集的区域。一般来说,可利用的水资源多,绿洲面积就大,城镇规模也随之扩大。河西地区的三大水系孕育了大大小小的诸多绿洲,自东向西主要形成了三大绿洲中心:武威绿洲、酒泉—张掖绿洲、敦煌绿洲。

1.武威绿洲

武威绿洲位于石羊河流域,武威地区古称凉州,这里人户稠密,人口数量位居河西四郡之首。

根据汉唐两代的记载:西汉元始二年(2年)时武威郡所领十县,共有

航拍乌鞘岭

户17581，有口76419，平均每县有户1758，有口7642；唐代天宝元年（742年），凉州所领五县，共有户22462，有口1202813，平均每县有户4492，有口24056。唐代岑参的诗句"凉州七里十万家"，虽然用了夸张的表现手法，但也由此可见当时凉州繁荣的社会面貌。

唐初，玄奘西行求法，路过凉州。《大慈恩寺三藏法师传》有如下记载："凉州为河西都会，襟带西蕃、葱右诸国，商旅往来，无有停绝。"大唐凉州地区的繁荣景象于此跃然纸上。唐代中期，凉州作为河西节度使驻节之地，繁华程度更胜一筹。《新五代史》记载："唐之盛时，河西、陇右三十三州，凉州最大，土沃物繁而人富乐。"

2. 酒泉—张掖绿洲

酒泉—张掖绿洲在黑河流域，隋时西域诸国使团和商旅多到张掖与隋朝政府和民众开展贸易活动。大业五年（609年），隋炀帝亲率40万大军巡

航拍张掖国家湿地公园晨曦

视西北，经甘肃定西、青海西宁等地，穿过祁连山扁都口，最终到达河西重镇张掖。隋炀帝在张掖举办了盛大的国际交流会，西域诸国一方面慑于隋帝国的威势，另一方面也是出

丹霞中的绿洲

于发展商贸和文化的需要，积极主动地来到张掖参加交流盛会。西域27国君主纷纷带着金银财宝、携商旅使臣前来朝见隋炀帝，并且表示愿意服从隋王朝的统治管理。隋炀帝也在极力推进东西商贸文化交流，为了进一步加强中原和西域的联系，专门颁布了促进通商、保护商贸往来的政策条例，此后西域与中原之间沟通交流的大门敞开，大量的西域商人经河西走廊与中原地区展开商贸交易。魏晋南北朝时期的丝绸之路时断时续，隋炀帝西巡之后又重新出现了"胡商往来，车马不息"的繁荣景象。

隋炀帝时期在张掖举办的此次"国际博览会"是西域诸国第一次集中朝拜中央政权的帝王，隋炀帝也是中国历史上唯一到达河西地区的中原王朝皇帝。隋炀帝巡视张掖接受西域27国君主朝见这件事，意义重大，影响深远，在中国古代经济、文化和对外交流发展史上是一件空前绝后的盛事，由此也可见隋唐时期张掖地区经济文化的繁荣程度。

3. 敦煌绿洲

敦煌绿洲坐落于党河出祁连山后的冲积平原三角洲上，得天独厚的区位优势，加之历代政府的有效经营，促使其成为丝绸之路上一颗耀眼的明珠。敦煌位于中原与西域的交通咽喉之地，西域和中原的沟通交流，无论

是出入阳关还是玉门关，都必须经过敦煌。前往西域者，出阳关或玉门关前，都必定在敦煌重整行装，补充给养；来自西域者，在历经沿途奔波甚至艰险之后，来到敦煌便会稍事休整，再继续长途跋涉。许多西域珍宝、器物、农牧业产品、动植物珍稀物种都需要经由敦煌被输往中原。除了商品交换，东西方不同地区的语言、思想、宗教、艺术等人类文明的结晶也在敦煌地区发生交流、碰撞与融合。

西汉末年，王莽专政，试图用儒家贬斥四夷的传统做法处理民族关系，致使中原与西域的联系一度中断。东汉初年，汉明帝派班超经营西域，重新恢复了西域都护对塔里木盆地及其周边地区的统治。此后汉朝与西域的联系时断时续，河西东部也时有动乱发生，前来西域的许多外国王公和商人依然在敦煌长期居留。东汉末年，中原地区战乱不断，国家秩序混乱，远在西北边陲的敦煌地区也一度处于失序状态。敦煌地区的政府治理效率低下，本地的豪强大族肆意兼并土地，欺诈往来贸易的商贾。直到三国魏明帝时，仓慈出任敦煌太守，对当地豪强欺诈商贾的行为加以整顿，有力抑制了豪强的兼并和勒索，为西域商人前往中原从事商业贸易提供了种种方便。西域商人往往以敦煌为根据地，往来于中原与西域之间，敦煌遂成为中原与西域各族民众密切交往的一处国际贸易大都会。十六国时期，李暠建立西凉政权，即以敦煌为统治中心。唐代中叶，吐蕃乘安史之乱之机，占据了河西、陇右各地。唐宣宗大中五年（851年），沙州豪强张议潮统率河西民众战胜吐蕃守军，奉瓜、沙、伊、肃、甘等十一州地图归顺唐王朝。五代时期，曹议金及其后代统领河西地区，总体上能够维持河西地区的安定和谐。西夏强盛起来后占领河西地区，敦煌依然是丝路重镇。以敦煌为中心能够形成长期延续的地方强劲势力，固然与张议潮、曹议金及其后继者的个人能力有密切关系，但是倘若没有敦煌地区的独特地理位置和较为发达的农牧业发展基础，恐怕也难以维持长期稳定繁荣的局面。

河西地区较为优越的区位地理条件、相对宽松稳定的社会发展环境吸引了众多民众在此生活，极大地促进了河西地区农牧业的发展。历代统治者重视河西地区的屯垦事业和畜牧业发展，使得河西地区成为粮食、牲畜、瓜果、蔬菜的重要储备地。繁荣、富庶、稳定的河西地区成为众多政治家、军事家、外交家、思想家、艺术家、商人、僧侣躲避战乱和施展才华的重要舞台，逐渐发展兴盛的绿洲城镇也成为过往商旅的重要补给点、商贸集散地，同时成为东西方有识之士传播文化的重要节点城市，在各种条件的综合作用下，最终形成了独具特色的河西文化。

总而言之，河西地区得天独厚的地理位置、较为优越的自然条件、相对稳定的社会环境和扎实的农牧业经济基础，为河西文化的形成和发展提

敦煌月牙泉月泉阁倒影

航拍敦煌莫高窟

供和创造了充实条件，而长期有效的东西方往来则促使河西走廊成为东西方多样文明交流互鉴的重要区域。

（三）丝路孔道的交通优势

早在先秦时期，由中原经河西走廊到西域各地的经济文化交流活动就已存在。古代陆上丝绸之路上的商旅经商，路程遥远、道路艰险、交通工具落后、往返商贸周期漫长，每隔一段路程就迫切需要休养调整和补给物资，河西走廊大体呈点状均匀分布的绿洲城镇正好可以满足过往商旅的调整补给需求。自西汉中期以来，历代中央和地方政权积极开发河西和经营西域，努力为沿途商旅提供各种便利条件，竭力保障丝路沿线畅通无阻。比如，汉王朝就在河西绿洲上建立了诸多城镇，并在丝路沿线设置了为数众多的驿站、烽燧等基础设施，一方面便利了中央与地方的顺畅沟通，另一方面又保障了商旅的安全，便于商贾休养调整和补给物资。通过种种合理有效措施的实施，经由河西地区到达中原的域外商人日渐增多，异域物资"四面而至"。东来西往的使者"相望于道"，长安每年接待的使团"多者十余，少者五六辈"，这些具有商队性质的使团将大量西域珍奇异物带到中原地区，同时又将中原物产运往西域，极大地促进了东西方经济文化交流。

敦煌位于河西走廊的西端，是古代中原王朝的西北门户，陆上丝绸之路经由这里进入西域。丝绸之路开通后，敦煌成为中西方经济交流的物资集散地、文化交流的融合地带。由敦煌出发，向东通过河西走廊进入长安、洛阳，向西出阳关或玉门关，穿过白龙堆沙漠后，丝绸之路分为南北两道。对于两汉时期丝路南北道的具体路线，学界并未形成明确统一的认识，但大体认为丝路南道沿昆仑山北麓，经鄯善（今若羌）、且末、于阗（今和田）

贰　河西绿洲与敦煌文化的兴盛

莫高窟第296窟　丝绸之路行旅图

至莎车，逾葱岭（今帕米尔）进入贵霜、安息等国；丝路北道由敦煌西出玉门关北行，沿天山南麓，经吐鲁番、焉耆、龟兹（今库车）到疏勒（今喀什），越葱岭进入大宛（今费尔干纳）、康居、大夏。因此，如果说河西走廊是整个陆上丝绸之路的黄金地带，那么敦煌就是黄金地带中的重要节点，是东西方经济文化交流的重要场所。敦煌扼守丝路要津，中原王朝若想经营西域，敦煌是必不可少的重要基地。东西方经济文化的长期交流发展极大地促进了敦煌的繁荣昌盛，这在莫高窟壁画中就有许多栩栩如生的场景描绘。敦煌作为古代边贸重镇，曾经佛塔密集，市场繁荣，至今依旧保留着为数众多的历史文化遗存，不禁引发人们对古代敦煌繁华盛景的由衷感慨。

每当政策开明、保障有力的时期，河西地区便会呈现出五谷丰登、六畜兴旺、政通人和的和谐景象。河西地区丰富的粮食储备不仅为边塞戍守将士提供了较为充足的粮草支持,也为丝绸之路上的过往商旅提供了便捷的物资补给。繁盛的商贸活动不仅为河西地区提供了大量丰富的商品,同时也极大地促进了敦煌文学艺术的发展。相对优越的外在客观条件,加之合理有效的社会治理,促使河西地区成为经济文化交流发展的重要区域,多种文化交融荟萃于此,最终形成了绵延悠久且独具特色的河西文化。

二、恢宏灿烂的河西文化

尽管敦煌文化举世闻名,但凉州和甘州地区却长期属于河西地区的政治、经济、文化中心。石羊河流域的武威绿洲和黑河流域的张掖绿洲,远比疏勒河流域的敦煌绿洲要大许多。《后汉书》记载:"时天下扰乱,唯凉州独安,而姑臧称为富邑,通货羌胡,市日四合,每居县者,不盈数月辄致丰积。"五凉政权中的前凉、后凉、北凉均以凉州为行政中枢所在地,隋唐时期凉州一度成为陇右中心,唐代河西节度使治所即设置在凉州。隋炀帝曾经派遣裴矩坐镇甘州监管互市,裴矩同时招徕西域使臣入朝觐见,努力经略西域。隋炀帝更是亲率文武百官和40万大军前往甘州召开"国际博览会",在甘州会见西域27国君主和使臣。明代甘州不仅是陕西行都指挥使司置所地,还是甘肃镇总兵、分巡西宁道、甘肃行太仆寺的驻节地,甘州一度也是明太祖朱元璋第十四子肃王朱楧的就藩地。

时至今日,敦煌文化成为河西文化的代表。其中一个重要原因在于,敦煌因其独特的自然环境而保存了大量的石窟、壁画、文书等宝贵资料,从而使我们得以管窥古代河西文化之灿烂辉煌。故而,今日所言敦煌文化并不是单指敦煌一地的文化,而是指以敦煌地区为代表所留存下来的整个河西地区的文化。

河西地区较为优越的农牧业发展条件为河西地区经济文化的发展奠定了坚实基础,社会安定、政策得当、交通顺畅等有利条件则进一步促使河西地区变得繁荣昌盛。公元前121年,随着西汉大军的挥戈西进,中原文化逐渐强势进入河西地区。伴随着官方丝绸之路的开通和东西交往的日益频繁,广义的西域文化也大量涌入河西走廊,并与中原文化展开长期的互动交融。河西走廊成为东西方文化碰撞交流的引领、过渡和再生区域,在漫长的接触、适应和融合的过程中,逐渐催生出了与中原文化血肉相连且具有鲜明地方特色的河西文化。河西地区自然环境独特、区位优势明显,每当统治者励精图治之时,这里便会吸引大批中原人士的到来,其中不乏英雄豪杰、硕学鸿儒、能工巧匠等才俊之士,他们不仅为河西地区带来了大量劳动力、先进生产工具和技术,还极大地促进了河西地区思想、教育、文学、艺术等的发展进步。"五凉文化""敦煌文化""凉州文化"等是河西文化的重要组成部分,不仅是古代河西文化的集中体现,而且至今依然意蕴深刻,影响深远。

(一)五凉时期的河西文化

曹道衡先生在《五凉文化述论》序言中指出:河西文化的兴起始于两汉时期,但其实际兴盛发生在五凉时期。五凉时期的河西文化呈现出了独特的、多姿多彩的魅力,这种兴盛局面不得不归功于河西走廊雄厚的经济基础和良好的社会条件。自两汉到魏晋时期,河西文化不断地稳步发展并积累了深厚的底蕴。在五凉时期,前凉、后凉、南凉、西凉和北凉都竭力争取河西地区的霸主地位。因此,统治者争相吸纳人才,河西地区因之聚集了大批硕学宿儒和高僧老道,并对他们"礼而用之",鼓励他们讲学授业、著书立说。五凉政权的不少统治者还亲自撰写诗文,使得五凉140余年间呈现出学术文化空前繁荣的局面。在经学、史学、文学、天文、地理、历算、书法、绘画、雕塑等方面，都取得了相当可观的成就。经过志士仁人和广大民众的共同努力，河西文化与中原地区的文化几乎并驾齐驱，从而成为一套独具地域特色的文化体系。

1. 五凉文化兴盛缘由

西晋永宁元年（301年），张轨出任凉州刺史。上任后，张轨首先倡导儒学，并致力于振兴户训、推行教化，不仅建立了学校、泮宫，还招聘了有才学的士人，传授各门学科。自汉代开始，除了官办学校，河西各地私人讲学之风也非常盛行，出现了拥有数百甚至数千名学生的私塾，而且教授者大多为高才硕学。张轨去世后，他的继任者们仍然高度重视文化事业。经过统治者和社会各界人士的长期努力，前凉境内的文化得以传承和发扬光大，崇尚儒学的风气也得以渗透到河西地区社会生活的方方面面。

随着教育事业的发展，河西地区涌现出了许多著名学者，他们潜心致力于各种学术研究，著书立说，与中原地区展开广泛而深入的学术交流。这些举动不仅保留、传承和发扬了中原文化，而且对北魏以至隋唐的学术发展产生了深远影响。西凉和北凉政权不仅继承了前凉崇尚学术的传统，还维持了社会的安定，促进了经济的发展。毫无疑问，五凉时期河西地区社会稳定、经济发展是造就该地区文化与学术空前繁荣的重要前提，而且五凉政权的历代统治者对文教事业的持续提倡也在很大程度上助推了这一时期河西文化的大发展。

2. 五凉时期的文学

西晋经历"八王之乱"及其后的"永嘉之乱"后，中原地区遭受了残酷的战争洗劫，北方地区萧条动荡，满目疮痍，士大夫大多流亡江南，也有少部分中原士人避难西逃，来到了河西地区。河西社会环境相对稳定，五凉政权的历任统治者又大都重视教育，优待文人，河西地区因之出现了文教事业昌明兴盛的局面。自西汉中期以来，河西地区渐染儒风，西晋末年大批中原学者名士的到来，更使得河西儒学进一步兴盛发达。家国罹难的悲惨现实激发了避难河西的名士们抒发家仇国恨和赓续中华文脉的壮志激情，五凉时期的河西文学创作因之显得十分活跃。

五凉文学上承汉晋、下启隋唐，表现出较为明显的儒家文化特征。在北方地区，河西五凉文学的成就居于同时期领先地位，河西五凉文学是十六国文学的重要组成部分。五凉时期的文学作品以诗歌、赋文为主，名家辈出，创作了大量的优秀作品，尤以前凉、西凉和北凉时期的文学创作成就最为突出。除了文学名士外，五凉政权的历任统治者及其文武臣僚的创作热情高涨。前凉历任统治者在文学创作方面都有突出的才华和成就，张轨的《驰檄关中》《遗韩稚书》、张寔的《遗南阳王保书》、张骏的《上疏请讨石虎李期》、张重华的《上疏请伐秦》等都是神采飞扬的传世佳作。其中张骏的《上疏请讨石虎李期》虽是一篇奏疏，但文采出众，叙事精彩，具有强大的感召力，文学色彩颇浓，堪称五凉文学的代表作。

西凉政权的创建者李暠"尤善文义"，颇具文人雅致。李暠曾经多次组织文学创作活动，代表性的有三次：敦煌靖恭堂图赞、勒铭酒泉、上巳日曲水诗宴。李暠及其群臣积极参加了这三次创作活动，也产生了大量优秀作品。据史传记载，李暠创作诗赋数十篇，代表性作品有《述志赋》《靖恭堂颂》《槐树赋》《大酒容赋》等，其中《述志赋》一文至今犹存，李暠通过该文向世人展现了他的雄才大略和壮志激情。

刘昞的《酒泉颂》不仅是五凉文学的上乘佳作，也是整个十六国文坛上的"清典"代表作。五凉时期还出现了一些民间歌谣，代表性的有前凉时期的《凤凰鸣》、后凉时期的《朔马谣》等。这些文学佳作在当时广受流传,虽然绝大多数都已散佚,但通过少数幸存作品及相关史籍记述依然可以管窥五凉时期河西地区文学兴盛状况。北魏政权统一北方以后,部分河西学者东迁,随之也将五凉文化传播到了更广阔的区域,甚至对后世隋唐文学的繁荣和发展都产生了积极而又深远的影响。

3. 五凉时期的艺术成就

范文澜先生在《中国通史简编》中说:"凉州在当时是北中国保存汉族传统文化最多,又是接触西方文化最先的地区。西方文化在凉州经过初步汉化以后,再向东流。"

在五凉时期,由于地域、交通上的便利,各个凉国政权都注重与西域诸国保持密切的政治联系,两地之人来往不绝,或出使朝贡,或通商贩货,或传教布道,使得东西方文化最先在河西地区产生交集,摩擦出绚烂无比的火花。可以说,东西方文化交流形式及其成果是五凉文化最为耀眼的组成部分之一。五凉时期的河西文化艺术表现形式多种多样,除了石窟和音乐外,还通过文字、织绣、陶瓷等多种艺术形式进行表现。当然,其中以石窟艺术和音乐艺术的成就最为突出,对中国文化的发展与变迁产生了深远的影响。

五凉统治者不遗余力地提倡和发扬外来的佛教文化,大力宣传推广体现佛教文化的石窟雕塑和壁画艺术。同时,来自西域的音乐、舞蹈在这一时期进入河西地区,与这里原有的一些歌舞形式相互融合,从而形成了全新的歌舞内容和表演风格,并且直接影响了后来北朝乃至隋唐时期的歌舞艺术。河西地区的石窟艺术和音乐艺术作为宝贵的历史文化遗产,至今仍然吸引着世界各地的学者和文化爱好者对其进行观摩学习和广泛深入研究。

《魏书·释老志》记载:"凉州自张轨后,世信佛教。敦煌地接西域,

贰　河西绿洲与敦煌文化的兴盛

凉州白塔寺

道俗交得其旧式，村坞相属，多有塔寺。"由于统治者大多崇信和弘扬佛法，到处开凿石窟，推广佛教文化，河西一带成为佛教石窟寺的密集地区。北凉政权以崇佛闻名，不仅大量开凿石窟寺，还展开盛大的译经活动。北凉政权的建立者沮渠蒙逊为了发展佛教，一方面鼓励僧侣翻译佛经，另一方面广泛凿窟造像，致使河西地区石窟林立，造像艺术也甚为发达。除了石窟寺之外，五凉时期的河西地区还有许多其他类型的寺庙，包括塔院、庵堂等各式寺庙建筑，这些寺庙不仅是宗教活动的场所，还是社会生活和文化活动的中心。

莫高窟第159窟 文殊变中的伎乐

通过大量保存在石窟、墓葬中的壁画,我们今天得以欣赏到一千多年前颇具河西特色的古老绘画,可以直观了解一千多年前河西人的劳动、娱乐和贸易等生产生活状况。

五凉时期的音乐发展成就可以说是开启了一个新的艺术时代,直接影响了北朝及隋唐数百年北方音乐史的发展历程。隋炀帝大业年间(605—618年),政府相关部门集东西南北各地音乐之大成,以部编次,最终定其为《九部乐》。这九部分别是《清乐》《西凉乐》《龟兹乐》《天竺乐》《康国乐》《疏勒乐》《安国乐》《高丽乐》《礼毕曲》。九部之中有七部是经由河西传入中原地区的,其中以《西凉乐》最为著名。《西凉乐》不仅在音乐内容和表现形式上都达到了高峰,更具有"最为闲雅"之美誉。唐代是河西乐舞发展的极盛时期,河西乐舞在唐代被更多地引入宫廷和社会生活中,在后世形成了许多流派和类型。就此而论,河西乐舞是辉煌灿烂的河西文化宝库中一颗光芒四射的珍珠。

五凉时期的书法艺术上承魏晋、下启隋唐,是当时河西地区的又一座艺术高峰,其中河西索氏家族在

莫高窟第12窟　独舞舞伎

莫高窟第285窟　飞天乐伎

书法艺术上造诣颇深。索氏家族是以书法艺术传家的河西家族，西晋时期的索靖则是索氏家族内书法艺术的翘楚，为当时享有盛名的"敦煌五龙"（索靖、汜衷、张甝、索纷、索永）之一。索靖在学业有成之后，便凭借出色的学识赢得了当时著名学者傅玄、张华的敬佩，并先后担任了西域戊己校尉长史、尚书郎、雁门太守、鲁国相、酒泉太守等重要官职。然而，让索靖真正名留青史的是他在书法领域的深厚造诣。索靖擅长草书，在字势方面主张"银钩虿尾"，有人总结其书法特点为"字字分离，易于识读"，这和我们通常了解的字与字之间相互勾连、气势贯通的草书有着明显区别。索靖的祖母是张芝的姐姐，而张芝则是东汉时期著名的书法家，被后人誉为"草圣"。因此，索靖在书法创作方面既取法张芝，又博采众长，逐渐形成了独具风格的书法艺术。魏晋时期，索靖与书法家卫瓘同在尚书台供职，卫瓘为尚书令，索靖为尚书郎。由于二人任职同一部门，书法艺术又各具特色，遂被当时人誉为"一台二妙"，他们二人的书法作品深受晋武帝的喜爱。《晋书·列传第三十·索靖传》对索靖与卫瓘对比评价道："靖与尚书令卫瓘俱以善草书知名，帝爱之。瓘笔胜靖，然有楷法，远不能及靖。"

作为晋代著名的书法家，索靖精通篆、隶、楷、行、草等多种书体，尤其擅长草书，流传后世的书法作品主要有《出师颂》《月仪帖》《急就章》等，他深受欧阳询、王僧虔、张怀瓘、房玄龄、苏轼、阮元、包世臣、康有为等文化名人和书法家推崇，唐代著名书法家张怀瓘在《书断》一文中引东晋著名书法家羊欣的话语，将索靖与张芝、皇象、钟繇并称为"书圣"。《草书状》（又名《草书势》）是索靖流传后世的著名书法理论文章，该文以自然物象来比喻书法的传统，对书法演变、风格、气韵、用笔及章法等作了全面深入的论述，对后世产生了深远影响，文中许多观点对于当今书法研究依然有着重要的指导意义。

著名国学大师陈寅恪先生总结道："秦凉诸州西北一隅之地，其文化上续汉、魏、西晋之学风，下开（北）魏、（北）齐、隋、唐之制度，承前启后，继绝扶衰，五百年间绵延一脉，然后始知北朝文化系统之中，其由江左发展变迁输入者之外，尚别有汉、魏、西晋之河西遗传。"陈先生于此特别强调了汉魏以来五百年间，河西文化发展对隋唐制度、文化的深远影响。虽然安史之乱爆发之后，国际政治、军事、交通格局发生新的变化，国家政治、经济、文化中心逐渐东移，海上丝绸之路兴起，陆上丝绸之路重要性渐趋衰落，河西地区也不复汉唐时期的辉煌局面，逐渐沦为经济落后、交通闭塞的偏远之地；然而，河西地区"承前启后，继绝扶衰"的文化精神却得以长期延续，至今依然焕发出旺盛的生命力。

(二)熠熠生辉的敦煌文化

当提到敦煌乃至整个河西地区的文化艺术时,我们首先会想到灿烂辉煌的石窟艺术。敦煌石窟主要传播佛教思想,包括莫高窟在内的敦煌地区大约有800个洞窟,其中留存了大约2000尊彩塑和大约5万平方米的壁画。敦煌石窟艺术从十六国时期开始出现,一直延续至元、清时期,前后相延1600多年而不废。

1. 宗教交融

佛教创立于公元前6世纪的古印度,并于公元前3世纪由克什米尔向北传入塔里木盆地,人们习惯称之为北传佛教。两汉之际,伴随着在塔里木盆地及其周边地区的发展兴盛,佛教也逐渐经由河西走廊向东传入中原地区。敦煌是河西地区最先接触到佛教的重要区域,无论是从西域东来传教的行者,还是由中原西行取经的僧人,都必然会在敦煌作短期休整,同时进行译经传教活动。

五凉时期,中原地区动荡不已,河西地区则相对安定。前凉和北凉政权存续时间较为长久,统治者注重治国理民,促进生产和文化发展,这让河西地区在乱世之中还能呈现出一丝升平景象。前凉张轨统治期间,河西境内相对安定,吸引了不少世家大族和知名学者来到河西寻求庇护。这些人的到来,极大地促进了河西地区经济文化发展水平迈上新台阶。

随着中原世家大族的到来,儒学、道教等中华传统文化随之传入河西地区,它们与佛教文化元素互相借鉴吸收和互动交融,促使外来的佛教具有了鲜明的中国特色,中国化的佛教因之成为中国文化的重要组成部分。这种交融状况在莫高窟壁画中得到了充分的体现,在佛窟壁画上绘有西王母、伏羲、女娲、玄武和雷公等道教题材形象。同时,壁画上的许多飞天形象则是佛教的飞天永生与道教的升天长生完美结合的产物。敦煌藏经洞文书中有大量佛经和道经共存,在有些经卷的正反面同时抄写着佛经和道经。由此可以看出,佛教和道教在敦煌一带曾经长期和平共存。中原文化"东风西渐"促使河西文化繁荣昌盛,而河西文化"西风东渐"也使得中原文化更加丰富多彩。北魏统一北方后,部分河西士人东迁中原,对南北朝乃至隋唐文化产生了深远影响。佛教一度被北魏和萧梁政权奉为国教,佛教势力兴盛时在南北各地甚至拥有200多万僧尼。

为了更好地传播佛教文化,适应中国统治者和民众的心理需求,佛教徒主动吸收中国传统文化元素,采用多种通俗易懂的方式对佛经进行与时俱进的全新阐释,其中就包括宣扬儒家的忠孝仁义等思想。在多种因素的共同推动下,佛学不仅在河西地区盛行,还成为中国文化的一个重要组成

榆林窟第3窟　主室西壁　普贤变

部分，佛教艺术便是在河西文化的基础上不断推陈出新和逐渐走向繁荣昌盛的产物。

2. 石窟开凿

隋朝统一结束了魏晋南北朝将近400年的南北分裂割据局面，随后进入了中国历史上辉煌灿烂的隋唐盛世时期。敦煌莫高窟始建于前秦建元二年（366年），此后历代陆续都有修建。隋朝时期，在统治阶层弘扬佛教的政策推动下，仅在敦煌莫高窟一处，在短短三十多年时间内就开凿出七八十个洞窟，一度掀起了石窟修建的热潮。

唐朝建立以后，民族融合更加深入，疆域更加广阔，政治制度更加健全，思想文化更加多元，唐王朝综合国力空前增强。唐代生产发展、商业繁荣、文化昌盛，唐政府以自信包容的开阔胸怀广泛吸纳外来文化，并使之成功融入中华文化统一体之中。安史之乱爆发以前，唐政府势力在东西

敦煌莫高窟北区

南北各方强力渗透，实际上成为天山以北、葱岭以西广大区域内诸多王国的宗主国，东西方经济文化交流更加畅通无阻，敦煌和首都长安成为世界文明的汇聚地。来自西方的珍禽异兽、奇珍异宝、金银货币等纷纷传入中原地区；中亚、西亚的饮食、服饰、音乐、舞蹈等也源源不断地进入中原内地；佛教进一步盛行并彻底中国化，祆教（拜火教）、摩尼教、景教以及新兴的伊斯兰教也于此时正式传播到中国境内。长安、洛阳、凉州、敦煌等地已经颇具国际化大都会风貌，总体呈现出一片欣欣向荣的景象。与此同时，中华文明也对周边国家和地区经济文化发展产生了强大的辐射力，对此后世界政治经济格局和社会发展变迁产生了深远影响。

唐代丝绸之路的畅通和经济文化的发展，极大地促进和丰富了敦煌文化的内涵。沙州城内设有州、县两级学校，主要讲授儒家经典思想要义，中原内地的中国化佛教各派经典也大量输入敦煌地区，使得这座佛教圣城成为汉传佛教在西北传播的重要据点。武则天、唐中宗、唐玄宗时期，先后在敦煌建立了大云寺、龙兴寺、开元寺等佛教寺庙。李唐皇室尊奉老子为先祖，唐玄宗还亲自为《道德经》作注解，并且大力弘扬道教，敦煌也因此建立了供奉老子的紫极宫和神泉观等道观。唐代的敦煌是丝绸之路上一处代表性的国际性大都会，不仅经济发达，文化更是璀璨夺目，世界各大文明齐聚于此，各地民众也慕名长期居留于此。

3. 佛教独尊

安史之乱爆发后，吐蕃势力乘机东扩。唐代宗在位期间，吐蕃势力在河西地区大肆扩张，从广德二年（764年）到大历十一年（776年），吐蕃军队陆续攻陷凉州（武威）、甘州（张掖）、肃州（酒泉）、瓜州（安西）等地，最终于贞元二年（786年）攻陷沙州（敦煌），河西全境自此被吐蕃攻占。从大历十一年（776年）开始，吐蕃便开始围攻敦煌，直到贞元二

年（786年）彻底将其攻陷，前后长达11年之久。这一方面得益于唐政府组织军民在敦煌顽强抵抗吐蕃势力，另一方面也是因为吐蕃对敦煌还留有余地，并未对其展开全力攻打。有学者认为这是因为敦煌在当时是一座佛教圣城，而吐蕃当时正在大力弘扬佛教，最终使得敦煌免遭残酷的战火摧毁。吐蕃势力每攻占一地，往往会将当地的达官贵人和得道高僧等有较大

莫高窟第158窟　卧佛

社会影响力的人士迁往外地。但是，敦煌军民在投降之前曾与吐蕃订立了"勿徙他境"的盟誓，敦煌得以保存了更多的中原传统文化，同时也存留了较为充足的人力、物力和财力。吐蕃统治时期的敦煌文化几乎是佛教一枝独秀，当时的僧尼寺院有近20所，僧尼数量有数千人。在吐蕃势力的庇护下，敦煌躲过了唐武宗时期的"会昌法难"，佛教僧团和寺院得到了空前的发展，民间抄经、念佛、开窟、造像等活动更是长盛不衰。

唐宣宗大中二年（848年），沙州大族张议潮乘吐蕃内乱之机率众起义，赶走吐蕃在敦煌的统治者，在攻占河西大部后便派使者携带沙、瓜、伊、西、甘、肃、兰、鄯、河、岷、廓等十一州地图户籍归顺唐王朝。唐宣宗于沙州置归义军，授张议潮为归义军节度使。归义军政权极力恢复唐朝各项制度，强化汉文化教育，巩固了汉文化在敦煌乃至整个河西地区的地位。归义军时期的河西文化比吐蕃统治期间更加开放，各种思想文化纷纷展现

莫高窟第45窟　佛像一铺

贰　河西绿洲与敦煌文化的兴盛

出各自的活力，民间文化逐渐兴盛起来。吐蕃统治期间的崇佛政策依然影响着归义军政权，佛教在归义军时期继续盛行，莫高窟也迎来了一个新的造窟高潮，有人称之为"敦煌千佛洞的中兴"。张议潮外孙女婿曹议金掌控归义军政权之后，调整了张氏归义军政权统治后期的一些政策，河西地区一度恢复了和平稳定的发展局面。曹氏归义军统治期间继续推行崇佛政策，归义军政权在莫高窟、榆林窟修建和改造了许多洞窟，协助东来西往的僧侣传经弘法，而且历任归义军节度使几乎都建造了自己的功德窟。敦

莫高窟第194窟　菩萨

煌在此期间重新焕发生机，丝绸之路商贸和文化交流再度兴盛起来。

　　回鹘、西夏、蒙古汗国与元朝政权统治河西期间，统治者大都推崇佛教，也鼓励道教和儒家思想发展。尽管这一时期的石窟开凿已经进入衰落期，但仍有新的佛窟被开凿和维修出来。在10世纪以前，佛教和道教在西域曾经盛极一时，但是伴随着伊斯兰教东传，经过多次宗教战争后，西亚、北非、中亚，整个塔里木盆地及天山以北地区都陆续伊斯兰化。由于伊斯兰教禁止偶像崇拜和多神崇拜，西域的佛教、道教发展自此中断，许多佛教、道教历史文化遗产被摧毁或废弃。反观以敦煌为代表的河西地区佛教文化，因为伊斯兰教势力在占领塔里木盆地后并未继续进行大规模东扩，所以河西地区原有的多元宗教文化得以存续下来。

三、结语

河西绿洲为河西地区经济、文化发展提供了优良的自然地理条件，得益于祁连山冰雪融水和星罗棋布的绿洲环境，河西地区的农业、畜牧业得以长期蓬勃发展，充足的粮食储备为河西地区经济发展、文化繁盛奠定了坚实的物质基础，相对优越的区位条件促使河西地区成为东西南北多元文明交融荟萃的重要区域。一方水土养育一方人，也成就一种特色文化。在茫茫戈壁中，河西绿洲如同一串耀眼的明珠，宛若天赐的礼物，为长期生活于此的人们提供了必要的生存和发展条件，为东来西往的旅者带来了生命希望和活力源泉。河西绿洲的存在，不仅以物质存在滋养着人们的身体，更以精神形态润泽着人们的心灵，人们在这里可以自觉感受到一股清新、宁静、醇厚、悠远的气息。

向达先生曾说，河西走廊在"海通以前二千年来，中国与外国在政治上、经济上以及文化上之交光互影，几无不取道于此"。姜亮夫先生认为："敦煌艺术包罗了中国传统的艺术精神，也包罗了中西艺术接触后所发的光辉，是中国伟大传统的最高标准，是人类精神的最高发扬。"季羡林先生则指出："世界上历史悠久、地域广阔、自成体系、影响深远的文化体系只有四个——中国、印度、希腊、伊斯兰，再没有第五个；而这四个文化体系汇流的地方只有一个，就是中国的敦煌和新疆地区，再没有第二个。"

五代辽宋夏金元和明清时期，海上丝绸之路逐渐兴盛，以河西走廊为咽喉通道的陆上丝绸之路日益衰落，但是以敦煌文化为代表的河西文化却得以保留、传承和继续发展。时至今日，河西地区依然留存着众多的历史文化遗产，它们不仅是中华文明发展史的重要见证者，还是世界古代文明交流互鉴的代表性结晶。虽然敦煌莫高窟第17窟的面积较小，但却收藏了

贰　河西绿洲与敦煌文化的兴盛

莫高窟第17窟　窟门

从公元4—11世纪的佛教经卷、社会文书、刺绣、绢画、法器等珍贵文物约6万件。除了大量的佛经以外，还包括天文、历法、历史、地理、方志、图经、医书、民俗、名籍、账册、诗文、辞曲、方言、游记、杂写、习书等材料，文字涉及汉文、藏文、梵文、龟兹文、粟特文、突厥文、回鹘文、康居文等，大部分资料不见于传世文献记述。敦煌藏经洞的发现，被学界认为是中国文化史上的四次大发现之一，这一发现为研究中国以及中亚古代历史、地理、宗教、经济、政治、民族、语言、文学、艺术、科技提供了大量丰富的珍贵资料。

敦煌文化包罗万象、博大精深，不仅是古代丝绸之路上各族人民友好交往的见证，也是世界各大文明交流互鉴的结晶，历经数千年，跨越数万里，依然属于举世无双的人类瑰宝。敦煌文化是中华优秀传统文化的重要组成部分，是海内外中华儿女永远的骄傲。近百年来，人们对敦煌文化的研究持续深入，敦煌学已然成为一门享有盛誉的国际显学，持续吸引着世界各地越来越多的人对其投入更为广泛持久的关注和研究热情。"敦煌在中国，敦煌学在世界！"这一认识已经得到海内外社会各界人士的广泛认同。

叁 河西诸族的交往交流交融

河西走廊，其概念内涵丰富，它不仅是一条自然地理意义上的交通走廊，也是历史上诸多族群之间互动交融的"民族走廊"。在漫长的历史发展变迁长河中，河西诸族陆续登上历史舞台，民族间的分散与聚集、纠纷与和睦在河西走廊这一舞台上交替上演，在不间断的碰撞与交融中逐渐走向一体，接力开发了广袤的河西地区，共同创造了极富地域特色的河西文化，携手缔造了发达的农牧业和繁盛的丝路文明，东西南北的多样文明要素于此交融荟萃，不仅大力推动了中华文明日益走向繁荣昌盛，还有效促进了中华民族共同体的构建进程。

一、历史时期的河西诸族

河西走廊处于黄土高原、青藏高原、蒙古高原与塔里木盆地的交会地带，是沟通古代中国与中亚、南亚、欧洲等地的重要经贸文化交流通道，是丝绸之路经济带的重要组成部分，也是中央政府整合我国东西部地区经济文化协调发展的战略桥头堡。河西地区自古以来就是一个多民族聚居之地，各族人民曾经不约而同地辐辏于此，他们长期在这里生产生活，世代繁衍生息，共同造就了河西地区农牧业、工商业繁荣昌盛的局面。

（一）先秦秦汉时期的河西诸族

1. 羌族

羌族是我国一支古老的民族，也是较早在河西地区生活的族群之一，先秦时期的羌族过着"所居无常，依随水草。地少五谷，以产牧为业"的生活。

1976年，考古工作者在河西走廊西部疏勒河流域发现了火烧沟文化遗址，该遗址居民生活年代大体与夏朝相当。在火烧沟遗址墓葬中出土了大量的羊角、羊骨，并在出土的陶器上发现了类似于甲骨文中"羌"字的刻画符号，这既反映了当时牧羊业的发达，也说明了火烧沟文化所属族群对羊的崇拜。《说文解字》解释："羌，西戎牧羊人也。"古羌人擅长养羊，对羊有特别的情感，羊不仅是古羌人的重要衣食来源，还应该是他们的重要精神寄托。大多数学者据此认为火烧沟文化遗址很可能是古羌人的聚居地，而火烧沟文化则体现了古羌人的生产生活状况。西北地区的羌人与中原华夏族较早就有较为密切的政治、经济和文化往来关系。《诗经·商颂·殷武》记载："昔有成汤，自彼氐羌，莫敢不来享，莫敢不来王。"由此可见，早在殷商时期，羌人就已经在名义上归顺于中央王朝。《后汉书·西羌传》记载："及武王伐商，羌、髳率师会于牧野。"这也说明，羌族在殷商晚期曾经与周族结成联盟，在追随周武王攻灭商王朝的大业中发挥了重要作用。

到了西汉时期，中央和地方政府设置了专门管理羌人事务的官吏，敦煌悬泉汉简的许多内容能够反映出政府处理羌汉事务的具体情况，体现出中央政府对维护羌人社会秩序稳定的重视。

2. 月氏与乌孙

月氏与乌孙也是很早就活动于河西地区的游牧民族，二者的生活方式也都是"随畜迁徙"，并以善养牛羊而著称。

《史记·大宛列传》记载："始月氏居敦煌、祁连间。"《后汉书·西羌传》记载："湟中月氏胡，其先大月氏之别也，旧在张掖、酒泉地。"由此可知，月氏最初游牧之地就在河西走廊。战国时期，月氏一度成为西北地区最强大的族群势力，就连后世统一北方草原、建立强大匈奴帝国的冒顿单于也曾经被其父亲头曼单于派往月氏作为人质以表臣属，月氏还西进击溃乌孙并攻占其地。西汉高祖六年（前201年），月氏被匈奴击败，被迫西迁至伊犁河流域，号大月氏；其老弱不能西迁者，"保南山羌，号小月氏"。

有关乌孙的内容，史籍《汉书》记载得较为详细。张骞曾上报汉武帝说："臣居匈奴中，闻乌孙王号昆莫。昆莫父难兜靡本与大月氏俱在祁连、敦煌间，小国也。"由此可知，乌孙与月氏的一部分部落曾共居于河西走

叁　河西诸族的交往交流交融

廊西部地区。

秦汉之际，乌孙被月氏击溃后，举族西迁，之后又聚集于伊犁河流域与巴尔喀什湖以东以南的广大地区，大量融合了当地的月氏、塞种人，不断壮大自身力量，最终在今吉尔吉斯斯坦伊塞克湖南岸建立了赤谷城作为都城，一度成为西域地区实力最为强劲的王国。乌孙西迁后，因"不肯复朝事匈奴"，多次受到匈奴的攻击，而此时汉武帝主动伸出橄榄枝，派张骞出使乌孙，意图联合乌孙共抗匈奴。乌孙王虽然因为惧怕匈奴从而拒绝了这一提议，但也派遣使者向汉朝献马并表达了迎娶宗室公主以加强双边关系的愿望，汉武帝欣然同意。元封六年（前105年），汉武帝选派江都王刘建之女刘细君为和亲公主嫁给乌孙王猎骄靡。猎骄靡去世后，其孙军须靡继承乌孙王位，依照"收继婚"习俗，细君公主又嫁给了军须靡。

细君公主忧郁而死后，汉朝又将解忧公主嫁给乌孙王军须靡。解忧公主在乌孙历经三朝，身边的侍女冯嫽才能出众，堪称中国最早的女外交家。在侍女冯嫽的帮助下，解忧公主极力协调汉王朝与西域诸国的关系，在汉乌之间运筹帷幄，极大地增进了乌孙与汉王朝的联系，有效维护了西域的和平。神爵二年（前60年），西汉王朝设立西域都护，从此"汉之号令班西域矣"，实现了对乌孙的全面管理。直到三国时期，乌孙继续向曹魏政权称臣，"无岁不奉朝贡，略如汉氏故事"。

细君公主

3. 匈奴

匈奴族历史悠久，实力强盛，曾经建立了北方草原地带的大帝国，不仅对秦汉时期的亚洲政治、经济和文化发展产生了深远影响，西迁后对欧洲政治格局和历史变迁也都发生过重大影响。《史记·匈奴列传》记载："其俗，宽则随畜，因射猎禽兽为生业，急则人习战攻以侵伐，其天性也。"匈奴人能征善战，以畜牧业为主要生产方式。

早在战国末期，匈奴就聚居于阴山以南和鄂尔多斯高原地区，疆界与当时的秦、赵、燕三国的北方边界接壤。在冒顿单于时期，匈奴实力逐渐强大起来，先后发兵向东攻打东胡，向西击溃月氏，统一了北方草原地区，并且控制了河西走廊和西域广大地区。

随着势力范围的扩大，匈奴不断攻掠汉朝北部边境地区，对西汉王朝造成了极大的威胁。到了汉武帝时期，西汉王朝经过了将近60年的休养生息后，其财力、军事力量明显增强。公元前129年，汉朝开始了对匈奴的反击。汉武帝派遣卫青、霍去病率军攻打匈奴，先后发动了漠南之战、河西之战与漠北之战等三次大规模战役，迫使匈奴势力大范围退缩，河西地区也因此完全纳入汉王朝直接管控的版图之中。

河西地区在纳入中央王朝统治版图之前，曾经长期是羌、乌孙、月氏、匈奴等民族栖息的场所；因此，河西地区此时的经济形态以畜牧业为主，这在四坝文化、骟马文化、沙井文化等考古遗存中也得以体现。尽管对于四坝文化、骟马文化与沙井文化的族属问题，学术界尚存在争议，但通过对河西地区史前文化元素进行分析，我们依然可以对先秦时期河西走廊的农牧业发展状况作出判断。

大体来看，先秦时期河西走廊一带的经济类型基本上是维持半农半牧的生产生活方式，至于偏重农业还是牧业，则因时而异、因地而异。从时间角度来看，大体是早期以狩猎、采集为主，畜牧次之，农业又次之；中期畜牧业比重适当下降，农业比重有所增加，狩猎、采集比重更是明显降低；到了晚期，畜牧业比重反弹升高，农业比重有所减轻，狩猎、采集比重则继续下降。从地势角度来看，大体是河流、湖泊缘边、绿洲、盆地一带农业比重逐渐居于主体，而在更广大的山地、荒漠、草原地区，牧业比重则长期偏高。由此看来，先秦时期河西地区的生产方式以畜牧业为主，主要饲养马、羊、牛等牲畜。与此同时，先秦时期的河西民众已经开始从事一定规模的农业生产，遗址中发现的炭化粟、小麦、大麦等粮食遗存以及相应生产工具就是明证。

河西地区归属西汉王朝后，中央政府采取了一系列政治、经济、文化、军事等措施用以巩固统治和发展生产。据《汉书·武帝纪》记载，元狩二年（前121年），浑邪王降汉，以其地为武威郡、酒泉郡；元鼎六年（前111年），分置张掖郡、敦煌郡。汉王朝在河西走廊先后建立了酒泉、武威、张掖、敦煌四郡，史称"河西四郡"。大汉政府在河西地区推行移民实边政策，将大量中原地区的民众迁徙至河西地区发展屯田、水利事业，开辟了番和、武威、居延、敦煌等军事屯田点，在很大程度上发挥了解决军队粮食补给问题的作用。

经过移民实边政策的长期实施，河西地区涌入了大量的中原汉族民众，他们为河西地区带来了先进的农业生产工具和技术手段，极大地提高了河西地区的农业发展水平。牛耕技术随着屯田垦荒被推广至河西地区，"代田法"能够有效提高农作物防风抗旱能力，也于此时被广泛推广应用于河西地区的农业生产之中。在居延汉简中发现了许多记载"代田仓""代田长"的简文，分别指在推行代田法过程中修建的粮仓和主管农田的田官。从相关考古遗存来看，汉代河西地区的农产品种类显著增加，铁农具的种

焉支山

类与中原内地也大致相同。

总之,在西汉王朝的大力开发之下,河西地区的农业得到了迅猛发展,并且成为全国新兴的重要农业生产区,河西地区的生产景观自此发生了翻天覆地的变化。河西走廊特殊的地理环境和多民族杂居特征,造就了其独特的发展面貌,农耕与畜牧两种不同的经济文化类型,在河西地区相互碰撞交融,逐渐孕育出了多元一体、独具特色的河西文明。

(二)魏晋南北朝时期河西民族结构的变动

魏晋南北朝时期,中原地区长期处于战乱状态,河西地区则相对安定,北方少数民族乘机南下,其中一些民族还在河西地区建立了地方政权。与此同时,中原地区的汉族人士也大量涌入河西地区躲避战乱。汉族民众、北方少数民族民众和西域民众齐聚河西地区,共同促进了河西地区农牧业和丝绸之路商贸业的繁荣昌盛。魏晋南北朝时期河西地区的少数民族主要有氐、鲜卑、卢水胡、吐谷浑等,他们对河西地区农牧业的发展和文化的兴盛都作出了重大贡献。

1.氐族

氐族主要分布在今甘肃、四川和陕西境内,自汉武帝到三国时期,氐族大致发生过三次大规模迁徙。氐族第一次迁徙是在汉武帝元鼎六年(前111年)和元封三年(前108年)。汉武帝为了更好地开发西南地区,在陇南地区设置武都郡(治所在今西和县南),氐族一部迁移至河西的禄福县(今酒泉市肃州区)。元封三年(前108年),氐人反抗,汉武帝派兵镇压后,又将一部分氐人迁徙到酒泉郡。氐族第二次迁徙是在东汉末建安二十四年(219年),曹魏政权唯恐氐部为蜀军所用,于是命令武都氐人先后迁徙至京兆(长安)、扶风、天水、南安(今甘肃陇西县)、广魏(今秦安县东)

等郡县。氐族第三次大迁徙是在公元220—240年，曹魏不断将氐族人向北迁徙，曾三次移入曹魏统治的内郡。

经过这几次迁徙后，氐人主要分布于陇西、河西、关中等地。十六国时期，氐族分别建立了前秦和后凉政权。多数学者认为，今天居于甘肃省陇南市文县、陕西省汉中市宁强县、四川省绵阳市平武县和阿坝藏族羌族自治州九寨沟县交界的岷山东端摩天岭的白马藏人就是融合了汉、藏、羌等民族文化的氐族后裔。

2. 鲜卑

鲜卑是我国北方的一支民族，秦汉时活跃于自今内蒙古东北的额尔古纳河以南到今辽宁西拉木伦河以北的广大地区。

《后汉书·鲜卑传》记载："鲜卑者，亦东胡之支也。别依鲜卑山，故因号焉。"鲜卑原本属于先秦时期东胡部落联盟中的一支部族，东胡被

鲜卑嘎仙洞（采自长海、庞雷《拓跋鲜卑先祖"石室"——嘎仙洞遗址》，《大众考古》2021年第6期。）

匈奴击溃瓦解，部分残众逃至鲜卑山一带（今内蒙古通辽市科尔沁左翼中旗西），逐渐形成了鲜卑族。

东汉桓帝时，鲜卑首领檀石槐统一鲜卑各部，建立起一个"东西万四千余里，南北七千余里，网罗山川水泽盐池"的游牧汗国。发展至魏晋时期，鲜卑分裂为多个部落，西有乞伏部、秃发部和拓跋部，东有慕容部与宇文部。其中乞伏部又称为陇西鲜卑，建立了西秦政权；秃发部又称河西鲜卑，建立了南凉政权。北朝时期，原居嘎仙洞的拓跋鲜卑势力逐渐发展壮大，相继建立了北魏、东魏、西魏政权，宇文鲜卑在西魏基础上建立了北周政权，随后攻灭北齐统一了北方。拓跋鲜卑和宇文鲜卑建立了势力强大的北方政权，其统治范围就包括河西地区。《魏书》记载：北魏太武帝拓跋焘时期，"定秦陇，以河西水草善，乃以为牧地。畜产滋息，马至二百余万匹，橐驼将半之，牛羊则无数"；北魏孝文帝时期，"河西之牧弥滋"。由此可见，鲜卑族统治河西期间，河西畜牧业得到了迅猛发展。

3.吐谷浑

吐谷浑是魏晋至隋唐时期，由辽东慕容鲜卑分化出来并活跃于西北地区的地方政权。

吐谷浑原是人名，是西晋初年鲜卑慕容部落酋长慕容涉归的长子。因受继位兄弟的排挤，便率部西迁至河湟地区，并以此为根据地，不断扩展自身势力。吐谷浑首领叶延在位时期，为了突出所在部族的独立自主性，正式改姓为"吐谷浑"，此举可算是吐谷浑民族正式形成的标志。

在经过一百多年的发展后，吐谷浑势力逐渐崛起于青藏高原。尤其是在第九任吐谷浑王阿柴统治期间，吐谷浑"兼并氐、羌地方数千里，号为强国"。吐谷浑建立政权后，相继与西秦、北魏、北周、隋、唐发生战争，但囿于自身实力，吐谷浑不得不对这些政权表示臣服。7世纪中叶以后，吐蕃势力逐渐发展强盛，对吐谷浑构成了致命威胁，吐谷浑王慕容诺曷钵为避其锋芒，在得到唐王朝允许后，遂率数千帐族众逃至河西走廊的凉州一带，并请求唐王朝对其加以保护。十几年后，唐王朝又将其部北迁至灵州，专门设置了安乐

吐谷浑木质玄武（采自陈国科、刘兵兵、沙琛乔等《甘肃武威市唐代吐谷浑王族墓葬群》，《考古》2022年第10期。）

州来安置吐谷浑残部。在吐谷浑迁徙的过程中，部众四散，大部分族人融入汉、藏等族群之中，吐谷浑作为一支民族政权也逐渐消失在历史长河中。但是，吐谷浑势力强盛之时，对于河西地区农牧业的发展和丝绸之路商贸的繁盛也发挥了重要作用。

4. 卢水胡

卢水胡自西汉以来就长期活动于河西地区。关于卢水胡，居延汉简和《后汉书》等资料中多有记述。《后汉书·窦融传》记载，永平十六年（73年），"帝欲遵武帝故事，击匈奴，通西域"，于是命"（窦）固与（耿）忠率酒泉、敦煌、张掖甲卒及卢水羌胡万二千骑出酒泉塞"。从中可知，在窦固征伐匈奴的部队中就有卢水胡。永元年间，东汉朝廷为镇压青海羌族，命令邓训出兵镇压，邓训遂发"秦胡羌兵四千人"出征，有学者认为此处的秦胡指的就是卢水胡。综上可知，两汉时期河西地区的卢水胡人数定当不少，他们甚至是东汉在河西地区的主要兵丁来源之一。

西北粮仓——河西走廊

武威天梯山石窟

东汉三国时期，卢水胡曾经多次掀起反抗斗争。《三国志》记载，黄初二年（221年），"凉州卢水胡伊健妓妾、治元多等反，河西大扰"。十六国时期，卢水胡势力兴盛，并在河西地区建立了北凉政权。北凉统治者不仅在此前政权基础上大力发展河西地区的农牧业生产，还极力助推佛教中国化发展，从而在河西地区形成了中国石窟兴建的"凉州模式"，著名的武威天梯山石窟就是由卢水胡贵族北凉开国君主沮渠蒙逊主持修建的。

除上述诸族外，当时河西走廊还有其他民族，例如粟特人和赀虏人。

粟特算是西域商人中最早到河西地区进行商品交易活动的外来民族了。《魏书·西域传》对粟特记述道："其国商人先多诣凉土贩货，及克姑臧，悉见虏。高宗初，粟特王遣使请赎之，诏听焉。"粟特商人早在十六国时期，就活跃于河西地区从事丝路商贸活动，部分粟特人还定居在凉州，北魏政权统治河西后曾经将粟特商人俘虏。

根据《魏略·西戎传》相关记载，赀虏人原属匈奴人的部族，匈奴势力衰弱后，赀虏族众亡匿于金城、武威、酒泉等地，他们在与其他民族的交往交流交融过程中逐渐形成了一支新兴民族，并长期生产生活于河西地区，对河西农牧业的发展也贡献了力量。

（三）隋唐五代及宋金时期的河西民族分布

历经三国魏晋南北朝时期的民族大融合，河西地区的民族成份逐渐趋于单一化，到隋唐时期，汉族成了这一地区的主要民族。此时的中原王朝开展了对河西地区新一轮的规模化经营，唐王朝在河西走廊大兴屯垦。武则天曾道："王师外镇，必藉边境营田。"唐政府积极推行军屯、民屯，汉民族大规模西进，河西屯田获得了前所未有的巨大发展。后来，随着政治格局的变化，以及丝绸之路的再度兴盛，河西走廊的少数民族又逐渐活跃起来，先后控制这一地区的少数民族有吐蕃、回鹘、党项等，他们的主要生产方式是畜牧业，这虽然使得河西地区的农业发展受到一定程度的影响，但是畜牧业却在此期间获得了迅猛发展。

1. 吐蕃

吐蕃是长期生活于青藏高原的古老民族，于公元7世纪初在西藏地区建立了民族政权。到唐代宗广德二年（764年）时，吐蕃先后攻占了凉州、甘州，20多年后彻底占领了整个河西地区，开始了对河西地区长达一个世纪的统治。

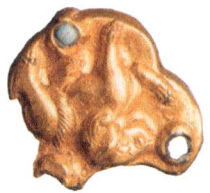

■ 青海都兰吐蕃墓出土的金银器

直到唐武宗会昌二年（842年），吐蕃内乱，实力大衰。唐宣宗大中二年（848年），沙州汉人贵族张议潮乘机率众起义，河西地区广大民众云集响应。十多年后迫使吐蕃最终放弃了对河西地区的统治权，一部分吐蕃人继续留在甘肃境内，逐渐形成了后世甘肃各地的藏族。吐蕃人推崇佛教，在统治河西期间，兴修了诸多佛教寺庙，对敦煌文化的兴盛发挥了重要作用。

2. 回鹘

回鹘通常被认为是铁勒或敕勒部落的一个分支。早在唐太宗贞观年间，就有一些回鹘部族在唐朝羁縻州制的吸引之下迁徙到河西地区。唐文宗开成五年（840年），漠北回鹘汗国灭亡后，残部分别向西方和南方逃奔，其中向西迁徙的一部分回鹘人进入河西走廊建立了政权，史称"河西回鹘"

叁 河西诸族的交往交流交融

回鹘高昌王供养像

或"甘州回鹘"。

《资治通鉴》记载，大中元年五月，"吐蕃论恐热乘武宗之丧，诱党项及回鹘余众寇河西"。回鹘迁徙到河西地区后，先后臣服于吐蕃和唐王朝。此后，河西地区的回鹘族民众数量逐渐增长，其势力也与日俱增，生活区域从最初的凉州、甘州等地慢慢扩大到整个河西走廊，最终在公元9世纪末10世纪初，以甘州为中心，建立了甘州回鹘政权。公元10世纪初，河西地区的历史进入一个新的历史阶段，即曹氏归义军时期。除了战争冲突以外，曹氏归义军更偏重通过派遣使者、通婚联姻等方式积极发展与甘州回鹘的关系，借以维护河西地区的安定，并保障丝绸之路的畅通，有效促进了河西地区经济文化的繁荣昌盛。

■ 榆林窟第16窟　回鹘天公主供养人像

1028年，回鹘被党项族建立的西夏政权击败，其族众四散逃亡，一部分分散至河西各地，一部分向西逃至新疆的东疆和南疆地区，还有一部分则投奔到河湟地区的唃厮啰政权。

3.党项

党项是在公元6世纪出现在河西地区的民族，党项族的主要族源是羌族，但在发展过程中也广泛吸收了鲜卑、吐蕃、吐谷浑和汉族的民众，逐渐形成了一支实力强劲的族群。

根据《隋书》的记载，党项最初的居住地"东接临洮、西平，西拒叶护，南北数千里，处山谷间"。从公元7世纪后期至8世纪后期，党项进行了几次大规模的迁徙，最终留居在灵州、夏州、庆州和银州一带。在党项族中，势力最为强大的是拓跋部，他们因镇压黄巢起义有功而被赐予李唐皇室的李姓。宋仁宗天圣十年（1032年），李元昊继承王位后，发兵攻占了河西地区，并于1038年称帝，建立大夏政权，史称"西夏"。李元昊在位期间，一方面努力凸显党项族的民族自主性，另一方面又推行了一系列汉化改革措施，最终制定了类似中原王朝的各项制度，河西地区的农牧业生产在西夏统治期间得到了有效发展。

彩绘人像（采自于光建《甘肃武威西夏墓特点述论》，《华夏考古》2018年第1期。）

（四）现代民族格局的形成

元明清时期，是我国现代民族格局的形成与发展期。先后三个大一统王朝的存续使得河西地区的政治格局相对稳定，非常有利于农业的发展。元朝在河西地区积极推广屯田，并对其实行制度化管理，虽然其农业发展成就逊色于汉唐，但也为明清时期更大规模的开发奠定了良好的基础。此后的明清时期，政府更加重视对河西地区的开发与管理，同时也逐渐奠定了河西地区现代民族格局的雏形，使得这一时期的中国形成了以汉民族为主体，藏族、蒙古族、裕固族、回族、土族、哈萨克族等多民族交融杂居的新格局。

1. 藏族

藏族由雪域高原上的吐蕃发展而来，自清代以来，吐蕃逐渐被称为藏族。

《旧唐书》记载，吐蕃"历周及隋，犹隔诸羌，未通于中国"。在唐朝之前，吐蕃未与中原王朝有正式往来，吐蕃的活动轨迹也鲜见于西北地区。但自唐代开始，吐蕃政权疆域逐渐扩大，其活动区域遍及西北和西南。同时，在藏传佛教影响下，吐蕃逐渐改变自己原有的风俗习惯，随后通过与当地土著联姻等方式逐渐形成了今天的藏族，并成为西北地区人数众多的少数民族之一。

元朝政府设置了宣政院对藏族聚居区和藏族民众进行管理，河西地区有为数不少的藏族人士，元政府在永昌等地设置宣慰使司都元帅府对其进行管理。明朝建立后，依旧仿照元朝对藏族聚居区实行政教合一的体制，清朝承袭了明朝的治藏政策，并在中央设置了理藩院专门管理边疆少数民族事务。

天祝藏族自治县金沙峡秋景

今天甘肃境内仍有很多藏族同胞聚居，主要分布在甘南藏族自治州和武威市的天祝藏族自治县。

2. 蒙古族

元明时期，河西地区散居着少量蒙古族人，清朝建立以后推行新的民族政策，原来居住在青海地区的蒙古族部众大量迁徙至河西地区，新疆的部分蒙古族部落也进入河西地区，从而使得河西地区的蒙古族民众数量大为增加。而今河西地区的蒙古族人主要聚居在甘肃省酒泉市肃北蒙古族自治县，其他地方也有部分蒙古族人散居，他们大都属于和硕特部和土尔扈特部的后裔，主要在马鬃山及其附近地区从事畜牧业生产。

3. 裕固族

裕固族是甘肃独有的民族，也是一个典型的通过民族融合形成的新兴民族。通常认为，裕固族是以回鹘族为基础，并在与蒙古族、藏族以及汉族等民族的互动交融中逐渐形成的。裕固族的主体生产方式是畜牧业，主

甘南藏族自治州甘加秘境白石崖寺

西北粮仓——河西走廊

张掖康乐草原——裕固族的生息地

要聚居在甘肃省肃南裕固族自治县和酒泉市肃州区黄泥堡乡。裕固族曾经自称"尧乎尔""西喇玉固尔",1953年,在筹建肃南裕固族自治县时,经与本族人民群众协商后,决定以与以上自称音相近的"裕固"作为族名,其美好寓意为"富裕巩固"。

唐文宗开成五年(840年),漠北回鹘汗国崩溃后,大量回鹘人向西迁徙,其中一支辗转来到河西走廊,并建立以今张掖为中心的甘州回鹘政权,他们曾先后依附于吐蕃和唐王朝。河西地区的回鹘政权先是被西夏攻灭,随后蒙古大将速不台又攻取了沙州回鹘和黄头回鹘的牧地。此后,河西回鹘颠沛流离长达两个世纪,其部族势力大为削弱。元代史书中称之为"撒里畏兀儿",他们大致活动于青海西北和河西走廊西南草原地区。据史书记载,明朝初期的撒里畏兀儿分布在"甘州西南""肃州西南""东近罕东,北迄沙州,南接西番"。明朝中叶,由于伊斯兰教势力的东渐与关外诸卫统治者间的相互厮杀，撒里畏兀儿被明廷安置在肃州（今酒泉）附近及甘州（今张掖）的南山一带。到了清代，裕固族被称为"西喇古儿黄番"，他们主要游牧在张掖和酒泉的交界区域。

4. 回族

回族大致形成于明代，回族的早期形态是从中亚、西亚迁徙而来的信仰伊斯兰教的人。今天的回族是在与其他民族长期交往交流交融过程中逐渐形成的一个新兴民族，讲汉语，用汉姓，农牧商兼营，生产生活方式与汉族具有很大程度的相似性。

河西走廊处于丝绸之路的咽喉地带，是东西方商贸往来的中转站，大量商人汇聚于此，其中不乏信仰伊斯兰教的人。《明史》记载，回族"哈剌马牙杀都指挥刘秉谦，据肃州卫以叛，千户朱迪等讨平之"。这说明，明朝时期居住于河西地区的回族人势力逐渐发展壮大，甚至发生了起义事件。清朝初年，河西回族在肃州一带已经形成了一定规模的聚居区。与此同时，哈密、吐鲁番等地的部分回族民众也陆续迁徙到河西地区，经与河西当地回族以及其他民族逐渐融合，遂构成了清朝中晚期河西回族的主体。

河西地区的回族在经过几次大的起义后，人口大量减少，现如今河西地区的回族分布格局，主要是在清朝末年以后重新形成的。

5. 土族

土族在史籍上又被称为"土人""西宁州土人"，新中国成立后，根据土族民众自己的意愿，统一称为土族。关于土族的形成，目前学术界存有很大争议，但大多数学者认为，土族是以吐谷浑人为主体，随后吸收羌、藏、蒙古、汉等民族成份后逐步形成发展起来的一个民族。

元明时期，中央王朝均设置土官管辖土族民众。清代雍正帝推行"改土归流"政策,一方面保留了土司制度,另一方面又将部分汉族民众迁移至土司管辖区内,从而使得土族与汉族错杂而居。土族深受藏族影响,其民众普遍信仰藏传佛教,曾经在其生活区域内修建了大量的藏传佛教寺院。

6. 哈萨克族

哈萨克族主要是由突厥、回鹘、契丹以及蒙古等游牧民族经过长期互动交融后逐渐形成的一个民族。现今我国境内的哈萨克族大部分散居于新疆地区,少部分生活在甘肃省酒泉市阿克塞哈萨克族自治县和青海省海西蒙古族藏族自治州。

20世纪初,由于受到新疆军阀盛世才的压迫,新疆的大批哈萨克族民众向东迁徙至河西走廊和河湟地区,在祁连山脚下和疏勒河两岸从事以畜牧业为主的生产活动,他们与周边其他民族长期和平共处。哈萨克族大批

酒泉市阿克塞哈萨克族自治县的戈壁放牧风光

迁入河西地区的时间主要集中在1935—1939年，先后有四次较为集中的迁徙活动。新中国成立后，在酒泉地区建立了阿克塞哈萨克族自治县，此后的哈萨克族在人口、经济、文化等方面均得到了长足发展。

二、河西诸族的交融

河西走廊在一定程度上也是一条民族走廊，来自不同区域、具备不同文化风格的诸多族群在此互动交融，为河西文化的兴盛繁荣源源不断地注入新鲜血液。各民族之间既有和平交流，也有战争冲突，最终结果是各民族都在不经意之间或多或少地受到其他民族多方面的影响，从而为本民族文化发展注入了新活力并生发了新面貌。各支族群在从互动碰撞走向交流融合、从对抗冲突走向文化认同的过程中，共同缔造了多元一体的中华民族大家庭。

（一）生产生活方式的交互共进

农业与畜牧业两大生产生活方式之间互补共进、交相为用，在此基础上逐渐形成各族群之间兼具个性与共性的区域文化，这可算是河西地区不同民族之间常规性的经济文化交流方式。在汉王朝大力开发河西地区之前，河西走廊是一个游牧民族占主体的多民族生活地带，以畜牧业为强势主体，以农业为微弱补充，这是先秦时期河西社会的基本经济格局。但在中原地区的汉人大量西迁之后，这一格局发生了明显的变化。在古代社会，汉人主要从事农业生产活动，文明成果容易形成集聚效应，相比畜牧业经济形态显示出一定的优越性。恩格斯曾在《反杜林论》中指出："在长期的征服中，比较野蛮的征服者，在绝大多数情况下，都不得不适应征服后存在的比较高的'经济情况'；他们为被征服者所同化，而且大部分甚至还不得不采用被征服者

航拍甘肃省酒泉市阿克塞哈萨克族自治县多坝沟胡杨峡火烧云

的语言。"因此，河西地区许多少数民族部落相继接受了汉文化并成为中原王朝的编户齐民，其中最显著的变化就是游牧民族也开始从事农业生产。

羌人原本主要从事以养羊为主的畜牧业生产活动，但在与汉人的长期交往中，其生产生活方式也发生了转变，逐渐从事农牧兼营的生产活动。根据居延新简《建武六年甲渠言部吏毋作使属国秦胡卢水士民者书》的记载，张掖属国统有"秦胡"和"卢水"等民族。其文曰："建武六年七月戊戌朔乙卯，甲渠鄣守候敢言之。府移大将军莫府书曰：属国秦胡卢水士民，从兵起以来，□困愁苦，多流亡在郡县。吏以……匿之。明告吏民，诸作使属国秦胡卢水士民畜牧、田作不遣，有无四时言。"这段简文明确

▌犁地、耙地、扬场图景（采自张宝玺《嘉峪关酒泉魏晋十六国墓壁画》，兰州：甘肃人民美术出版社，2001年，第321页。）

女子采桑图（采自张宝玺《嘉峪关酒泉魏晋十六国墓壁画》，兰州：甘肃人民美术出版社，2001年，第324页。）

下令要求各级官吏保护少数民族百姓的农牧业生产活动，说明秦胡、卢水胡等少数民族也学会了汉族的农业生产活动。

继两汉之后，五凉时期的河西社会经济发展进入了第二个黄金时代。农业在河西经济结构比重中已经明显占据主导地位，许多少数民族也纷纷选择从事农业生产活动。建立南凉政权的拓跋鲜卑，也开始"养民务农，循结邻好"。唐代的回鹘"以橐驼耕而种"，唐诗中也有"蕃人旧日不耕犁，相学如今种禾黍"的佳句。西夏政权建立后，一部分党项人也开始了"岁时以耕稼为事"的生产生活方式。到了明清两代，少数民族由牧转农的趋势更为明显，如明英宗正统十一年（1446年），沙州卫喃哥部率众归于明朝，明朝政府将其安置在甘州，并修建城堡，开通渠坝，帮助其进行农业生产。

由此可见，河西地区的许多游牧民族深受农耕民族生产方式的影响，在其原有畜牧业经济形态基础上，逐渐学习、接纳和从事农耕生产生活方式，这就使得河西地区的经济文化和食品结构日益呈现出以农业为主、农牧互补的多元化发展趋势。当然，这种影响的作用力必然是相互的，迁移到河西走廊的汉人也在一定程度上受到了游牧民族生产生活方式的渗透。河西地区魏晋壁画墓的主人大多为汉族，除了反映农业、手工业生产生活的画面以外，画像砖中亦可见为数不少的狩猎、放牧等场景，这表明河西汉族人士也广泛吸收了少数民族以畜牧业为主的生产生活方式。

（二）民俗文化的互嵌式融合

河西地区各民族错居杂处，互相学习，彼此影响，求同存异，在长期互动交融过程中逐渐形成了一定程度的文化认同。

《后汉书·西羌传》记载："湟中月氏胡，其先大月氏之别也……其羸弱者南入山阻，依诸羌居止，遂与共婚姻……被服、饮食、言语略与羌同，亦以父名母姓为种。"由此可知，西汉初期，未能跟随大月氏西迁的一部分月氏人退缩到祁连山一带，与羌族杂居并互通婚姻，从而在服饰、饮食、言语等各方面深受羌文化影响。蒙古汗国时期，镇戍西北边陲的蒙古豳王家族由中亚徙居至河西走廊，其文化习俗也相应发生了一些变化。豳王家族之前信仰的是伊斯兰教，但在进入河西走廊后，由于受到河西地区浓厚佛教文化氛围的熏陶，其家族成员转而开始信仰佛教，并且对各民族文化都体现出一定程度的包容性。豳王家族主持重修重绘了莫高窟第464窟前室，南北壁均可以见到多种文字的六字真

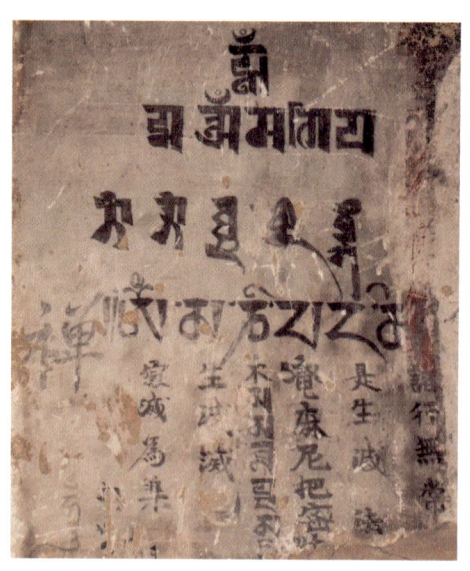

▮ 莫高窟第464窟　前室北壁　五体六字真言

榆林窟第6窟前室西壁北侧明窗所见蒙古贵族供养人像（采自杨富学、刘璟《榆林窟第3窟为元代西夏遗民窟新证》,《敦煌研究》2022年第6期。）

言，其中南壁使用了梵文、藏文、回鹘文、汉文等四种文字，北壁则使用了梵文、藏文、回鹘文、汉文和八思巴文等五种文字。

在敦煌悬泉汉简中发现，有很多羌人改用单音汉姓和汉名，如牛羌、赵羌、樊羌、王羌等。少数民族"汉化"与汉族"胡化"交互影响，最终使得各民族的原有生活习俗和装束风格或多或少都发生了一些变化，"特色"逐渐淡化，"共性"日益凸显。原来习见于文献典籍的"被发左衽"这一少数民族发式和服饰特征，在经过魏晋南北朝时期的民族大融合之后，逐渐发生风格转变。在与汉族交往交流交融过程中，河西地区的羌胡、鲜卑等族的发式以及服饰已经很难再见到"被发左衽"，汉式风格越来越成为普遍的社会风尚。

莫高窟壁画《须摩提女缘品》中的胡床（采自邵晓峰、李汇龙《敦煌壁画与高型坐具图式的融入——以胡床、凳、墩为例》，《美术大观》2020年第4期。）

与此同时，少数民族也为汉族文化注入了新鲜血液，如西汉时期迁徙至河西地区的汉人，由于与少数民族长期交往就显得与关东人"习俗颇殊"。少数民族的胡服、胡床等被汉族广泛制作与使用，胡乐、胡舞等在汉人群体中也颇为流行。《后汉书·五行志》记载："灵帝好胡服、胡帐、胡床、胡坐、胡饭、胡空侯、胡笛、胡舞，京都贵戚皆竞之。"汉灵帝十分喜欢胡人的物品，引得京都贵族们也竞相模仿，可见胡人对

胡床

汉人生活习俗的影响至深。

敦煌文书和壁画中的很多婚俗资料也反映了各民族之间文化互动交融的影响，如青庐应该是少数民族穹庐与汉族"百子帐"相结合的产物，"跨马鞍"婚俗则兼有游牧民族"尚乘鞍马"习俗与汉族祈愿平安之意。

总之，在汉族与各少数民族的文化遗存中都能发现大量来自其他民族的文化因素，这充分体现了不同历史时期河西地区各民族之间文化的互嵌式融合效应。

（三）新兴民族的出现

民族融合的最直接和最深刻的体现便是新民族的出现，就是那些并非通过强制同化，而是在与不同民族交往的过程中，自觉或无意识地吸收其他民族文化因素后逐渐形成的有统一文化认同的"新兴民族"。

汉代张掖郡南部一带的部分小月氏人，在与匈奴、羌人和汉人的长期接触交往过程中，逐渐形成了一个新的部族——卢水胡。卢水胡人沮渠蒙逊建立了北凉政权，尽管沮渠蒙逊汉化程度很深，但从北凉的军事制度中也可以看出许多其他民族的影子。北凉军队的基本编制单位——幢，来源于北魏的幢将和柔然的幢帅。至于其兵种有细射（弓箭手）和步稍（执矛步兵）之分，亦源于北魏军队。鲜卑族的北魏政权深受汉晋以来中原传统文化的影响，而柔然又受到北魏的极大影响，说明各民族间的相互影响并不是单线的，而是呈现出互相交错的状态。

吐谷浑原属于辽东鲜卑慕容部的一支，在迁徙发展过程中经与氐、羌等部族互动交融逐渐形成了新兴的吐谷浑族。吐蕃统治河陇时期，各族共同生活，相互通婚，形成了杂居共处、互相融合的局面。唐朝末年，吐蕃统治结束，但是甘青地区的吐谷浑、党项、白兰等族已经深受吐蕃文化影响，他们中的许多部众逐渐融入吐蕃族群之中，遂成为后来藏族的重要组成部分。至于之后出现的裕固族、维吾尔族、回族等民族，也都是在多民族交流融合的基础上逐渐形成的新兴特色民族。

在民族发展变迁过程中，许多民族逐渐被湮没在历史长河中。曾在河西走廊生活过的月氏、乌孙、匈奴、鲜卑、突厥、回鹘、党项、卢水胡、吐谷浑等民族，都在历史舞台上留下过浓墨重彩的一笔，但随后逐渐销声匿迹，如今我们仅能对其流向作出一些合理推测，而无法确知其具体走向。毋庸置疑的一点是，这些民族逐渐融入其他民族之中，演变为新兴民族并成为中华民族共同体中的重要组成部分。

（四）和而不同的"民族村"

1. "民族村"的形成

村聚落早在先秦时期就已存在，发展至唐朝时期，"村"作为一级基层行政机构正式确立。随着越来越多的族群迁居至中原王朝的直接统治区域之内，"村"制度也逐渐被推广到迁徙而来的少数民族群体中，从而成为中华民族多元一体大格局下最基本的空间单位。关中地区存在过"羌人村"，原居朝鲜半岛的新罗人迁徙至登州一带后组成了"新罗村"。与之类似的是，在河西地区也曾出现过许多"民族村"，比如"粟特村""吐蕃村"等。

粟特人早在五凉时期就常年往返于中亚与河西走廊，从事商业贸易活动，其中一部分粟特人开始定居于河西走廊。唐朝政府为了更有效地管理粟特人，便在河西地区专门设置了"从化乡"，与其他乡一样，中央政府在从化乡内部也设置了村、里等组织机构。"粟特村"里的居民基本上都是康、安、曹、史、米等昭武九姓，虽然粟特村后来消失了，但许多粟特人也与中国人通婚生子并长期生活在中国境内。中古时期粟特人的姓氏直至今天仍被使用，这也是部分外来民族逐渐融入中华民族共同体的一项实证。设置民族村不仅方便政府对一些少数民族群众进行有效管控，同时也促进了各民族及其文化之间的互动交融。

河西地区的吐蕃政权被敦煌当地大族张议潮率众推翻后，仍有大量的吐蕃人留居河西地区，他们接受了归义军政权的统治与管理，逐渐形成了以吐蕃人为主的定居生活聚落，在一定意义上可以称之为"吐蕃村"。为了更好地融入汉族社会圈子，留居河西走廊的吐蕃人纷纷改用汉姓，其中包括杨、张、邓、窦、郝、朱、杜、王、卢、樊、李、索、阴等，但所使用的名字仍然保留了一定程度的吐蕃色彩。这在敦煌文书中多有记载，如敦煌文书 S.1285《后唐清泰三年杨忽律哺卖宅舍地基契》中的主人公杨忽律哺、P.3131《归义军曹氏时期算会群牧驼马羊欠历稿》中提及的邓萨呐、P.4093《庚寅年四月六日敦煌乡百姓郑继温贷绢契》记载的洪润乡百姓樊钵略等人，他们均为吐蕃人，通常都采用汉姓与吐蕃名字相结合的方式来表示姓名。

2. 独具特色的村落居民

20世纪末，曾经名不见经传的甘肃永昌县者来寨村突然"火"了起来，该村民众此前因为长相"奇怪"而多受歧视，随后却被人认为是古罗马军团后裔而显得身份"高贵"起来。者来寨村民的长相和周边村子居民有很大不同，部分村民的头发呈棕色或黄色，眼珠呈蓝色或灰色，许多村民拥有高鼻梁或鹰钩鼻，眼窝较深，头发卷曲，身材魁梧。者来寨村有着独特的民俗，村民对牛较为崇拜，喜欢斗牛，专门修建了牛公庙，葬俗中普遍实行头朝西的原则。他们的体质相貌特征与西方人相似，因与"罗马军团流落中国"的假说建立了关联而被称为"骊靬人"。英国汉学家德效骞于

1957年在伦敦发表了《古代中国的一座罗马城》一文，随后海内外部分学者也纷纷认为者来寨村民是罗马军团后裔，其他一些学者则引经据典对该说法进行了反驳。21世纪初，相关专家对永昌者来寨村民的基因进行了科学鉴定，最后认定者来寨村民与古罗马人没有基因联系。

从目前的学术研究成果来看，"罗马军团流落中国"的假说缺乏事实证据。但是永昌者来寨村部分民众的确存在相貌、体质和风俗习惯方面的独特性，很可能是东西方各民族及其文化交流融合的产物和现实体现。

甘肃省永登县也属于广义上的河西地区，永登县薛家湾村也带有一些神秘色彩。有人说薛家湾村民是苗族的后裔，也有人说他们是三国时期诸葛亮的后代。薛家湾村民的族属问题至今众说纷纭，但有一点是可以肯定的，那就是该村相关民风习俗是历史时期族群迁徙、文化交流和世代传承的产物，可算是特定时期和特定族群传统文化的活化石。就此而论，民族村不仅是各民族展示自身独特文化的空间，更是各民族互鉴交融的场所。

薛家湾村一隅（采自广东省民俗文化研究会《薛家湾：神秘的中国"吉普赛"村落》，《2014年07月民俗非遗研讨会论文集》，《神州民俗》杂志社，2014年，第41—45页。）

三、民族融合的助力因素

"文明因多样而交流,因交流而互鉴,因互鉴而发展。"纵观古今,世界各地单一的文明模式很难在历史的筛选下得以长期存续。河西文化之所以得以兴盛发展,其中一个重要原因便是该地区不断涌入新的民族,从而使得河西地区的文化具有了多样性,经过长期互动交融,遂造就了历史悠久、源远流长、丰富多彩、特色突出的河西文化。

(一)相对发达的农牧业

河西走廊因其独特的地貌环境和气候条件,能够适应农业、牧业经济同时存在和共同发展,是一条复合型经济地带,不同民族在进入河西走廊后,都能够根据自身传统经济模式发展生产并得以繁衍生息。

秦汉时期,匈奴人南下控制了河西走廊,这里水草丰茂的优质牧场条件使得匈奴势力扩张如鱼得水。经过汉帝国的强势打击,匈奴被迫退出河西走廊,无奈地发出了"失我焉支山,令我妇女无颜色。失我祁连山,使我六畜不蕃息"的悲叹。与此同时,西汉王朝设置河西四郡,推行移民实边政策,大兴屯田发展农业生产,河西地区的农业经济也得到了空前发展,此后河西地区长期作为全国重要粮食产区而存在。

三国魏晋时期,河西地区的农业发展水平已经与中原地区相差无几。根据嘉峪关魏晋壁画墓图像资料所反映的情况,当地先是采用二牛抬杠的方式进行犁地、耙地、耱地、播种等活动,后来则普遍采用一牛耕种的方式,这明显反映了耕作技术得以改进提高。到了十六国时期,史籍中也多处记载河西走廊农业的兴盛状况,如《太平御览·百谷部》转引崔鸿《十六

西北粮仓——河西走廊

■ 畜牧图（采自甘肃省文物队、甘肃省博物馆等编《嘉峪关壁画墓发掘报告》，北京：文物出版社，1985年，图版五〇（L））

国春秋·前凉录》曰："永嘉三年，嘉麦一茎九穗，生于姑臧。张骏九年，雨五稼谷于武威、敦煌，种之皆生，因名天麦。"此处描述虽有夸张成分，但也说明了当时河西地区自然条件优良，所种粮食作物普遍获得大丰收。《晋书·凉武昭王传》记载："玄盛既迁酒泉，乃敦劝稼穑。群僚以年谷频登，百姓乐业，请勒铭酒泉，玄盛许之。于是使儒林祭酒刘彦明为文，刻石颂德。"这段材料说明西凉王李暠在位期间通过实施"寓兵于农"的措施，农业生产发展迅速，这为西凉势力东扩积蓄了粮食资本。根据《晋书·吕光载记》记载，后凉吕光统治河西期间，河西农业发展态势良好，一度出现了"今中仓积粟，数百千万"的兴盛情况。

河西农业繁荣的同时，畜牧业也得到了持续发展。汉王朝不仅大力发展河西农业生产，还积极采取各种措施鼓励畜牧业发展。汉朝政府在河西地区设置了众多的官营牧苑，虽然其主要目的是补充战马，提高汉军战斗力，但客观上也促进了河西地区畜牧业的发展。正如班固在《汉书·地理志》中的记述："自武威以西……习俗颇殊，地广民稀，水草宜畜牧，故凉州之畜为天下饶。"裴松之注《三国志·文帝纪》引《魏书》曰："镇西将军曹真命众将及州郡兵讨破叛胡治元多、卢水、封赏等，斩首五万余级，获生口十万，羊一百一十一万口，牛八万，河西遂平。"镇压凉州当地一场少数民族起义后，便可一次性获取"羊一百一十一万口，牛八万"，足见曹魏时期河西地区畜牧业发展的繁盛状况。西晋时期，河西畜牧业发达，兵强马盛，就连首都洛阳都流行"凉州大马，横行天下"的歌谣。嘉峪关魏晋壁画墓中随处可见羊群、牛群、马群、骆驼群等图像场景，甚至在一块壁画砖上所绘的马多达19匹，羊多达12只，牛多达6头，这便是魏晋时期河西畜牧业发达的生动直观体现。隋唐时期，河西地区农牧业兴旺发达，粮草储备丰盈，丝路商贸繁盛，军事力量强大。《资治通鉴》卷二一六中概说："是时中国盛强，自安远门西尽唐境凡万二千里，闾阎相望，桑麻翳野，天下称富庶者无如陇右。"河西地区即此处"陇右"的重要组成部分，足见隋唐时期河西地区农牧业的繁荣昌盛。

经过长期发展，河西地区逐渐形成了一个稳固的经济实体，并确立了农牧业结合的经济格局，汉唐以后依然绵延不辍。

生产活动所营造的社会大环境深刻影响着民族的发展历程，正如马克思所说，"物质生活的生产方式制约着整个社会生活、政治生活和精神生活的过程"。农牧业的兴盛不但满足了人们的基本生活需求，而且为巩固边防提供了雄厚的物质基础。边军粮秣得以解决，政府收入得以增加，边防得以巩固，社会也就得以安定。河西走廊有着农牧业发展的优良条件，因此该地区成为周边民族的首选迁徙之地，河西地区既吸引了以农耕为生的汉人，也吸引了以畜牧为业的诸多部族。特别是在周围地区出现社会危机时，这一部分人群就会优先选择来河西地区避难，从某种程度上说，河西走廊充当了周边地区族群的"避风港"。

河西走廊本身就处于东西南北的交通要道，是汉族与少数民族、西域与中原往来互通的必经之地。除了河西走廊独特的地理位置外，农牧业经济的优良发展条件也是河西地区具备强大吸引力的重要因素。换言之，河西走廊之所以能够成为丝绸之路黄金地段，农牧业经济的繁荣也是其关键因素之一。

发达的农牧业经济能够为手工业和商业贸易发展提供较为充足的原材料和广阔的市场。河西地区不仅可以为人们提供衣食住行所需的日常生活必需品，还可以为过往商旅提供较为充足的物资补给，自然就会成为周边族群竞相争夺的首选之地。

河西地区农牧业的繁荣对域外族群也有着强烈的吸引力，来自西域的外来民族纷纷选择河西地区作为其商贸根据地和生活聚居区。来自中亚的粟特人，曾经长期活跃在河西走廊。类似"西北诸胡卖马者往来如织""以西陲蓄户久来贸鬻，羊、马、药物，岁数百万"等描写充斥在古代文献之中，这些记述正是丝绸之路河西段繁荣景象的真实写照。除官方正式的商贸交流活动以外，民间贸易的昌盛客观上也加速了民族融合与文化交流，这些交流互鉴和发展成效都离不开河西地区农牧业的繁盛现状。

总而言之，河西走廊的农牧复合型产业结构，促使其不仅成为中原汉人的理想迁居地带，也成为诸多北方少数民族和外来族群的首选发展空间。河西地区为民族交融提供了新的发展机遇，各族民众广泛汇聚于此，互通有无，取长补短，个性渐趋淡化，共性日益凸显，逐渐融合为中华民族共同体的一分子。

（二）宽松包容的政治环境

河西地区由于远离中原核心统治区，矛盾冲突不是很集中，政治环境相对稳定，这就吸引了大量中原汉族人士来此避难和创业。自东汉至魏晋时期，中原政局混乱，争斗不息。相较而言，河西地区则较为平静，致使大批中原民众向西迁徙进入河西地区。《十六国春秋·前凉录一》载："天下方乱，避难之国唯凉土耳。"《晋书·张轨传》载："中州避难来者日月相继，分武威置武兴郡以居之。"诸如此类的记述在史籍中还有很多，从中可以看出，饱经战乱之苦的中原民众将河西地区视为理想的避难之地，于是络绎不绝地西行进入河西地区生产生活，而河西地方政府也敞开胸怀广泛接纳了众多的中原避难人士。

当然，河西地区也并非长期风平浪静，这里也有族群争斗和政权更迭。但是这些政权在控制河西地区后，通常都会采取一系列行之有效的政治、经济与军事措施来巩固统治和发展农业、畜牧业和工商业，这些措施在客观上加速了河西地区各民族之间的互动交融，促进了河西地区经济文化的发展兴盛。

汉朝在中央设置了专门管理边疆民族事务的大鸿胪和典属国等官职，在河西地区根据各地不同情况设置了郡县和属国，还专门设置了护羌校尉管理归降羌人。汉朝政府通过一系列务实有效政策的实施，既适应了加强中央集权的需求，又为河西地区营造了一种较为稳定和谐的政治环境。

唐代前期，由于漠北和西域政治局势不稳定，吐谷浑、西突厥、铁勒诸部先后迁入河西地区，唐政府在凉州特别设置了吐浑部落、兴昔部落、阁门府、皋兰府、卢山府、金水州、蹛林州和贺兰州等八个羁縻府州。据《旧唐书·地理志》记述，这八个羁縻府州下不辖县，"皆吐浑、契苾、思结等部，寄在凉州界内。共有户五千四十八，口一万七千二百一十二"。这些族群原本并未生活于河西地区，迫于周边危急形势先后迁徙于此。唐政府接纳了他们，并且继续保持他们原有的部落单位，以部落首领充任羁縻府州长官，这也体现了唐朝较为宽松包容的民族政策。

吐蕃政权占领河西地区后，大力推行蕃化政策，使得吐蕃文化对河西地区产生了很大影响。但是吐蕃政权也对河西地区的汉文化秉持了一定程度的包容性，除了吐蕃语外，汉语也被当作官方正式语言文字普遍使用。河西地区的一些汉人能流利地听、说、读、写、译吐蕃语，一些吐蕃人崇尚汉文化，汉语水平也很高，甚至还会用汉文作诗词。《赞普子》曰："本是蕃家将，年年在草头。夏日披毡帐，冬天挂皮裘。语即令人难会，朝朝牧马在荒丘。若不为抛沙塞，无因拜玉楼。"据学者研究，这首敦煌曲子词的作者就是一位因倾慕汉文化而归降唐政权的吐蕃将领。

西夏政权建立后，统治者对境内各民族实行了较为开放包容的政策，如推行蕃汉并行的官制，广泛任用汉人、吐蕃人、回鹘人加入其职官体系，尊重其他民族文化，允许其他民族语言文字在全国流行。

公元1247年，受蒙古王子凉王阔端之邀，藏传佛教萨迦派法师萨迦班智达前往凉州，与蒙古贵族商谈西藏归降事宜，最终促成西藏正式纳入中

武威白塔寺"凉州会谈"萨迦班智达像

原王朝版图，史称"凉州会谈"。随后，萨迦派的僧人集团进入河西走廊弘扬佛法，在当地修建了萨迦派寺院，其中著名的有"四部寺"，规模最大的是白塔寺，整个寺院金碧辉煌，号称"凉州佛城"。藏传佛教以凉州为中心，逐渐向蒙古、中原内地传播开来，盛极一时，汉、藏、蒙古等各族文化交融程度也进一步加深。

四、结语

河西地区处于多个地域文化单元的过渡和交汇地带，多元存在为多元一体文化融合提供了极大可能性。河西走廊有其独特的自然地理环境，适合农牧业经济同生共存，从而不断吸引周边民族迁徙至此生产生活，各族民众在河西地区错居杂处，互相学习，取长补短，互利共赢，彼此关系日益密切，你中有我，我中有你，逐渐形成不可分割的民族共同体。

民族融合总体呈现出波浪式前进和螺旋式上升的趋势，在河西地区多民族经济文化互动交融过程中，汉化是主流，农耕经济逐渐成为主导经济形态；但是，其他少数民族也为汉族源源不断地输入新鲜血液与精神活力，为中华民族共同体的发展、成熟与壮大持续注入不竭的生命动力。

正因为有了历朝历代对东西南北各地区、各民族优秀传统文化的兼收并蓄，才描绘出了河西地区多元共生、丰富多彩的恢宏历史画卷。我们可以大胆地宣言：河西走廊是我国历史时代最悠久、文化积淀最深厚、民族融合最明显的一条多民族文化互动交融通道，河西走廊是推动中华民族共同体从初期构建到最终形成的典型示范区，河西走廊的多彩华章生动体现了中华民族绵延不绝的文化开放、文化包容、文化认同与文化自信。

肆 河西史前文化所见的东西农牧文化交流互鉴

俗话说："民以食为天。"饮食文化一直是人们生活中津津乐道的话题，作为饮食基础的农牧业问题同样受人关注。河西地区作为西北重要的粮食基地，其农牧业历史悠久，可以追溯到文字产生以前的史前文化时期。随着历史学、考古学、人类学等学科对相关问题研究的持续推进，有关河西走廊史前文化的许多史实渐趋明朗。河西走廊作为东西方经济文化交流的重要通道，早在先秦时期就已经产生了早期农业文明、牧业文明和商贸文化，发生了东西方经济文化的碰撞与交流，而这突出表现在农业文明与牧业文明的交流互鉴方面。下面就让我们从史前文化发展谱系的视角出发，去管窥两千年前河西地区的史前农牧业文明。

学界一般将缺乏文字记载的石器时代认定为史前时期，对于中国历史而言，相当于夏代以前的历史时期。这一常规认定适合于中原地区，对于河西走廊及其附近地区而言，史前时期则要更为漫长一些，包括了中原地区的新石器时代、青铜时代和铁器时代早期。

一、河西地区新石器时代文化

(一)马家窑文化

马家窑文化广泛分布于黄河上游的甘、青、宁地区，存续年代距今大约5300—4000年，延续时间长达1000多年，主要以绚丽多彩的彩陶闻名于世，因首次发现于甘肃省定西市临洮县马家窑村而得名。马家窑文化曾经比较强劲地将势力向西推进到了河西走廊一带，根据时代发展先后顺序以及所呈现出的文化特征的不同，河西地区的马家窑文化遗存大体可分为马家窑、半山和马厂三种文化类型。基本可以肯定，河西走廊的马家窑文化是经由河湟地区迁徙过来的，走廊东部的文化遗存特征与河湟地区几乎完全一致，发展序列也比较完整，西部酒泉地区的文化遗存则表现出了较多的河西地方特色，发展阶段也较晚。

1.马家窑类型文化

河西走廊的马家窑类型文化遗存主要分布在东部地区，武威市凉州区境内主要有塔儿湾、五坝山、磨嘴子等遗址，武威市民勤县境内主要有黄蒿井和芨芨槽等遗址，金昌市永昌县境内主要有三角城和蛤蟆滩等遗址。后来在走廊西部的酒泉市境内的照壁滩和高苜蓿地也发现了马家窑类型文化遗存，这就突破了以往关于马家窑文化仅存在于河西走廊东部地区的认识。总体来看，马家窑类型文化在河西地区分布不均衡，走廊东部地区明显多于中、西部地区，而且走廊东部地区的马家窑类型文化遗存在时间上明显早于走廊西部地区。河西走廊一带发现了为数不少的马家窑类型文化遗存，其中包括生产和生活用具，这些都是河西走廊早期农业文明的见证。

2. 半山类型文化

河西走廊一带发现的半山类型文化遗存较少，主要见于走廊东部地区。考古工作者在永昌鸳鸯池遗址正式发掘了7座属于半山类型文化的墓葬，其中有被马厂类型文化打破的痕迹，这便明确提供了半山文化早于马厂文化的地层学证据。河西地区半山类型的陶器质地、色泽都与马家窑类型相似，所见陶器主要有双耳罐、单耳瓶、大口罐、小口瓮、陶盂等，其中既有泥质彩陶，又有夹砂素面红陶。

半山类型彩陶禽形壶（采自《河西走廊史前考古调查报告》，北京：文物出版社，2011年，彩版二。）

3. 马厂类型

河西地区发现的马厂类型文化遗存在数量上明显多于半山类型文化遗存，分布范围也更加宽广。李水城先生根据文化面貌和时间差异，将河西地区马厂类型分为甲、乙、丙三组文化遗存。甲组以1959年张掖市四坝滩发现的马厂类型单耳彩陶瓶和双耳大口彩陶盆为代表，此类器皿在河西地区发现较少，其风格与河湟地区马厂类型遗物风格一致，很有可能是从河湟地区输入的。乙组以永昌鸳鸯池墓地、武威磨嘴子墓地为代表，乙组的陶器以红陶、红褐陶为主，部分是灰陶和黑灰陶，基本组合包括双耳罐、单耳罐、瓮、单把杯、盆、钵、盂，不少器皿都是常用的饮食器具。乙组遗存是河西走廊马厂类型的主流，其分布范围主要集中在永昌及其以东地区，另在张掖甘州区、高台县等地也有少量发现，部分影响到走廊的西部。丙组以酒泉高苜蓿地、照壁滩为代表，年代最晚，主要分布在走廊西部。河西地区马厂类型陶器以红陶为主，彩陶比例不高；

马厂类型彩陶双耳罐（采自《河西走廊史前考古调查报告》，北京：文物出版社，2011年，彩版二。）

泥质陶器表面略经打磨，器类以双耳罐居多，另外还有钵、瓮等；夹砂陶以灰褐色的小罐最为常见。

4.马家窑文化所见的农牧业生产活动

马家窑类型酒泉照壁滩所在的这片土地曾经被辟为耕地，由于缺乏水源，目前已经沦为荒滩。遗址地表偶尔可见散落的陶片，断崖下可见耕土层下面的文化层。在照壁滩遗址还发现了羊、鹿等动物形象的马家窑类型彩陶，体现了较为明显的畜牧业经济成分。半山类型文化遗存中虽然无直接证明农业文明存在的器物，但它处于河西地区马家窑文化类型三大发展阶段的中间阶段，起到了承

酒泉照壁滩遗址（采自《河西走廊史前考古调查报告》，北京：文物出版社，2011年，彩版八。）

上启下的作用,应该也存在一定程度的农业生产生活模式。

马厂类型乙组文化遗存主要分布于河西走廊东部,其中发现石器数量较多,大致可分为三类:一类是数量可观的磨制石器,主要有斧、锛、凿、刀等,这些磨制石器大多质地坚硬、刃部锋利,且有两三个钻孔,便于挖土翻地、砍砸树木、收割和打碾粮食;第二类是细石器,其中以制作复合工具的嵌刃石叶居多,细石器工具主要用于制作装备复合工具的石刃,多数与狩猎、畜牧经济有关;第三类是数量较少的打制石器,主要有刮削器、盘状器、石核等。

马厂类型丙组文化遗存主要分布在河西走廊西部,其中发现的石器分类大致与乙组相同,也分为磨制石器、细石器和打制石器三类。这说明河西走廊中东部主流的马厂类型影响并传播到了走廊西部,两个地区所使用的生产工具没有太大差别。在永昌鸳鸯池马厂类型遗存中,考古工作者发现了内盛炭化粟粒的高达70厘米的大陶瓮,证明河西地区马厂类型文化延续了北方旱地农业传统;发现了为数不少的牛骨、羊骨和猪骨,由此可见河西地区马家窑文化时期的畜牧业比重不小。在马厂类型乙组文化遗存中发现了一定数量的单把深腹陶杯,它被认为与奶制品的制作和使用有关,这也从一个侧面展现了河西走廊畜牧业的进一步发展和先民食物结构的新

▎马厂类型钻孔石斧(张掖市甘州区博物馆)

▎马厂类型扁平钻孔石斧(张掖市甘州区博物馆)

肆　河西史前文化所见的东西农牧文化交流互鉴

马厂类型骨针（张掖市甘州区博物馆）

马厂类型单耳彩陶杯（张掖市甘州区博物馆）

变化。

河西走廊及其周边地区自然沉积物重建的环境记录表明，河西走廊距今5000年之后逐渐走向干冷阶段。马家窑类型时期河西走廊的气候相对湿润，马家窑文化所在族群在此期间西迁至河西走廊一带，同时为河西地区带去了粟、黍等农作物及其生产方式。半山类型时期气候波动明显，虽然温度下降不明显，但是降水量明显呈下降趋势，气候逐渐偏向干冷。马厂类型时期，河西走廊的气候出现了短暂的暖湿回流，降雨量增加，温暖湿润的气候条件促使农业生产比重提升，使得马厂类型文化在河西走廊得到了很大程度的推广。

（二）西城驿文化

1."过渡类型"遗存

说到西城驿文化，我们有必要先介绍一下李水城先生率先提出的"过渡类型"遗存概念。在距今4000年前后，河西地区的马厂文化演变为"过渡类型"，开始向青铜时代过渡，逐渐进入到后马厂阶段，也就是马厂类型最晚的一个阶段，对于河西地区的史前文化的发展起到了承上启下的作用，因此将这一阶段由马厂类型向四坝文化过渡之间的独特文化类型称为

"过渡类型"。

这一类型的遗存首次见于武威皇娘娘台遗址，皇娘娘台遗址是典型的齐家文化遗址。通过对皇娘娘台遗址出土彩陶进行分析，可以逐步认识到"过渡类型"的内涵和特殊性质。酒泉西河滩遗址也属于"过渡类型"遗存，面积在50万平方米以上。房屋以半地穴式为主，地面式为辅，呈方形或长方形，成排分布。房间有单间或多间，内有羊、猪、牛等家畜的骨骼，房屋周围有不少储藏坑和"烧烤坑"。在瓜州潘家庄曾经发掘了三座"过渡类型"墓葬，随葬品主要有彩陶双耳罐、素面双耳罐和少量的随饰品。此外，经过调查，在金塔、张掖等地发现有"过渡类型"阶段的冶铜遗迹和遗物，这显示出"过渡类型"阶段的冶炼技术相比马厂文化有了进一步的发展。

值得一提的是，张掖西城驿遗址是具有代表性的"过渡类型"遗存，随着近些年来学界对张掖西城驿遗址发掘与研究的深入开展，李水城先生主张将"过渡类型"遗存更名为"西城驿文化"。这一文化类型对于河西地区史前文化的发展至关重要，后面我们会作详细介绍。在"过渡类型"遗存中所见器类主要有皇娘娘台出土的双耳罐、单耳罐、双耳盆、瓮等。有大量的石叶、石核、刮削器等细石器，还有磨制的刀、凿、纺轮，打制的斧、盘状器，以及针、锥、铲等骨器。1987年，通过对酒泉干骨崖墓地的发掘，探明了"过渡类型"遗存被四坝文化叠压的层位关系，证实了四坝文化晚于"过渡类型"文化，进而确定了"过渡类型"的年代刚好位于马厂文化与四坝文化之间。

2. 西城驿文化的分期

张掖西城驿遗址地处河西走廊中部、黑河流域中游，具体发掘地点在张掖市甘州区明永镇东北部，东距黑河10千米，是黑水国遗址群的重要组成部分。根据对西城驿遗址的初步调查，目前确定其范围为35万平方米，共发现墓葬、灰坑、房址等遗迹476处。通过对出土遗物的类型学研究，并结合碳14测年，西城驿遗址的年代初步确定为距今4100—3500年之间。遗址文化层堆积连续、完整，从层位关系及遗迹、遗物特征可以将西城驿遗址划分为三个时期，即马厂晚期遗存、西城驿二期遗存和四坝文化遗存。

马厂晚期遗存即西城驿一期遗存，年代距今约4100—4000年。遗迹较为单一，主要为灰坑和房屋两类。遗物有陶器、石器、骨器及粟、黍等炭化农作物，还发现了少量的炼铜渣，但并无铜器发现。房屋主要为半地穴式房屋，有圆形和方形两种，其中以方形居多。陶器多为泥质红陶或夹砂褐陶，多使用泥条盘筑法制作而成，器类主要为盆、壶、罐等。石器主要有石刀、石球、研磨棒、砍砸器等，玉器有玉斧和玉料，骨器主要有骨针、骨锥、骨铲等。

西城驿二期遗存年代距今约4000—3700年，具有较为明显的从马厂晚期向四坝文化过渡的特色，将西城驿文化类型列入"过渡类型"主要也是因为这一支文化类型的存在。西城驿二期遗存文化内涵丰富，有房址、陶器、石器、玉器、骨器、铜器、炭化农作物等。遗迹中房屋数量最多，主要有半地穴式、地面立柱式、土坯房屋三类。半地穴式房屋主要集中在二期早段。地面立柱式房屋平面多为方形，有单间和多室两种结构。其建筑方式是先垫地面，再挖柱洞，然后立柱，上部结构尚不明确。残留有柱洞、活动面、火烧面、活动堆积等，有些房间内还残留有储藏坑、储藏罐等。活动面多为红色黏土，土质紧密。从平面形状来看，土坯房屋有方形和圆形两种，圆形房屋多为单间，方形房屋有单间和多室结构两种。个别墙体基槽内埋有石刀、石斧、陶纺轮及动物骨骼等。石器主要有刀、斧、锛、球、镞、刮削器等。玉器主要有玉斧、绿松石珠等，并出土有玉料、绿松石料。

西北粮仓——河西走廊

张掖西城驿遗址（采自《河西走廊史前考古调查报告》，北京：文物出版社，2011年，图版一四。）

骨器主要有骨针、骨锥、骨饰等。冶金遗物较为丰富，除铜锥、铜环、铜泡、铜管等铜器外，还出土有石范、矿石、炉渣、炉壁残块、鼓风管等。经鉴定，西城驿二期遗存的炭化作物除在西城驿一期遗存的粟、黍之外，又多了大麦、小麦两种主要粮食遗存。这也是迄今为止在河西地区发现数量最多、年代最久远的出土大麦与小麦的遗址，比民乐东灰山遗址所发现的大麦与小麦遗存还要早500年。

西城驿三期遗存距今约3700—3500年，主要为四坝文化遗存。三期遗迹中房屋仅见地面立柱式和土坯建筑，基本延续了二期房屋形制。三期出土遗物与二期基本相同，主要有陶器、石器、骨器、玉器、炭化农作物、冶金遗物等。陶器形态主要有各类罐、盆、壶等，且多带器盖。石器以工具为主，从加工技术来看，主要有打制石器、磨制石器、细石器，器形主要有刀、斧、凿、锄、铲、球、盘状器、石叶、石镞等。骨器主要有针、锥、柄、珠饰等。冶金遗物主要有铜器、矿石、炉渣、炉壁残块、鼓风管、石范、铜颗粒等,其中铜器主要有刀、环、泡、锥、权杖首等。

3. 西城驿文化所见的农牧业生产活动

西城驿遗址是一处以从事旱作农业为主,兼有牲畜饲养,并进行冶金等手工业生产的史前聚落遗址。该遗址的筛选、浮选植物鉴定结果显示,该地农业是以粟、黍为主的旱作农业,并且在发展过程中呈现出多样化的特点。根据前后三期所出土的炭化农作物来看,西城驿一期以种植粟、黍为主,二期种植有粟、黍、小麦、大麦,三期时麦类作物种植比重明显提升,从而成为继粟、黍之后的另一种重要农作物。动物骨骼鉴定证明,西城驿遗址家畜有绵羊、猪、黄牛、狗,野生动物有鹿、兔等,基本没有发现贝类和鱼类骨骼。值得一提的是,大麦与小麦一般被认为是在地中海东岸的黎凡特地区最早被驯化的,时间早到距今10000年前后。在河西走廊发现了距今4000年左右的大麦和小麦炭化颗粒,这也是中国境内首次发现麦类作物的地方,这为大麦和小麦向东传入中国的路径和时间提供了珍贵的实物资料,也间接证实了早在距今4000年以前,河西走廊已经发生频繁的东西方文明的交流互鉴。

总体来看,西城驿文化时期的河西走廊一带虽然也在很大程度上传播和接受了黄河流域的传统农业经济,但从马厂类型和"过渡类型"遗存中

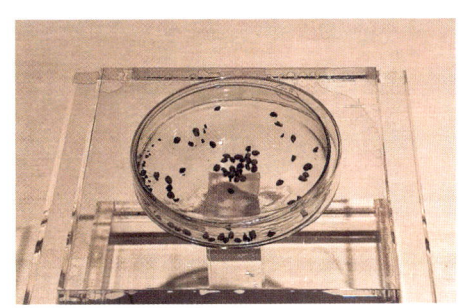 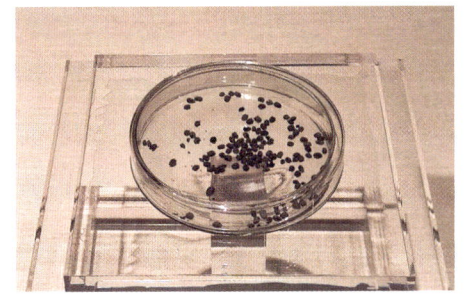

西城驿遗址炭化籽粒遗存(张掖市甘州区博物馆藏)

发现大量的嵌刃石叶、细石核等细石器情况来看，河西走廊一带的畜牧、狩猎经济成分仍占较大比重，应该超过了农业经济所占比重。所以，在此期间的河西走廊的主体生产生活方式依然是牧业经济形态，农业经济起到了一定的补充作用，但总体处于附属地位。

二、河西地区青铜时代文化

（一）齐家文化

1. 齐家文化概况

齐家文化因最早发现于甘肃省临夏回族自治州广河县齐家镇齐家坪社而得名，是从陇东逐渐向西发展演变形成的，后来成为河湟地区最重要的史前文化之一。河西走廊的齐家文化多处于铜石并用时代，并从铜石并用时代一直延续至青铜时代。根据以往的发现，齐家文化主要分布在河西走廊东部地区，以武威皇娘娘台遗存为代表，出土了包括生产工具、生活用品、卜骨和装饰品等在内的各种遗物。有少量的菱格纹、折线纹、三角纹、垂带纹彩陶，尤其以一种羊首形纹（有人称为变体蛙纹）最有特色，应是受到了此处马厂文化与四坝文化之间"过渡类型"遗存的影响。

1987年，考古工作者在发掘酒泉干骨崖墓地期间，发现了少数器表施绳纹、篮纹的陶片，像是齐家文化遗存，但因为数量极少，且多是陶器碎片，因此当时并未将此类遗存与齐家文化相联系。2003年，考古工作者在酒泉西河滩遗址也发现了少量施篮纹的陶片。2007年，考古工作者在张掖西城驿遗址采集到高领篮纹罐、绳纹罐残片，具有典型的齐家文化特征。西城驿遗址齐家文化遗存的发现证实了齐家文化已经进入黑河流

肆　河西史前文化所见的东西农牧文化交流互鉴

酒泉干骨崖墓地（采自《河西走廊史前考古调查报告》，北京：文物出版社，2011年，彩版八。）

域，也间接证明了此前在酒泉干骨崖和西河滩发现的施篮纹、绳纹陶器碎片的遗存很有可能属于齐家文化。由于在河西走廊西部还没有发现一处单纯的齐家文化遗址，所发现的齐家文化遗存往往与其他类型文化遗存共处一地，因此学界一般认为齐家文化肯定传播到了河西地区，但是尚不能确定齐家文化的民众是否有在河西地区长期生产生活的经历。最新测量数据显示，河西走廊一带齐家文化遗存的存续年代大体在距今4000—3600年之间。

2. 齐家文化所见农牧业生产活动

在河西走廊齐家文化遗存中发现有一定数量的凹底镞、石核、石叶、刮削器等细石器，其中生产工具数量庞大，约有1000件，通常都是采用硬度较高的石料磨制而成，器形规整，刃口锋利，粗糙的打制石器已基本绝迹。这些磨制石器，既有可用于日常耕作和加工的斧、铲、锛、凿，也有可用于收割庄稼的刀、镰，还有可用于加工谷物的杵、磨盘和研磨器等。

这说明农业生产在齐家文化时期的河西走廊获得了很大程度的发展,从耕种、收获到加工所用的各种工具,都较马家窑文化时期更为齐备。齐家文化遗址中还留存着为数不少的动物骨骼,多数为羊骨,少数为牛、猪骨;有些骨骼上带有灼烧痕迹,可能是用于占卜。由此可见,齐家文化时期的河西走廊畜牧业经济形态仍占一定比重,在人们的日常生产生活中依然发挥着十分重要的作用。武威皇娘娘台遗址大部分遗存年代在龙山文化后期,与马厂类型基本同时。随着齐家文化逐渐向西推进,马厂类型被迫向河西走廊西部地区退缩,齐家文化在河西走廊的影响也越来越大。

(二)四坝文化

1.四坝文化概况

四坝文化主要分布在山丹县以西的河西走廊的中西部地区,其存续年代大体在距今3700—3300年之间,四坝文化最早由新西兰籍国际友人路易·艾黎发现于张掖市山丹县四坝滩。在张掖西城驿遗址中发现了由马厂

四坝滩遗址(采自《河西走廊史前考古调查报告》,北京:文物出版社,2011年,彩版五。)

类型到"过渡类型"遗存再到四坝文化的文化发展序列,这种地层关系证实四坝文化主体来源于马厂类型文化,但在不同地区又存在一定的差异性。需要补充说明的是,四坝文化并非单纯由马厂类型文化发展而来,相比纯粹的马厂类型文化,四坝文化应当还融合了天山北路的文化因素,如四坝文化遗址中发现的弧背刀、泡、联珠、耳环、有銎斧等青铜器就带有较为明显的草原因素,四坝文化遗址中还发现了大麦、小麦、羊、马等物种,它们与马厂类型相关遗存也存在一定的差别。

四坝文化典型遗址有张掖西城驿三期遗存、民乐东灰山、民乐西灰山与酒泉干骨崖、玉门火烧沟、安西鹰窝树等遗址。从遗址分布情况来看,四坝文化在河西走廊分布广泛,而且这些遗址所出器物数量多、种类丰富,其中包括石器、骨器、陶器、铜器、金银器等。陶器中彩陶比例较高,以夹砂红陶、褐陶为主,器表涂抹的颜料较为浓稠,以至于花纹线条常常凸起于器表,使画面显得黏滞而不流畅。彩陶纹饰主要分为两类:一类是象生纹,包括动物和人物,前者有羊、鹿、兔、犬(狼)等,后者多见于舞蹈人物,有些比

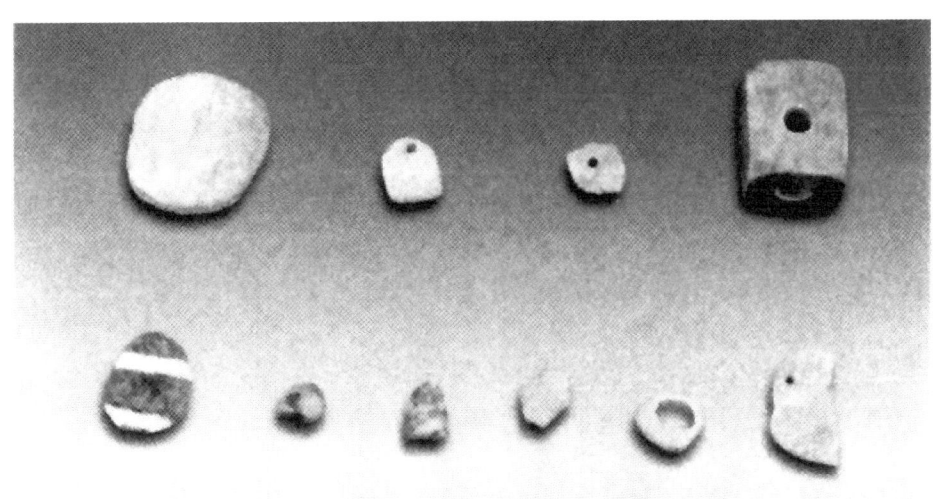

四坝文化装饰品(采自《河西走廊史前考古调查报告》,北京:文物出版社,2011年,图版二一。)

较写实，大多已经呈现图案化；另一类是由几何线条构成的三角、网格、横竖条带、折线等纹样。纹样的描绘往往来自现实生产生活的灵感，先民对动物的崇拜正好反映了他们对大自然的崇敬。通过这两类彩陶纹饰，我们似乎看到了四坝文化中一幅民众与自然和谐相处的美好图景。

四坝文化小陶钵（张掖市甘州区博物馆）

四坝文化石斧（张掖市甘州区博物馆）

四坝文化石器依然分为三类：一类是打制石器，所占比重较大，主要为带柄的石斧和盘状器，其他还有石锤、砺石、砍砸器、石球等。第二类是磨制石器，以穿孔石刀为主，其他还有小石斧、石磨盘、石磨棒、石臼等。第三类是细石器，以燧石、玛瑙为原料，器类有石叶、刮削器、尖状器、石片等。

四坝文化遗址的石器虽然制作粗糙，打磨简单，但大多数石器主要用

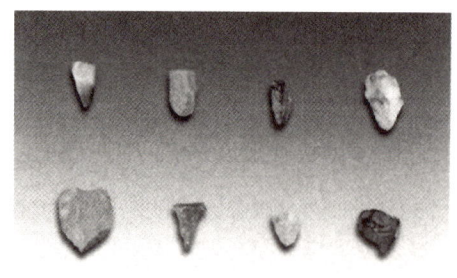
四坝文化细石器（采自《河西走廊史前考古调查报告》，北京：文物出版社，2011年，图版二一。）

在东灰山遗址采集的石刀和石刮削器（张掖市甘州区博物馆）

于农业生产及畜牧业活动当中。从垦殖、收割到打碾加工，各个环节所需的生产工具一应俱全，足见农业生产在四坝文化民众的经济生活中占有重要地位。

2.四坝文化所见农牧业生产活动

考古工作者在民乐东灰山四坝文化遗址发现了数量可观的小麦、大麦、燕麦、黑麦、粟和黍等炭化作物籽粒，在玉门火烧沟四坝文化墓地发现了存放粟米的随葬陶瓮。这些遗存表明四坝文化时期的河西走廊一带已经有了较为成熟的农业经济模式，这对于我们研究中国古代农业起源以及河西走廊历史文化变迁都有重要价值。

四坝文化除了在农业发展方面有重大突破，家畜饲养业也获得了飞速发展。四坝文化遗址发现的家畜种类较为齐全，包括猪、牛、羊、马、驴和狗等，其中又以牛和羊为主。此外，狩猎业也是当时重要的经济补充，猎取的动物有鹿、麝、黄羊、羚羊等。从四坝文化彩陶器中可以见到羊、犬、鹿、兔、羚羊等动物题材的绘画，它们生动地再现了四坝文化民众家畜饲养与狩猎活动的繁盛景象。

四坝文化民众已经能够因地制宜地从事社会生产活动，他们在自然条件相对较好的冲积台地及河流尾闾发展农业经济，在资源条件相对较差的荒漠边缘地带采用农牧兼营、以牧为主的生产方式。民乐东灰山一带的四坝文化之所以会有较为发达的农牧业经济发展状况，就与这一区域相对优良的自然地理环境有密切关系。根据黑河流域孑遗树种胡杨（活化石植物）和黑河下游的居延海发现的动物化石等情况推测，距今5000年前后的黑河流域气候温暖湿润，降水充沛，植被丰富，而四五千年前的东灰山一带则是黑河流域较早显露出来的绿洲区域，这是东灰山一带能够发展原始农业的天然条件。从扁都口流出的童子坝河曾经是黑河较大的支流，如今虽然水量减少，但依旧

西北粮仓——河西走廊

▌东灰山遗址（采自《河西走廊史前考古调查报告》，北京：文物出版社，2011年，彩版五。）

滋润着沿线区域，东灰山遗址即处于童子坝河古河道边上。西灰山遗址距离东灰山遗址大约10千米，考古工作者在西灰山遗址的地表和文化层内同样发现了砍砸器、刮削器以及骨锥、铜箭头、炭化麦粒等遗存，与东灰山遗址同属四坝文化，也都受益于童子坝河所提供的水源条件。直到今天，民乐东灰山、西灰山一带依然是良好的农业种植区。从原始农业、磨制石器、制陶技术和纺织技术来看，3000多年前的东灰山、西灰山人的农耕生产已经达到相当高的水平，他们作为黑河流域较早的原始居民，创造了灿烂的文化，为中华文明的薪火相传贡献了自己的智慧和力量。

除了民乐县东灰山和西灰山遗址之外，其他四坝文化遗址也大都临近河流。山丹县四坝滩遗址位于古弱水南岸和川口河东岸之间的开阔平台上，所在区域三面环水，自然条件优良。曾经农牧兼营的四坝滩，现在早已变成了农田。20世纪40年代，新西兰籍国际友人路易·艾黎还带领学生在这

肆　河西史前文化所见的东西农牧文化交流互鉴

东灰山遗址地层堆积剖面（采自《河西走廊史前考古调查报告》，北京：文物出版社，2011年，彩版六。）

里开辟了3000亩荒地，修建了长长的引水渠，滋养了一方民众。山丹县山羊堡滩和壕北滩遗址都处于古山丹河南岸，取水较为便捷。河西走廊西部的四坝文化遗址也大都毗邻水源，比如酒泉干骨崖、玉门火烧沟等遗址就位于古疏勒河边的台地之上。2003年，考古工作者在酒泉西河滩发现了四坝文化聚落遗址，包括50多座房屋及祭祀坑等遗迹；除此之外，还发现了一个史前牛圈，这一很有意思的发现生动诠释了3000多年前四坝文化民众农牧兼营的生活形态。

（三）骟马文化

1. 骟马文化概况

随着考古资料的丰富和相关研究的深入开展，学界普遍认为河西地区史前文化发展序列存在着东西部差异，尤其是在齐家文化之后的差别更为

| 135

明显。河西走廊东部地区呈现的文化序列为：马家窑文化→半山文化→马厂文化→西城驿文化→齐家文化→董家台文化→辛店文化→沙井文化；河西走廊西部呈现的文化序列为：马家窑文化→马厂文化→西城驿文化→齐家文化→四坝文化→骟马文化。骟马文化是河西走廊西部史前文化发展序列的最后一环，也是酒泉市境内独有的颇具地域特色的一种文化类型。

20世纪50年代，考古工作者在玉门市清泉乡骟马城发现一组非常有特色的陶器遗存，遂将其命名为"骟马式"陶器。该类型陶器质地较粗、素面，代表性器物为双耳夹砂罐和高领夹砂罐。这类遗存最初被认为是在汉代以前、新石器时代之后。

1976年，考古部门在发掘玉门火烧沟墓地时发现骟马文化层叠压于四坝文化墓葬之上，证明骟马文化是晚于四坝文化早于汉代文化的一类文化遗存，其存续年代大约

骟马文化夹砂高领陶罐（采自《河西走廊史前考古调查报告》，北京：文物出版社，2011年，图版二五。）

在距今2700—2100年之间。目前发现的骟马文化遗址集中在酒泉市境内，代表性遗址有：肃州区赵家水磨、瓜州兔葫芦、敦煌古董滩、敦煌马圈湾、敦煌西土沟、玉门古董滩、玉门火烧沟、肃北马鬃山等。根据时间、地点、风格的差异性，骟马文化又可以细分成骟马、兔葫芦、马鬃山三种类型。骟马文化的主要生产工具有陶器和石器，具体包括陶鬲、陶纺轮、石磨盘、石磨棒、半月形或长方形穿孔石刀、石斧、打制的石尖状器等；青铜器主

肆　河西史前文化所见的东西农牧文化交流互鉴

骟马文化夹砂双耳罐（采自《河西走廊史前考古调查报告》，北京：文物出版社，2011年，图版二五。）

骟马文化陶钵（采自《河西走廊史前考古调查报告》，北京：文物出版社，2011年，图版三一。）

要为武器和装饰品，有管銎斧、镞、凿、鹰形牌饰、"山"字形饰件、耳环、联珠等。

2. 骟马文化所见的农牧业生产活动

考古工作者在发掘玉门火烧沟遗址时，发现了大麦的炭化籽粒和大量的羊、牛、骆驼、马等家畜骨骼，这为我们了解骟马文化的经济形态提供了重要的实物资料。遗存中出现了为数不少的骆驼、马等体积较大动物的骨骼，这些大型食草动物的出现为逐水草而居的游牧文化的出现奠定了基础。少量大麦炭化籽粒的发现也证实了骟马文化时期的河西走廊西部地区依然有农业经济存在，但遗存中动物骨骼数量众多，并且没有发现猪骨，又说明农业经济占比明显低于畜牧业经济。整体来看，骟马文化体现出了以畜牧业为主的经济形态，并且畜牧业也开始呈现出不同于以往的发展模式。对于骟马文化的族属，有学者根据其时代、地域和文化特色，认为骟马文化存续时间和地域分布范围恰与古籍记载的乌孙在酒泉、敦煌之间活动的情况相匹配，因而学界多认为骟马文化很可能是由乌孙创造的。

三、铁器时代早期的沙井文化

（一）沙井文化概况

20世纪20年代，瑞典学者安特生带领助手在河西走廊一带考察，随后在今民勤县沙井子发掘了柳湖墩遗址，其中遗存独具特色，学界遂将其命名为"沙井文化"。沙井文化集中分布在民勤绿洲和永昌盆地之间，在民勤以沙井柳湖墩遗址为代表，在永昌以三角城、蛤蟆墩、西岗、柴湾岗等遗址为代表。沙井文化的存续时间大约在距今2900—2100年之间，大体相当于中原的春秋战国时期和秦汉初期。沙井文化发展于青铜时代末期，是我国年代最晚的彩陶文化，它与骟马文化几乎同时并存于河西走廊东部和西部地区。学界因此多将骟马文化视同于乌孙文化遗存，而将沙井文化

■ 永昌三角城沙井文化遗址（采自《河西走廊史前考古调查报告》，北京：文物出版社，2011年，图版一〇。）

看作古代月氏在河西驻牧时期的文化遗存。

沙井文化以手制红陶、褐陶（红褐、灰褐）为主，陶器均夹砂，羼（chàn）和料较粗，胎体厚重；器物表面以素面陶为主，也有简单的装饰纹样，如附加堆纹、刻画纹、乳钉纹等。沙井文化遗存中的彩陶数量不多，个别绘有动物纹，包括排列成行的水鸟及人物肖像，非常有特色。沙井文化石器有石斧、石刀、石锄、石磨盘、石杵、石臼等，也有少量的细石器。沙井文化骨角器数量较多，包括武器、工具、装饰品和占卜用具等。沙井文化铜器为数不少，主要包括武器、工具和装饰品。沙井文化晚期开始出现铁器，主要有臿（铁锹）、铲、刀和剑等，其中的农业生产工具大大提升了河西地区的社会生产水平。

沙井文化聚落分为三个等级：第一级是城池，以永昌三角城遗址为代表，面积2万多平方米，建有高大的城墙，防御功能比较完善；第二级为带围墙的土围子，以民勤柳湖墩遗址为代表，内建村落，周遭围墙有一定的防御功能；第三级是家住房屋，房屋形制呈方形和圆形，均平地起建。在永昌三角城内发掘的一处房屋遗迹，其直径为4.5米，室内建有灶坑和火墙。在永昌柴湾岗发现了一座面积40余平方米的椭圆形房屋遗迹，室内建有火塘和储物窖穴，屋外构筑有散水设施。由此可见，此时人们已经过上了比较安稳的定居生活，城市功能也在不断加强和完善。

（二）沙井文化所见的农牧业生产活动

沙井文化墓葬中多有殉葬的动物骸骨，其中以牛、马、羊为主，另外还有骆驼、驴、猪、狗、鸡等，这些动物很可能已经被人们所驯养。遗址中还出土了大量的狩猎工具——石球，从墓葬中出土的箭镞、箭杆和弓弣来看，此时的狩猎手段已经大有改进。另外，在墓葬中还发现了皮制品，主要为牛皮、马皮和羊皮制品,这些都是畜牧业兴旺发达的重要见证。总体来看,沙井文化的主人已经完成了由原始狩猎经济向畜牧业经济的成功转型,畜牧业可算是沙井文化族群的支柱型产业。

沙井文化族群的房屋构建比较稳定,容易形成规模化的聚落,这就为农业生产活动的有效开展创造了必要条件。在沙井文化遗址中发现了许多与农业生产相关的遗存,其中有为数不少的石刀、石铲、石磨盘、石磨棒、石臼、石杵等生产工具。在永昌西岗墓地发现了贮粮窖穴和炭化麦粒,还发现了陶纺轮、石纺轮和麻织物,尤其是发现了一件可用于耕种和兴修水利的大铁犁,这些遗存共同说明当时当地农业发展水平相较以前有了一定程度的提升。

对于沙井文化的族属问题,学界主要有两种观点——月氏说和乌孙说。从遗址分布范围和遗存属性等各方面情况来看,将沙井文化的主人认定为月氏的说法似乎与相关文献记载更为匹配,但是其中还是有一些令人费解和无法确定的问题。因此,沙井文化的族属问题依然是谜团重重,有待更多的考古发现和更精深的学术研究。

四、结语

河西走廊的史前文化经历了一段相当漫长的历史发展时期,大体对应中原地区的新石器时代、青铜时代和早期铁器时代。河西地区的史前文化类型多样,且呈现出一定程度的连续性和规律性。以张掖为界,我们可以将河西走廊分为东部和西部,而且东、西部的文化发展序列存在一定程度的差异性。大体来看,河西走廊东部的考古学文化发展序列为:马家窑文化→半山文化→马厂文化→西城驿文化→齐家文化→董家台文化→辛店文化→沙井文化；河西走廊西部的考古学文化发展序列为：马家窑文化→马厂文化→西城驿文化→齐家文化→四坝文化→骟马文化。先秦时期，河西走廊一带主要生活着羌、乌孙、月氏、匈奴等族群，可以推知，河西走廊史前时期诸文化也主要是由他们经过长时期的创造、吸收、改进并加以传承利用而得以发展变化的。

从河西走廊史前文化遗存来看，先秦时期河西走廊一带的经济类型基本上是维持半农半牧的生产生活方式，至于偏重农业还是牧业，则存在着较为明显的时代性和地域性差异。从时间角度来看，大体是早期以狩猎、采集为主，畜牧次之，农业又次之；中期畜牧业比重适当下降，农业比重有所增加，狩猎、采集比重更是明显降低；到了晚期，畜牧业比重反弹升高，农业比重有所减轻，狩猎、采集比重则继续下降。从地势角度来看，大体是河流、湖泊边缘和绿洲、盆地一带农业比重逐渐居于主体，而在更广大的山地、荒漠、草原地区，牧业比重则长期偏高。与中原地区相比，史前时期的河西地区在经济形态方面因地制宜、多元并存的特征明显。河西地区史前多元生产生活模式的背后体现的是文化的多样性，文化多样性的呈现又与早期东西方文化交流互鉴有密切关系。历史在岁月的长河中悄然逝去，但是早期文明却在河西走廊这片神奇的土地上留下了不可磨灭的痕迹，持续深入地探寻河西地区史前文明、助推经济文化发展，我们责无旁贷！

伍 两汉时期河西地区的农牧业开发

公元前202年,刘邦称帝,定都长安,汉朝建立。连年战争导致国力衰弱,使得汉王朝无力解决来自北方草原的威胁。大汉王朝不得不采取对外和亲、对内休养生息的政策,终于在"文景之治"以后国力逐渐强盛,汉帝国这头猛虎逐渐从沉睡转向苏醒。汉武帝时期,积极拓边,收复了河套地区,并将河西地区纳入中央王朝统治版图。两汉时期的河西地区回荡着两种声音:铁骑嘶鸣和劳作歌声。霍去病率军西征,渡河受降,使西汉王朝彻底控制了河西地区。在汉王朝统一河西地区以后,中央政府推行了一系列发展当地农牧经济的措施,使得河西地区农牧业获得了前所未有的快速发展。

一、大汉天威

汉王朝在凭借强大的军事实力控制河西地区以后，实施了增设郡县关隘、移民屯田等政策，保障了河西地区的农牧业和商旅的发展，官方的、有组织的、大规模的丝绸之路得以畅通无阻。

(一)凿空西域

公元前140年，刘彻于长安登基称帝，史称汉武帝。此时的河西走廊仍为匈奴政权所控制，但在不久以后，这片土地便与长安紧密联系在一起，归属中央政权管辖，成为我们统一的多民族国家不可分割的一个重要组成部分。

公元前138年，张骞奉命出使西域。当年轻的使者踏出长安城时，历史的车轮轰隆向前，个人和国家的命运便被悄然改写，河西走廊和中原大地的联系日渐紧密。张骞此次出使的初衷是寻找被匈奴侵占家园而西迁的大月氏人，汉政府意欲联合大月氏东西夹击匈奴，断其臂膀，从而降低匈奴对大汉王朝的威胁。然而，张骞一行刚进入河西走廊就被匈奴抓获，随后困于匈奴营帐之中长达十年之久。被困十年之后张骞找机会摆脱匈奴控制，继续向西践行使命，一路跋山涉水克服艰难险阻，终于在大夏（今阿姆河流域）找到了西迁至此的大月氏。在张骞被囚的这十年间，大月氏被

莫高窟第323窟　张骞出使西域

乌孙侵扰而不得不继续西迁，最终在大夏定居下来。对于大月氏而言，此处土地肥沃，适宜农牧业发展，而且少有外寇侵袭，故而大月氏不愿再起兵锋。张骞劝说未果，只得启程返回。在回程途中张骞又被匈奴骑兵俘获，困居一年之后，乘匈奴内乱之机逃回长安。尽管此次西行未达成联合大月氏夹击匈奴的目的，但使汉王朝了解到了西域的地理环境和风土人情，也使得统治者更加意识到河西走廊的重要性。

公元前119年，已经成为博望侯的张骞第二次进入河西走廊，此时的河西走廊已经为大汉王朝所控制。张骞二使西域的目的在于招徕与匈奴有矛盾的乌孙，从而断匈奴右臂，以及宣扬国威，与西域诸国联合。数年之后设置的武威郡、张掖郡、酒泉郡、敦煌郡，其名称恰好反映了汉帝国统治河西地区的意义与价值。

张骞两次出使西域，叩开了神秘西域的大门，开辟了通往西域的通道，这便是赫赫有名的"河西走廊"。

（二）东联西进

自汉武帝起，河西地区成为真正意义上的"走廊"。河西地区之所以被称为走廊，不单是因为其狭长的地貌形似走廊，更为重要的是其连接着中原腹地和西域诸国，丝绸之路上来来往往的商旅、使者、僧侣、戍卒等则进一步促使其成为完整意义上的走廊。

河西走廊因其独特的地理位置，对于拱卫中原和经营西域均有着重要的战略意义。顾祖禹在《读史方舆纪要》中指出："欲保秦陇，必固河西；欲固河西，必斥西域。"占据河西，则可抵御北方游牧民族袭扰关中，关中安则中原无忧。控有河西，才能通往西域，才有经营西域的可能性。

（三）列四郡据两关

公元前121年，汉武帝派骠骑将军霍去病西征，大败匈奴，将河西地区纳入汉帝国的版图。为了加强管理，汉朝在河西走廊设置了一系列的郡县关隘，其中具有重要意义的举措是"列四郡，据两关"。四郡自东向西依次为武威郡、张掖郡、酒泉郡和敦煌郡，皆位于黄河以西区域，故被称为"河西四郡"；两关则指敦煌西北的玉门关和西南的阳关。

汉武帝为了强化中央对地方的控制，将除都城长安及其附近七个地区之外的全国一百多个郡国划分为十三个监察区域，每个区域的最高监察官为刺史，负责定期巡察辖区内官吏和强宗豪右。刺史巡查区域被称为刺史部，共设置了十三州刺史部。其中凉州刺史部的辖区为河西四郡，一方面加强了中央对河西地区的控制，另一方面也能够更好地发挥拱卫中原和经营西域的功用。河西四郡的名称自设立以后几乎未有改换，至今依然沿用，这便是历代中央政府重视河西地区的明证。

武威郡，紧邻安定郡，位于河西走廊东部，是中原地区与西域进行政治、经济、文化交流的重要枢纽。武威，意在彰显大汉的武功军威，是为了纪念大汉王朝对匈奴作战所取得的胜利，于是西汉中央政府在河西走廊原休屠王领地设置武威郡，明确表达了西汉中央政府的满满自信。

酒泉郡，位于河西走廊西段，初置时包括张掖郡和敦煌郡。酒泉，因其城下有泉，其水甘醇若酒，故而谓酒泉。传言霍去病在此地大败匈奴而得汉武帝赏赐美酒，为使诸将士皆可品尝御赐美酒，霍去病遂将御酒倒入泉中与将士共饮，所以泉水味如美酒。"汉武御"是甘肃某酒业公司的著名品牌美酒，其得名便是依据上述传说。

张掖郡，位于河西走廊中段，乃汉政府分酒泉郡东部所设置。张掖，意

■ 阳关烽燧

为"张国臂掖,以通西域",与张骞二使西域时断匈奴右臂之目的恰相呼应。

敦煌郡,位于河西走廊最西端,毗邻西域,因为独特的地理位置而成为丝路孔道上东西方文化交融荟萃的重镇。学界对于"敦煌"地名的含义有多种解释,在此,我们暂且沿用通常的认知:"敦,大也;煌,盛也。"连在一起则是"广开西域,故以盛名"的意思。

河西四郡之名传承至今,除敦煌为隶属于酒泉市的县级市以外,其余三郡大体对应甘肃省的三个地级市。现如今的河西走廊一带共设置了五个地级市,包括武威市、金昌市、张掖市、酒泉市和嘉峪关市,被称为河西五市。金昌市是从武威析置出来的,处于武威西边;嘉峪关市位于酒泉市肃州区以西,周边市县都归属于酒泉市。金昌市和嘉峪关市辖区范围不大,但均是新中国成立以后因矿而兴、因企而设的新兴工业城市。

阳关位于敦煌郡的西南方向,玉门关则位于敦煌郡的西北方向,从中原腹地出发,途经河西四郡可以直至阳关和玉门关,向西出此二关便进入

玉门关遗址

了广袤的西域,因此古人留下了"西出阳关无故人""春风不度玉门关"等诗句。如今的阳关和玉门关作为丝绸之路上的重要历史文化遗产,依然矗立在敦煌市区以西不远的地方,时刻见证着古今丝绸之路的兴衰变迁。

(四)移民与屯田

在控制河西走廊之后,汉王朝面临着两大难题。第一是河西远离中原,军粮运输成本过高。第二是原本活跃于此的游牧民族远徙他地,导致河西地区劳动力严重匮乏,难以推进农牧业大规模开发。为了扭转这一被动局面,更好地开发河西以戍卫边疆,汉王朝实行了屯田和移民实边的政策。

"屯田"一词最早见于汉武帝时期桑弘羊关于轮台屯田的奏议中,但是屯田策略却早在汉文帝时期便由晁错率先提出来了。晁错于《守边劝农疏》中率先提出了"徙民实边"的思想,并且提供了具体的实施方案,这可以看作是中国历史上屯田制的端绪。对于河西地区而言,屯田开始于汉武帝时期。西汉屯田无论是在规模上还是成效上均高于东汉屯田，而河西地区屯田则是汉代屯田成效最为显著的区域。

两汉时期河西地区的屯田可分为军屯和民屯两种类型。军屯是指戍守边疆的军队在完成本职工作的前提下，同时进行农业生产。民屯是指移民屯田，民众平时从事农业生产生活，在遇到外敌入侵时则可以转变为地方武装力量。在时间上，军屯先于民屯，民屯是在军屯的保护之下发展起来的。军屯侧重于军，强调的是其军事属性；民屯侧重于屯，注重的是其生产能力。

屯区大多自然条件优越且位于交通要道，这是建设屯区时有意选择的结果。只有在气候适宜、土壤肥沃且水资源丰富的地方，农业才能得以发展，屯田才会取得成效。选择在交通枢纽建立屯区有着重要战略意义，既能方便

练兵与屯垦图（出土信息：嘉峪关新城3号墓出土，采自马玉华、赵吴成《河西画像砖艺术》，兰州：甘肃人民出版社，2017年，第142页。）

过往使者商客住宿补给，也有利于汉王朝更好控制河西和进一步经营西域。

屯田在很大程度上解决了军粮的运输问题，节省了从内地转运西北的沿途消耗。与此同时，屯田的军队成为西北边防不可或缺的一支力量，增加了西北边军的实力，使河西走廊更为安全，也为汉朝政府进一步统治和管理西域打下了坚实的基础。尽管屯田带有很强的军事目的，但客观上却促进了河西地区农牧业的发展。

汉代有大量移民涌入河西地区，这些移民多为关东贫民、流民、灾民、罪犯及其家属，他们通常是由政府组织，用于解决边地劳动力不足问题，以便更好地开发边疆。

移民实边与移民屯田都属于移民活动，主要任务都是从事农业生产，但二者还是存在一定程度的差别。屯田的移民除了从事农业生产活动以外，还有随时应征入伍当兵打仗的义务；而实边的移民则有较大的人身自由，他们并非绝对从属于军队。

西汉中期以后的屯田和移民实边政策，从根本上改变了河西地区的农牧业格局。移民不仅为河西走廊输入了大量的劳动力，同时还带来了先进的生产工具和技术，河西地区的绿洲农业迅速发展起来，整个河西地区的农业经济比重逐渐加大并日益占据经济形态主导地位。当然，两汉时期河西地区的牧业依然兴盛，对于国计民生的重要性还是很突出。

二、岁物丰成

大量的外来人口缓解了河西地区劳动力匮乏的困境，与此同时，中原先进的技术得以传播，为农业发展注入了新的活力，最终形成了种植种类丰富且具有河西特色的农业发展模式。

（一）先进的农业生产技术

移民带来的先进技术主要体现在对农业工具的更新换代和对牛耕的普及上，与此同时，政府也特意在河西地区推广"代田法"。

1. 农业工具

两汉时期的农业与冶金业互相促进，彼此推动。冶金业的发展，使铁农具被广泛应用，极大地促进了农业的发展；而农业的发展又需要大量的铁农具，这一需求也推动着冶铁技术向更高层面发展。

两汉时期河西地区铁制农具已被广泛应用，并分化出与之对应的专业工种。与屯垦相关的农具主要由政府调拨，由专门的工匠——锻工负责锻造。随后又从锻工中分化出了犁工，主要负责犁的制造和养护。

农事始于耕田。具体而言，先起土，紧接着碎土。耕耙之后便进行播种，接着最要紧的就是耘田，也就是中耕除草。在收获之前，需要多次进行人工灌溉。收获后的粮食还要经历去秕、脱壳、磨粉等加工环节。

起土可理解为翻地，所用工具有耒（lěi）和镢（jué），耒具体可分为臿（chā）、䎛（huá）、耜（sì）三种。臿是铲土的农具，一般是直柄的，

 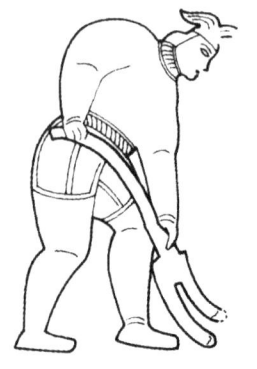

■ 汉代铁錾木臿　　　　■ 汉代木臿木䎛　　　　■ 耜

（采自孙机《汉代物质资料图说》（增订本），上海：上海古籍出版社，2011年，第2页。）

其前部的板名为"叶"。畲也叫作锹，汉代畲的形状与现代铁锹的外形相似。双齿耒即双刃的耒，用于破开有黏性的壤土，曲柄的耒则为耜。耒耜常常连用，既指具体的一种农具，也泛称所有农具。耒耜具体所指的农具其实就是耒，只是耒具体指耒耜上部的柄，而耜则指耒耜下端起土的部分。钁则用于挖掘硬土，钁就是现在的镢头，全铁钁与现在河西常见的镢头外形接近。

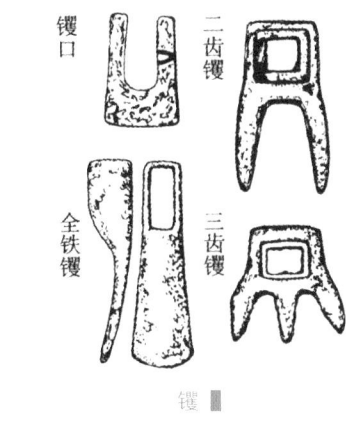

钁

完成起土后仍存在大量的土块，这时还不能直接播种。这就需要将这些土块弄碎，此时用到的工具有耰（yōu）和耱（mò）。耰是捶碎土块所用的木榔头，通过重力击打敲碎土块。耱指横杆状的摩田器，通过摩擦而粉碎土块。

耰

耱往往会和犁配套使用。将犁和耱套在牲畜身上，犁在前而耱在后。牲畜拉着前行的时候，操作者会站在耱上以加大对地面的摩擦重力。这样一来，前面的犁完成了起土任务，紧随其后的耱则完成了碎土任务，大大节省了人力和畜力。

先民在使用耜的时候发现，如果将绳系在耜弯曲的柄上，一人执耜，

耱

（采自孙机《汉代物质资料图说》（增订本），上海：上海古籍出版社，2011年，第2页。）

■（魏晋）耱地画像砖（出土信息：嘉峪关市新城5号魏晋墓出土，馆藏信息：甘肃省博物馆藏）

另一人拉拽绳子起土，则会省力很多。发展到后来，工具就演变成了犁，动力来源也换成了以牛耕为代表的畜力。犁在起土、碎土和播种等环节都能发挥重要作用。

发展至汉代，犁已出现犁底、犁辕、犁衡、犁梢、犁箭、犁评等部件，作为畜力犁的主体构件已经具备。除了用牛耕以外，还有用马耕田的。此外，汉代还有一种巨型犁铧，可能是由数牛牵挽的开沟犁，在土质松软的

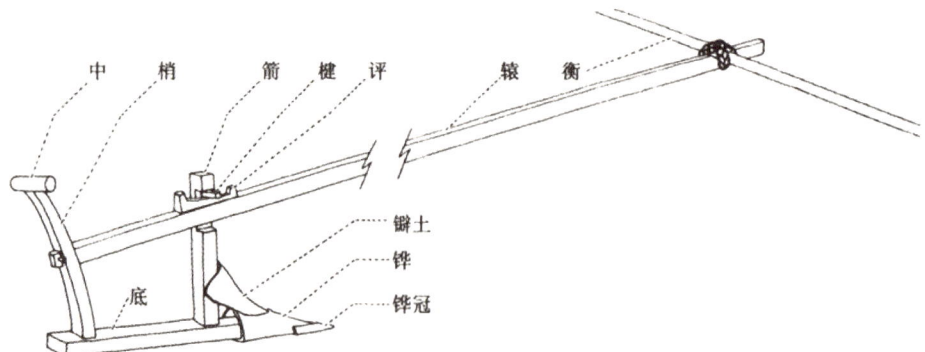

■长辕犁示意图（采自孙机《汉代物质资料图说》（增订本），上海：上海古籍出版社，2011年，第6页。）

田中也用以窜垡、活地。

两汉时期的河西地区，犁耕成为一种重要的耕作方式，这与牛耕和代田法的推广有着密不可分的关系，从锻工中特别分化出来了犁工，便是对这一现象最好的说明。

耕种可分为耕和种两大环节。在完成起土、碎土以后，意味着完成了耕的部分，之后便可以播种了。汉代的播种方式有撒播、点播与条播三种，前两种皆无特定的工具，劳作者凭借双手就可以完成。西汉时，条播的工具为耧（lóu），耧播往往和牛耕结合在一起。

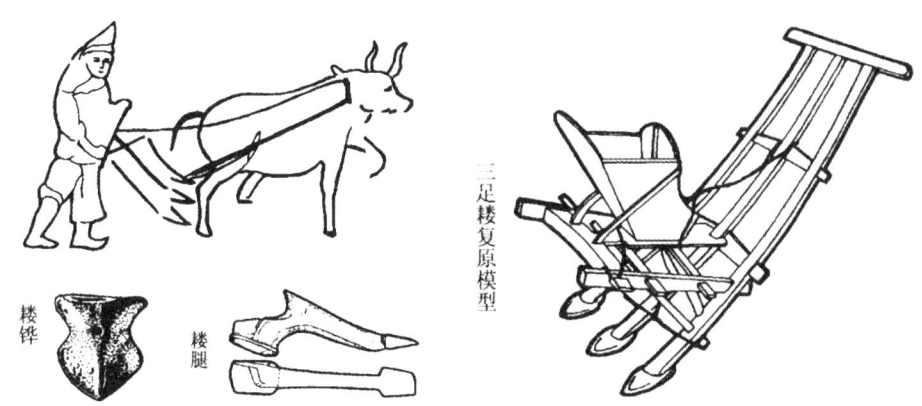

耧（采自孙机《汉代物质资料图说》（增订本），上海：上海古籍出版社，2011年，第10页。）

耕耘，是耕地和除草两种农事活动的合称。播种之后，杂草随之而生，耘田成为当务之急。耘田其实就是中耕除草。用于耘田的农具有锄、耨（nòu）和镈（bó）。站立除草的时候用锄，蹲下弯腰除草时用耨。镈又名铲，比耨更小一些，在使用时则需要蹲下才行，以便实现更精

锄（采自孙机《汉代物质资料图说》（增订本），上海：上海古籍出版社，2011年，第10页。）

西北粮仓——河西走廊

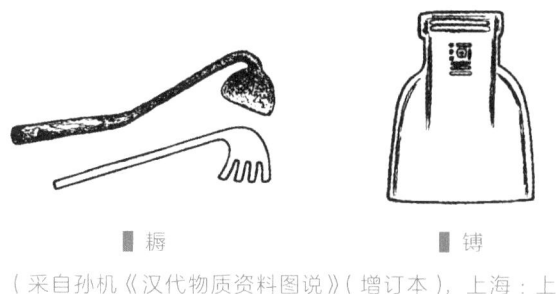

■ 耨　　　■ 铸

（采自孙机《汉代物质资料图说》（增订本），上海：上海古籍出版社，2011年，第10页。）

细的耕作。铸这一名称现在已经不再使用，但形制相同的农具却依然在使用，大概类似于我们现在所用的铲子。水稻的中耕方式与旱田作物有所不同，通常使用耙（bá）法，但两汉时期河西地区不种植水稻。

汉代用于收获的农具有铚（zhì）、镰等。铚很可能是从有孔石刀演变

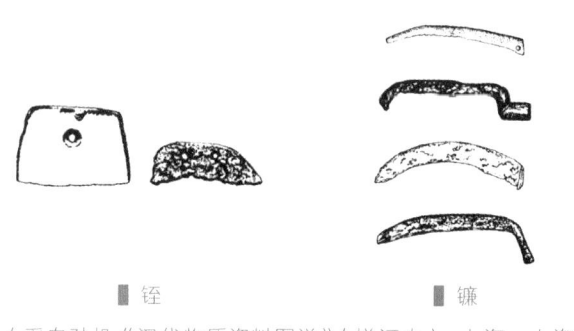

■ 铚　　　■ 镰

（采自孙机《汉代物质资料图说》（增订本），上海：上海古籍出版社，2011年，第14页。）

而来的，用于掐禾穗，类似于现代的爪镰。连穗带秆一起收割的农具是镰，现在河西人工收割小麦所用的镰刀与之形制相似。

最古老的脱壳用具是木杵地臼，即在地上挖个坑当作臼，用木杵捶击使作物外壳脱落。这种设备至汉代偶有沿用者，但更多的还是使用石臼，不过与石臼配套的杵还是木制的。这种形式进一步发展就是碓（duì），碓将用手举杵改为用足踏杠杆以举碓。碓巧妙地利用了杠杆原理，工效得到提高。比碓效率更高的脱壳器是砻（lóng）。砻因为用竹木制成，分量轻，所以只适用于水稻脱壳，小麦磨粉还须用石磨。砻和磨的工

■ 臼

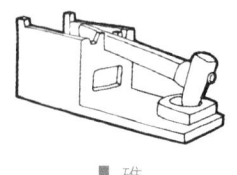

■ 碓

（采自孙机《汉代物质资料图说》（增订本），上海：上海古籍出版社，2011年，第19页。）

作原理一样，只是磨多用石材制成，重量大，能将比水稻坚硬的种子磨碎。汉代石磨主要分为两种类型：一种用于磨粉，另一种用于磨浆。磨粉是指将谷子、麦子等作物磨碎成粉，也就是俗称的面粉；磨浆多是将豆类作物研磨出汁，比如制作豆腐是需要研磨豆子的。两汉时期河西地区脱壳所用工具多是石磨，汉代石磨的演进主要表现在磨齿的变化上。

▌䇰　　　　　　▌磨

（采自孙机《汉代物质资料图说》（增订本），上海：上海古籍出版社，2011年，第19页。）

谷物被舂碓后，还须簸去糠秕，以取得精米。最简单的方法是用簸箕，效率稍高的则用飏扇。原粮经过加工后，折耗率比较大，所以平民日常多食粗粝。

（魏晋）扬场画像砖（出土信息：嘉峪关市新城5号魏晋墓出土，馆藏信息：甘肃省博物馆藏）

2. 牛耕

汉代出现了专门的犁工，这意味着牛耕技术已经被广泛推广开来。中原地区的牛耕技术并未完全推广开，只是在关东地区有所发展。两汉时期移民河西的民众大多来自中原地区，他们将牛耕技术带到了河西地区并加以推广传播，从而使得河西地区在牛耕技术的利用和推广方面走在了全国前列。

牛耕的使用和普及，对农业增产关系至大。汉代牛耕，一般是二牛牵一犁。牛拉的犁一般可以大些，利于深耕，便于增加生产量。当然，普通小农家庭一般是养不起两头牛的，能用两头牛耕田的至少是小地主或富裕农户。

3. 代田法

代田法是汉武帝末年由搜粟都尉赵过发明并推行的一种耕作方法。代田法将一亩地分为圳和垄，圳是指犁出来的小沟，垄是指小沟两侧凸起的土堆。将种子播种在圳里，可以减少大风和强光对种子的伤害，

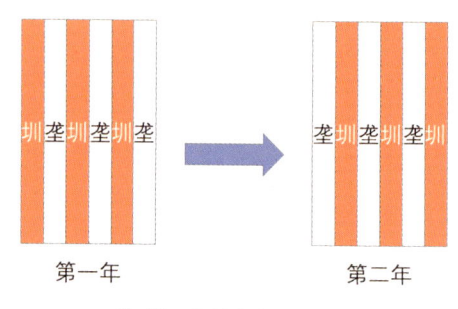

圳和垄的轮作示意图

有利于土壤保墒。幼苗在圳中生长，能得到较多的水分和护佑。在每次锄草时，将垄上的土和杂草锄于圳中，利于根系的生长。等到夏天的时候，垄上的土已全部锄到圳中了，圳垄齐平，此时的根扎得很深，既能耐旱又可防风，而且还能降低水涝的影响。第二年的时候，圳垄易位，实现轮作效果，可有效保持土壤肥力。

河西地区干旱、少雨、寒凉、风沙大，代田法在一定程度上缓解了这一不利自然条件对农业发展的影响，因而在河西地区迅速得以广泛推广，后世也得以长期沿用。专业犁工的出现和赵过发明并推广的代田法有密切关联，二者相辅相成。代田法得以实施的基础是犁耕的出现和推广，而犁耕得以推行的关键是犁的发明和畜力的使用。犁耕的出现诱发了代田法的

发明，代田法的广泛推广又极速增加了犁农具的需求量，进而催生了专业化的犁工工种。

4. 兴修水利

随着屯田的开展和大量移民的涌入，农业在河西地区经济比重增大，重要性也日渐凸显，为了更好地发展农业生产，兴修水利便被提上议程并迅速开展起来。

汉王朝在河西地区利用自然河流广修水渠，以便灌溉田地和人畜饮用，最具代表性的是张掖郡的千金渠。另外，对大量的内流河资源充分改造利用，使其有利于农业生产的开展，比如敦煌郡的南籍端水和氏置水在经过人工整治引流之后，便对广大区域内的农业生产和人畜日常用水发挥了重要作用。南籍端水和氏置水虽然同出南羌中，但走向不同，前者朝西北方向汇入大泽，后者沿东北方向汇入大泽。汉王朝不仅在河西地区的古老河道上兴修大型水利灌溉设施，还在更广阔的范围内开发小型灌溉设施，其中最具代表性的便是井灌。井灌充分利用河西地区储量丰富的地下水资源，所用工具有桔槔、辘轳等，汲水容器主要有尖底瓶和小罐。新修和开挖的水井不但可以用于灌溉田地，还可以为广大士卒和民众提供日常用水。

汉王朝不仅在河西地区修建了大量的水利工程，而且还设置了相对完备的水利职官体系，这样就可以更加合理有效地利用水资源，助

汉代灰陶井模型（甘肃省博物馆藏）

推社会生产良性发展,有利于边疆稳定和民众安居乐业。在河西地区出土的简牍中有一类是卒名籍,即服役士卒的名单,其中除了常见的守卫边塞烽燧的戍卒之外,还记载了当时有专事水利兴修的河渠卒和侧重农业生产的田卒。在居延汉简中,可以看到卒名籍记录了河渠卒的籍贯、年龄、身高等个人信息。如"治渠卒河东解临里李骥,年卅五,长七尺三寸,黑色",就记录了一个名为李骥的士卒,籍贯河东解临里,年龄三十五,身高七尺三寸(约今170厘米),皮肤偏黑,主要负责河渠修治工作。

(二)丰富的农作物种类

随着铁农具、牛耕等技术的推广和水利设施的兴建,两汉时期河西地区的农业有了较快发展,种植的农作物种类也日益丰富,大体可分为粮食类和蔬菜类。

1.粮食类

粮食类作物指可做主食的农作物。两汉时期河西地区粮食类作物具有多样性,无论是典籍记载还是出土遗物都证明了这一点,比如武威市磨嘴子墓群就出土了汉代粮食作物籽粒。两汉时期河西地区的粮食类作物主要有黍、谷子、大麦、小麦、大豆、豌豆等。粮食类作物除去基本的供人食用功能外,还在某些场合充当着一般等价物。在给戍卒发工资时,会以粟或其他粮食类作物充当工资,而不是像现在用货币结算薪资。戍卒在领到粟以后,既可直接使用,也可以物易物。除了供人食用以外,部分粮食类作物还会被当作饲养牲畜的饲料。

黍按照黏性可分为黍和糜子两种。黍,有黏性,颗粒比谷子略大而黄,去壳后称作大黄米。糜子即不黏的黍,红色,细粒,比谷子小。

先秦时期,禾是谷子的专称,谷子在当时属于首要农作物,故而用

（汉）粮食作物种子（出土信息：武威市磨嘴子墓群出土，馆藏信息：甘肃省博物馆藏）

小米

"禾"总称其他作物。发展到后来，禾既可以泛指所有的谷类作物，也可以代指具体的作物。当禾对应到具体的作物时，禾就是粟。在汉代，谷子被称为粟，也被叫作稷，去壳后的籽粒叫小米。谷子是河西地区最常见的粮食，在文献中，"粟"字常见于与民生相关的记载，出土汉简关于"粟"的记载多与戍边士卒廪食相关。粟中品质优良的品种被称为粱，穗大而毛长、粒粗者为粱；穗小而毛短者为粟。粟有白、黄、红、黑、褐、青等许多品种，粱也有黄粱、白粱等品种，"黄粱一梦"中的黄粱就是指籽粒为黄色的粱。尽管粟也有粱的称谓，但此粱不同于高粱。就茎秆高度而言，高粱能长到3~5米，而粟则仅高10~45厘米。

自先秦开始，直至汉代，河西地区的农业完成了从以种植粟为主到以种植小麦为主的转变。汉代初期，河西地区的主要粮食作物已经是小麦了。但在武帝时期，大量来自中原的移民暂时改变了这一局面。彼时北方大部分地区农业仍以粟作为主，到达河西的移民们依然保持着传统的种植习惯，所以在武帝时期河西地区又恢复了以粟为主的粮食结构。然而相比于中原地区的自然地理环境，河西地区更适宜小麦的种植。于是，河西地区的移民开始大面积种植麦类作物，最终使得河西地区的农业结构又回到了以种植麦类作物为主的发展道路。

两汉时期,河西地区种植的麦主要有大麦和小麦两种。大麦古称牟,按照籽粒有无稃壳,可分为皮大麦和裸大麦两种。汉代河西将皮大麦也称作穬麦,也称作有稃大麦、带壳大麦。皮大麦成熟时,籽粒与内稃壳紧密粘连,难以分开。通常所称的大麦,都指皮大麦。皮大麦按照播种时间可分为春、冬两种。裸大麦,在成熟之前,植株形态类似于皮大麦;待到成熟以后,颖果与稃壳容易分离,这就与皮大麦有所不同。裸大麦在不同区域有着不同的称谓,诸如元麦、米大麦、青稞等。裸大麦在河西地区多叫作青稞,青稞在汉代亦称青䵚。

青稞

小麦

小麦属于外来之物,起源于西亚,后来传入中国。小麦作为汉代河西地区主要的粮食作物,有春小麦和冬小麦之分。春小麦也称旋麦,早春播种,夏、秋收获;冬小麦也称宿麦,秋天播种,次年夏天收割,耐寒力较春小麦强。春小麦和冬小麦在汉代皆有种植,总体以冬小麦为主。

大豆,古称"菽"。西北汉简中的豆(菽)主要指大豆,豆一般被当作民众粮食或动物饲料。

豌豆,在汉代被称为"胡豆",

豌豆

属于外来物种。古时由域外传入中原的生物,往往采用"来源地+种类"的命名形式。胡豆即指由胡人地区传入中原的豆,后因"其苗柔弱宛宛,故得豌名"。

2.蔬菜类

两汉时期河西地区蔬菜类作物有韭、葱、薤、葵、芥、荠、芜菁、姜和榆荚等。

韭在汉代也写作"韮",是河西常见的蔬菜之一。韭菜叶细长扁平,开花呈伞形,根、叶和花都可食用。韭为宿根类蔬菜,在河西种植广泛,官署机构既可以自己种植,也可以从市场购买。

葱是河西常见的蔬菜之一。葱在汉代普遍种植,是官民日常生活中常吃的蔬菜。

薤(xiè)又称藠(jiào)头、藠子、荞头,可写作䪥(xiè),汉简中也写作"䪥"。薤一般不大面积种植,常与其他农作物搭配种植,河西地区的冬季和初春气候寒冷,适宜薤的生长。

藠头

葵菜,一般指冬葵。"青青园中葵,朝露待日晞。"此处的葵即葵菜。河西可以种植葵菜,而且种植面积较大。现在常见葵菜为秋葵,秋葵与冬葵并非同一品种。就植株而言,秋葵比冬葵高,秋葵能长到1至2米,而冬葵大多高1米左右;就叶片而言,秋葵叶子为小裂片状且分布有较粗的绒毛,而冬葵为圆叶且无绒毛;就花朵而言,秋葵花朵直径在4至8厘米之间,而冬葵花朵直径仅为6毫米左右;就分布地区而言,秋葵原产地是热带地区的印度,目前我国的主要产地是

芥菜

湖南和湖北，而冬葵在我国分布广泛，尤其是甘肃、江西、云南以及四川等地。由此可以推定，两汉时期种植的葵菜应该为冬葵。

芥菜为十字花科，开黄色小花，果实细长。河西种植戎芥，汉代写作"戎介"，"戎"说明其并非由中原地区传入，"介"则说明其属于芥菜。

荠菜，又称护生草，为十字花科荠菜属，以嫩叶食用，它是汉代河西边塞种植的常见蔬菜之一。

芜菁，有肥大的肉质根。别名有葑、须、蔓菁、大头菜等，汉简中也写作"毋菁"。

荠菜

芜菁

姜为蘘荷科（或作姜科），为多年生草本植物。姜的根茎肥大，味辛辣。新鲜者称生姜，干燥者称干姜。姜兼具食用和药用价值，故而在汉代河西地区的种植和使用也较为广泛。

榆树为河西常见树木，榆荚又名榆钱、榆实、榆仁等，榆荚就是榆树的果实。榆荚在初春时分生长，因其状似铜钱，故而也被称为"榆钱"。榆荚可食用，也可药用，古人曾用榆荚做酱料。

三、六畜兴旺

秦汉时期，我国正处于气候史上第二个温暖期，当时各地普遍温暖湿润，降水较多。河西地区光热资源、水资源相对丰富，在黄土层较为深厚的区域便形成了若干绿洲，河西绿洲既适合发展农业，也适宜发展牧业。

（一）牧业发展的基础

河西地区位于黄土高原、青藏高原、内蒙古高原交界处，河西走廊在一定意义上又可以称为"民族走廊"，这里自古以来就是众多民族生息繁衍的壮丽舞台。在汉朝统治河西之前，此地生活着大月氏、乌孙、匈奴等诸多游牧民族，畜牧业长期作为主导经济形态存在。河西走廊纳入汉王朝统治版图以后，政府将部分少数民族民众安置在河西走廊一带生产生活。许多少数民族继续保留畜牧业传统，这为两汉时期河西地区的畜牧业发展奠定了坚实基础。

（魏晋）放马图（出土信息：嘉峪关市新城5号魏晋墓出土，馆藏信息：甘肃省博物馆藏）

国之大事，在祀与戎。纵观两汉时期，北方游牧民族始终是汉王朝面临的最大威胁。为了有效抵御北方游牧民族的侵扰，汉王朝大力发展骑兵，马匹自然就成为重要的战略资源，这一现实需求激发了马政的快速发展。

马政是指古代政权在马匹征集、饲养、管理、使用等方面制定政策和措施，并专门设置相关机构进行统筹管理的行政制度。马政涉及农业、牧业、军事、交通等诸多社会领域，是政治军事制度的重要组成部分。

为增加马匹数量，汉政府沿袭秦制，设置太仆及其属官专门管理马政相关事务。除此之外，汉政府还特别设置边郡六牧师苑令，在西北边境设立三十六处养马苑，以郎官为苑监，养马三十万匹。西汉政府还积极鼓励民间养马，为此颁布推行了一系列优惠政策和有效措施，使得全国上下养马一度蔚然成风。河西地区自然资源丰富，区位优势明显，适宜于优质马匹资源的培育，汉代三十六处官营牧苑中，有相当一部分位于河西境内。时至今日，山丹马场依然是全国闻名的养马地和中央管理企业。

为提高马匹的质量，汉朝政府通过多种方式从境内境外广泛引进优质马种。其中最为常用的方式是开放北边关市，开展与匈奴之间的互市贸易，从而将大量优质马种引入中原地区，极大地促进了汉王朝养马业的发展。

汉武帝本人酷爱骏马，受"神马当从西北来"观念的影响，曾专门派人到乌孙去求取神马。有一位名为暴利长的人意外在敦煌渥洼水（今敦煌南湖乡黄水坝，一说为月牙泉）边捕获了一匹长相神异非凡的骏马，将其献给了汉武帝。传言，该马乃从水中跃出，武帝喜出望外地认定此马便是太一神所赐的神马，兴之所至，特别作了一首《太一之歌》，后世通称为《天马歌》。为了获得优良马种，汉武帝甚至不惜发动战争，派李广利统率大军远征大宛，最终获得了数十匹著名的"汗血宝马"。在获得大宛马之前，汉武帝曾将乌孙马称为"天马",后来发现大宛马更为雄壮,便将乌孙马改称为"西极马",独称从大宛引进的汗血宝马为天马,并再次作了一首《天马歌》:

> 天马徕,从西极,涉流沙,九夷服。
> 天马徕,出泉水,虎脊两,化若鬼。
> 天马徕,历无草,径千里,循东道。
> 天马徕,执徐时,将摇举,谁与期?
> 天马徕,开远门,竦予身,逝昆仑。
> 天马徕,龙之媒,游阊阖,观玉台。

马政的发展,不单使养马业得到发展,更是带动了整个畜牧业的发展。两汉时期,河西畜牧业的发展主要解决了三大现实需求:一是养马以服务于军事发展需要,二是为农业发展提供必要畜力,三是满足人们肉蛋白的摄入需求。

(魏晋)骑射画像砖(出土信息:敦煌市佛爷庙湾魏晋墓群出土,馆藏信息:甘肃省文物考古研究所藏)

（二）牲畜养殖与利用

两汉时期河西地区动物种类丰富，人工养殖的物种有马、牛、羊、鸡、猪、驴、骆驼等。汉代河西地区鱼类资源也很丰富，当时人们也有捕捞行为。肩水塞出土汉简中有用鱼来招待官员的相关记载："出鱼十头，五月甲辰食奋怒司马傅梁、官属八人，人再食。"由此可见，汉代河西边塞也有食鱼情况，但是应该比较稀缺，主要用于较高级别的宴会接待。

两汉时期，社会上出现了为数不少的专治马疾的兽医和相马名家，由此可见当时社会牧马业之兴盛。马匹是非常重要的战略资源，所以两汉时期的人们不到万不得已的情况下是不会主动宰杀马匹用作肉食的。

汉代在河西建立起了一套较为完善的邮驿系统，马是重要战略资源，驿站所用马匹被称为"传马"。驿站对传马的管理制度很严格，马名籍对每一匹传马都有明确登记，如悬泉汉简《建始二年三月悬泉置传马名籍》记载："传马一匹，骊，乘，左剽，八岁，高五尺八寸，中，名曰仓波，柱。""传马一匹，骝，乘，左剽，决两鼻，白背，齿九岁，高五尺八寸，驾，名曰铁柱。"由此可见，每一匹传马都有名字，对其样貌、年龄、身高等信息也有详细记录。

（汉）木马（出土信息：武威市磨嘴子汉墓群出土，馆藏信息：甘肃省博物馆藏）

河西地区在史前时期就有养牛传统，但主要用于提供肉食和奶制品。西汉中期以后,大量中原地区移民涌入河西地区,同时带来了新的生产工具和技术手段。伴随着牛耕生产技术的推广,耕牛的需求量增大,于是牛的主要用途便从肉食变成

(汉)木牛(出土信息:武威市磨嘴子墓群出土,馆藏信息:甘肃省博物馆藏)

了畜力。为了更好地保护农业生产,汉政府还专门制定了保护耕牛的相应法规。其中规定,自然死亡的耕牛可以用来吃肉,但需要经过专门机构的鉴定,严格禁止宰杀尚可用作畜力的耕牛。

牛除了被用于耕地之外,还可以充当交通运输工具。汉代初年,受常年战争的影响,皇帝出行都很难凑齐毛色一致的四匹马,有些将相级别的人不得不以牛车代步。经过长期的休养生息,汉政府的马政逐渐发展起来,马匹数量迅速增加,足以满足达官贵人的出行需求,但是牛车因其平稳性

(魏晋)牛车出行画像砖(出土信息:酒泉市西沟墓地出土,馆藏信息:甘肃省文物考古研究所藏)

西北粮仓——河西走廊

■ （魏晋）犊牛画像砖（出土信息：嘉峪关市新城5号魏晋墓出土，馆藏信息：甘肃省博物馆藏）

■ （魏晋）宰牛画像砖（出土信息：嘉峪关市新城5号魏晋墓出土，馆藏信息：甘肃省博物馆藏）

■ （魏晋）车旁卧牛画像砖（出土信息：酒泉市西沟墓地出土，馆藏信息：甘肃省文物考古研究所藏）

能较好,依然受到世人青睐。

河西许多地方水草繁茂,史前时期的养羊业就很兴盛,秦汉时期的养殖规模更大。《匈奴歌》中有"失我祁连山,使我六畜不蕃息"的描述,可见河西地区在匈奴控制期间的畜牧业很发达,蓄养物种中羊的数量很多。汉王朝将河西地区纳入统治版图后,匈奴势力便退出了该区域,但是河西地区的畜牧业传统得以长期保留。河西地区漫山遍野的羊群不仅满足了人们的肉食需求,还为人们提供了抵御严寒的毛皮资源。

(魏晋)牧羊画像砖(出土信息:酒泉果园乡高闸沟出土,采自马玉华、赵吴成《河西画像砖艺术》,兰州:甘肃人民出版社,2017年,第157页。)

(魏晋)畜牧画像砖(出土信息:嘉峪关市新城5号魏晋墓出土,馆藏信息:甘肃省博物馆藏)

西北粮仓——河西走廊

汉代河西地区农户普遍养鸡,主要用于获取鸡肉和鸡蛋,在敦煌悬泉置汉简《元康四年鸡出入簿》中就记载了悬泉置当年用鸡招待来往官员和使者的情况,以及悬泉置在一年内入鸡、出鸡的数量。

居延汉简中有一些关于边塞下层军官购买"小畜"的记录,"小畜"通常是指猪、羊、狗之类形体较小的牲畜。居延汉简中有"入小畜鸡一,

■ 鸡群觅食画像砖(出土信息:酒泉果园乡西沟村出土,采自马玉华、赵吴成《河西画像砖艺术》,兰州:甘肃人民出版社,2017年,第156页。)

■ (魏晋)烫鸡画像砖(出土信息:嘉峪关市新城5号墓出土,馆藏信息:甘肃省博物馆藏)

鸡子五枚"的记载,说明鸡也属于"小畜",汉代河西人很可能称呼鸡为"小畜鸡",称鸡蛋为"鸡子"。汉代杀鸡时的去毛方式与今天并无多大差别,都是通过浇高温沸水的方法使鸡毛软化后予以拔除。

狗是人类较早驯化的动物,两汉时期河西地区养狗比较普遍,关卡哨所养狗主要用以协助警戒巡逻,民间养狗多以看家护院为目的。如同保护耕牛一样,汉政府也制定了保护狗的法规,未经特别允许,狗是不能轻易被宰杀的。当然,吃狗

家犬画像砖(出土信息:酒泉果园乡西沟村出土,采自马玉华、赵吴成《河西画像砖艺术》,兰州:甘肃人民出版社,2017年,第158页。)

肉的现象偶然也会发生,通常是那些已经死亡或者即将死亡的狗会被用作肉食,其皮毛被用来制作衣服或被褥。

汉代河西地区的人们已经开始养猪,主要是为了食肉,但是从相关材料来看,猪肉在当时尚未成为主流肉食种类。考古工作者曾在肩水金关遗址的

(魏晋)坞舍桑犬画像砖(复制品)(出土信息:嘉峪关市新城5号魏晋墓出土,馆藏信息:甘肃省博物馆藏)

西北粮仓——河西走廊

■ （东汉）绿釉陶猪圈（馆藏信息：甘肃省博物馆藏）

坞院内发现过猪圈，证明此时的养猪水平已经大有提升，开始从粗放型散养发展到精细化圈养。猪是杂食动物，尤其喜欢吃粮食作物，所以汉代河西地区养猪水平提高、规模扩大，这也从一个侧面说明了当时当地农业生产技术、农作物种类、农田开垦面积、农业发展水平和规模的改进与提高。

■ 养猪画像砖（出土信息：嘉峪关市新城5号魏晋墓出土，馆藏信息：甘肃省博物馆藏）

骆驼，在汉简中被称为"橐他""橐佗""橐它"等名字。骆驼虽然不是六畜之一，但是在汉代河西这块特殊的地域，其重要性超过了许多其他牲畜。河西走廊的气候属大陆性干旱气候，总体降水极少，大片的戈壁和沙漠广布其间，尤以嘉峪关以西戈壁面积更为广大，绿洲面积占比较低。牛、马等大型牲畜在这种环境下的耐旱耐渴能力显然无法与骆驼相提并论，因此骆驼在河西地区的生产生活实践中发挥着多方面重要作用，这在出土的河西汉简和画像砖中有诸多鲜明的反映。

牵驼画像砖（出土信息：嘉峪关新城6号墓出土，采自马玉华、赵吴成《河西画像砖艺术》，兰州：甘肃人民出版社，2017年，第149页。）

驴并非中国本土物种，它是通过丝绸之路传入中原内地的，并由秦人为其命名。汉代河西开始大规模养驴，但是西汉初期的中原内地却很少能见到驴，以至于史书中将其称为"奇畜"。《后汉书》有言："夫驴者，乃服重致远，上下山谷，野人之所用耳。"这说明到了东汉时期，驴在中原地区已经成为寻常之物。张骞通西域以后，河西地区作为连通西域的必经之路，养驴的历史必然要早于中原地区。曾经游牧于河西地区的匈奴就有养驴的传统，所以司马迁便在《史记·匈奴列传》中径直称驴为"奇畜"。

汉代敦煌郡对驴的使用较为普遍，在敦煌汉简中就有把驴当作长途运输工具的一些记录。

（三）牲畜饲料的人工培育

两汉时期河西地区牲畜的饲料来源可分为天然牧草和人工饲料两种。从畜牧方式来看，游牧式逐水草而居，以天然牧草为主，在必要时会辅以少量人工饲料。而驻牧式多以规模化养殖为主，尽管也会充分利用天然牧草，但为了使养殖效果更佳，往往会使用大量的人工饲料。

▎紫花苜蓿

人工饲料中最出名的是苜蓿，时至今日，河西地区仍然在大规模种植苜蓿以用作饲料。汉朝马政发展初期，在引进良种马的同时也引进了苜蓿这一优质饲料。当时的人工饲料还包括部分粮食类作物，有糜子、粟、麦、大豆等。除此之外，茭蒿也是当时一种重要的饲料。茭蒿为多年生半灌木，耐干旱，主要生长在黄土高原和内蒙古高原，因其春季返青早、营养期长、枯黄期迟，于是成为众多家畜的重要牧草。在苜蓿被从西域引入内地之前，茭蒿曾经长期作为战马的主要饲料，后来其主导地位逐渐被苜蓿取代。

四、多样化的饮食产品

人工饲料物种的不断丰富是两汉时期河西地区农牧业开发成功的间接证明，而人们饮食的多样性则直接说明了农牧业的发展盛况。

(一)粮食类

汉代河西地区的粮食大多被加工制作成主食,其中包括饭、糒、饼、粥等;少量粮食会被加工成酒、醋、麦芽糖等。

"饭"是两汉时期河西地区最常见的主食,通指将谷子、麦、豆等粮食煮熟后进用的食品。河西汉简中有"干饭"一词,有学者考证后认为实际上就是干粮。糒(bèi)是汉代河西地区常见的一种干粮,其主要原材料是粟,所以又称"糒粟"。糒的制作方法是先将粟蒸熟后晾干,然后再捣碎磨细后直接干吃或者用水冲泡。西北许多地方至今仍然保留这一食品,俗称"炒面"。今天的炒面多是将青稞、小麦等粮食炒熟以后磨成粉,既可以直接干吃,也可以泡水吃,食用起来非常便捷。藏族地区的糌粑便是将炒面捏成团后食用的日常食品,它很可能与汉代河西的糒粟存在一定的源流关系。

饭(原料为粟)

藏族糌粑

汉简中有"膏饼"一词,饼即面食,膏饼很可能是将动物油脂与面粉混合后加工而成的一种面食。汉代河西民众也食粥,其主要材料是大麦,这种粥在当时叫作麹(qù)。

自古以来,酒就备受各民族的喜爱,汉代河西地区民众也不例外。河西汉简中有邀请朋友来饮酒的记载,也有因为醉酒引发争执的记录,这说明汉代河西地区的酿酒业得到了一定程度的发展,也说明汉代河西地区的农业发展水平较高。酿酒的主要原料是粮食,只有农业发展程度高,才能有可供酿造的剩余粮食,人们也才会有心思去酿酒。秦汉时期普遍使用"复式发酵法"酿酒,即通过含有大量霉菌和酵母菌的曲进行发酵酿酒。约在东汉时期,人们开始用"九酝"酿造法,即在酿造的过程中连续多次投料,从而保持一定浓度的糖分,让酵母菌充分发酵,借以增加酒的醇厚。

古人在酿酒过程中也掌握了酿醋技术,汉代河西地区在酿酒的同时也酿醋。醋在汉代叫作醯(xī),也被称为酢(cù),通常被当作调味品食用。糖在汉代被称为"饴",是指将发芽后的麦、粟等谷物磨碎后熬制成的糖类食品。汉代河西地区的人们应该也会制作和食用饴糖,但是食用频率不是很高。

(二)蔬菜类

汉代河西地区已经普遍将蔬菜作为副食来食用,蔬菜的加工方式也多种多样。蔬菜通常是经过蒸煮后直接食用,除此之外,还可以将新鲜蔬菜加工成羹、酱、豉等食品,有些羹和酱中还特别加入了肉丁。

羹,泛指用蒸、煮等方法做成的糊状菜肴。羹一般是将粮食、蔬菜和肉搭配,再加上调味料煮制而成。汉代的羹与汤不同,羹是加水烹煮食物后所得的菜肴,而汤通常是指热水。唐代以后,汤才开始用于指代可以饮用的菜肴,同样是糊状菜肴,羹要比汤显得更加浓稠一些。

酱,是指以豆、肉等为原料通过发酵制成的糊状调味品。当用到肉类时,往往会将其剁碎加入,用肉制成的酱叫作醢(hǎi)。《周礼》中记载了一种叫作醢人的官职,主要负责掌管在宗庙祭祀时进献食物,其中就包括醯和酱。汉代河西地区受中原饮食文化影响，也制作和使用酱类食品。

豉，即豆豉，一般以大豆为原料，也可用麦制作。豆豉的制作工序不太复杂，它多以豆作主料，盐为配料，靠豆子发酵完成。豆豉既能食用，又能入药，豆豉制作技术很可能是由中原移民带入河西地区的。现如今的河西地区不再制作豆豉，而在河西以东的许多地方依旧保留着制作和食用豆豉的传统。

（三）肉类

汉代河西地区族群众多，农牧兼营，以经营农业为主的人们通常以粮食为主食，以蔬菜和牲畜肉为辅食；而对于以畜牧业为主导经济形态的族群来说，肉类通常是主食，粮食和蔬菜则属于辅食。汉代河西民众的肉食加工方式也多种多样，除去常规的蒸煮之后直接食用之外，还可以加工成脯、脍、鲍、炙、羹、酱等多种食品。

脯，指以果品、肉食、动物内脏等为原材料，将其切成片状、条状进行晾晒后形成的食品。根据河西汉简相关记载可知，汉代河西民众常常把肉食加工成脯，包括牛肉脯、羊肉脯等。

脍（kuài），一种专门加工肉食的方法，以鱼肉制作为主。脍本义就是细切的鱼或其他肉，即把肉切成薄片。干脍，是指脱水的肉干。脯和脍的制作方式接近，区别在于所用原材料不同。脯的原材料较为丰富，包含果类和肉类，而脍则专用于肉类加工。

鲍，多指臭腌鱼，即以鱼为主要食材，通过腌渍等方法制成，成品有股特殊气味。两汉时期河西地区食用的鱼都是捕获的野生鱼类，彼时尚未形成人工养鱼业。

炙，就是一种烤肉，指用工具将食物串起来直接放在火上烧烤后形成的熟食。汉代的炙法一般是用竹木签子将小块的肉串起来进行烧烤，这种食品制作方法一直沿用至今。现在的嘉峪关烤肉闻名全国，其源头或许可以追溯到汉代河西地区的炙。

五、结语

河西地区纳入汉王朝统治版图之后，先秦时期的那种民间的、自发的、小规模的、时断时续的"玉石之路""青铜之路""羊马之路""麦粟之路""彩陶之路""丝绸之路"，开始演变为官方的、有组织的、大规模的、长期延续的丝绸之路。无论是先秦时期的丝绸之路，还是汉代张骞通西域以后的丝绸之路，河西走廊都是必经的咽喉孔道，东西方之间的多样文明在河西地区发生着激烈碰撞和交流互鉴。

汉代河西地区的开发效果异常显著，动植物的新物种得以大量引进，移民的大量涌入为河西地区带来了新劳动力、新工具、新技术和新食物，河西地区的农牧业相较史前时期已然获得了很大程度的发展。虽然汉代对于河西地区的开发也还是存在一些不足之处，但是总体看来成绩斐然，不仅为后世河西地区的发展和进步奠定了坚实的经济基础，也为历代政权治理河西和经营西域提供了成功经验和良好范式。

陆 魏晋南北朝时期的河西庄园经济

魏晋南北朝时期是中国历史上一个大分裂、大动荡、大变革和民族大融合的时期,然而在动荡与变革中却孕育着无限生机与活力,这就为隋唐帝国的全面兴盛奠定了坚实基础。魏晋南北朝时期,中原地区长期动荡不安,政权更迭频繁,百姓流离失所,经济发展滞后,国家财政困窘。然而河西地区因为远离中原战乱而成为一方乐土,大量的中原人士纷纷举家迁徙到河西地区避难,这不仅为河西地区输入了劳动力、资金、先进生产工具和技术,还使得中原地区的传统思想文化得以在河西地区保留和传承。河西走廊就如同一颗耀眼的明珠照亮着古老的丝绸之路,保持和延续着东西方经济文化交流的畅通。在此期间,应该是受到中原地区经济发展模式的影响,河西地区独特的庄园经济获得了很大程度的发展。

一、魏晋时期河西经济的恢复

西汉末年,外戚专权,朝政混乱,土地兼并盛行,社会矛盾尖锐,统治出现了严重危机,王莽乘机篡位称帝,建立新朝。鉴于"天下扰乱",形势日趋严峻,窦融瞅准时机,主动请缨前往河西就任张掖属国都尉。窦融利用他的先辈在河西长期经营的深厚积淀和河西地区独特的发展优势条件,很快被推举为河西五郡大将军。窦融保据河西地区十余年,努力创造安定祥和的社会环境,积极发展农牧业经济,使得河西地区的发展状况相较西汉中后期有了很大进步。建武十二年(36年),窦融被东汉光武帝刘秀召回洛阳,河西社会经济在延续良好发展态势二三十年后便呈现出衰颓之势,直到曹魏政权控制河西以后,河西经济才逐渐恢复良性发展态势。

(一)农业恢复的措施

东汉中后期,外戚与宦官交替掌控朝政大权,地方群雄割据,社会动荡不安,经济凋敝不堪,河西也未能幸免于难。曹魏政权掌管河西地区以后,统治者重视河西社会经济振兴问题,长期衰败的河西社会再次焕发出勃勃生机。

曹操曾说:"夫定国之术,在于强兵足食。秦人以急农兼天下,孝武以屯田定西域,此先代之良式也。"(《三国志·魏书·武帝纪》)由此可见,曹操特别重视农业生产。曹魏政权在河西地区积极推行"急农"政策，主要体现在推广屯田制和恢复发展小农经济两方面。为了有效恢复个体小农生产，曹魏政权积极招徕流民前往河西地区，借以解决劳动力匮乏问题，同时也起到了改进农业生产技术的作用。为了扩大农田开垦面积，提高单位面积粮食产量，曹魏政权特别重视兴修水利工作，用以解决农业发展中的用水难题。

徐邈任凉州刺史时，尤为重视兴修水利，他积极动员各方力量参与兴修水利，努力扩大水田面积，招募广大贫民耕种，终于出现了"家家丰足，仓库盈溢"的美好局面。皇甫隆在任敦煌郡太守期间，积极推行"衍溉"这一新的灌溉法，同时引导民众使用耧犁法。这些举措既节省了人力和水资源，又大大提高了农作物单位面积产量。

嘉峪关魏晋壁画墓图像资料显示，这一时期河西地区的耕作技术也取得了很大的改进。当地普遍采用二牛犁地、耙地、耱地、播种等耕作方式，后来又改进到一牛犁地的耕作模式，大大提高了生产效率。这些壁画虽然出土于嘉峪关地区的魏晋墓，但也在一定程度上反映了魏晋时期整个河西地区的农耕技术得以提升的情况。总体看来，到了曹魏统治时期，河西地区的农业耕作技术、耕作方式、灌溉方式等经过多方面改进提升，已经基本达到了与中原地区农业发展水平并驾齐驱的程度。

除了农业生产技术不断获得提升以外，河西地区原本发达的畜牧业在曹魏统治期间也再次发展兴盛起来。河西地区有着适合畜牧业发展的天然优势条件，祁连山区广阔的草原、河西走廊中部的天然绿洲都为畜牧业发展创造了优良条件。《汉书·地理志》记载："自武威以西……地广民稀，水草宜畜牧，故凉州之畜为天下饶。"这就明白无误地说明河西地区水草丰茂，早在先秦、秦汉时期就已经有了异常发达的畜牧业。史籍对于曹魏时期的河西畜牧业缺乏详尽记载，但根据一些间接材料亦可证实当时河西地区畜牧业的发达程度。黄初二年（221年），河西地区少数民族首领治元多、卢水、封赏等人率领部众组成联军在河西发动叛乱，负责镇守西北边境的镇西将军曹真亲率大军征讨，很快平定了此次河西叛乱事件。据《三国志·魏书》记载，此战"斩首五万余级，获生口十万，羊一百一十一万口，牛八万"。从俘获的牛羊数量可知，曹魏时期河西地区畜牧业发展程度很高。

敦煌佛爷庙湾、嘉峪关新城、高台骆驼城、高台许三湾古城等遗址都或多或少出土了魏晋时期的壁画墓，从中可见大量反映魏晋时期河西地区畜牧业盛况的图像资料。虽然这些壁画墓的主人多为河西当地豪族，但壁画中六畜兴旺，其中又以马、牛、羊数量居多，这从一个侧面反映了曹魏时期河西地区畜牧业的发达程度。

骆驼城遗址

（二）从生产工具看农牧业发展状况

通过河西地区的魏晋壁画墓和其他遗址，我们可以对当时当地的生产工具、生产方式有更多的直观认知，从中亦可管窥魏晋时期河西地区农牧兼营的盛况。

1. 牛耕

在嘉峪关魏晋壁画墓中可见大量的二牛抬杠犁耕场景，画面中的牛大多穿鼻环，系缰绳，用力拉着单辕犁。牛耕的主要生产工具是犁，通过观察犁的形制变化，我们可以看出魏晋时期牛耕技术的发展。从《嘉峪关壁画墓发掘报告》可知，魏晋时期河西地区常见的犁大致可分为三种类型：第一种以6号墓前室西壁北侧壁画中所绘单直辕犁为代表，犁床前端嵌套的铁犁铧呈扁平状，犁箭中间部位横出一根短横木，用于固定犁壁；从形制构造来看，这种耕犁还较为笨重。第二种以5号墓前室东侧壁画中所绘单直辕犁为代表，犁床前端嵌套的铁犁铧呈三角形，犁壁部位呈斜坡状凸起，犁箭上下两端分别与犁辕、犁床固定；这种犁的犁壁与犁铧部位凸起，

▎牛耕画像砖（馆藏信息：张掖市高台县博物馆）

犁地较深。第三种以六号墓前室西壁所绘单直辕犁为代表,犁铧前端呈三角形,为全铁犁铧;犁铧的脊部位置凸起,前低后高,呈斜坡状;犁床镶嵌于犁梢位置,略微向下斜出,前端套有铁犁铧,利于破土深耕。伴随着牛耕技术的发展,魏晋时期的牛耕方式逐渐由二牛抬杠套驾方式向一牛套驾方式转变,生产效率也随之逐渐提高。

2. 耙地

耙地是在犁地之后,为了使土地变得松软、利于保墒而进行的一项耕作程序。这项程序通常紧随犁地之后进行,主要是用牛拉齿耙的方式将犁地之后翻起的土块耙小、耙细,使土地变得疏松,同时还可以将地里的草木根茎梳理出来,从而达到保墒、耐旱的目的。从嘉峪关魏晋壁画墓所绘画面可知,耙地时会有一位农夫或蹲或站于牛拉的齿耙之上,借以增加齿耙的重量,以利于齿耙入土更深。时隔近两千年,我们今天依然可在北方有些农村见到这种场景。嘉峪关新城魏晋6号墓前室东壁有一幅典型的耙地图,画面显示一位农夫站在耙上,农夫披发散于项背,并未结髻编辫,应该是少数民族人士。从这幅颇具生活气息的画面可以推知,魏晋时期河

耙地画像砖(采自马玉华、赵吴成《河西画像砖艺术》,兰州:甘肃人民出版社,2017年,第184页。)

西地区的各少数民族在与汉族长期交往交流交融过程中，已经逐渐接受和掌握了先进的农业生产技术。

3. 耱地

耱（mò）在古代又被称为"耢"（lào），是一种无齿耙。耢的形制与耙相近，通常是将柔软的树枝交叉编制在耙齿中或木架上而形成的一种简单实用的农耕工具。耢和耙的功用大致一样，都有碎土保墒的作用，但又不尽相同。耙主要是在犁地以后用以粉碎大土块，而耢一般是在播种前后用于将土块磨细，同时盖住新播的种子。耢通常是在播种时使用，通过来

耱地画像砖（采自马玉华、赵吴成《河西画像砖艺术》，兰州：甘肃人民出版社，2017年，第183页。）

回拖曳耢，不仅使土壤变得更加松软，同时还可以使土壤与种子更加紧密结合，从而有效保持水分，以便种子尽快生根发芽。耢的用法有"空曳耢"和"不空曳耢"两种："空曳耢"是指耱地时用双牛或单牛拉耢，耢上不站人也不放置重物；"不空曳耢"是指耱地时在耢上站人或放置重物以增加重量，以便将土块碾压得更为细小匀称。嘉峪关魏晋墓群6号墓前室南壁西侧绘有一幅耱地图，描绘的是一个披发农夫蹲在耢上驱赶双套耕牛耱

地的场景，这种属于"不空曳耢"。7号墓前室东壁绘有一幅耱地图，描绘的则是"空曳耢"场景。通过墓葬壁画以及史书记载可知，魏晋时期河西地区民众已经掌握了提前浸泡种子用以催芽的技术，相应的播种方法较两汉时期亦有很大程度的改良。

4. 打连枷

连枷是一种收获工具，主要用来打场，它是由原始敲打谷物的木棒发展演变而来的手工脱粒农具。连枷的上半部分由一组平面编排的质地坚硬的条状物构成，下半部分是一根木质长柄，使用时用力甩动长柄带动上半

打麦场画像砖（馆藏信息：张掖市高台县博物馆）

部分，用来拍打谷物使其脱粒。《国语》一书中有对连枷的相关记载，说明早在春秋战国以前，连枷这种工具就已经出现并投入到农业生产活动中了。在嘉峪关魏晋墓群5号墓壁画中绘有连枷，其结构较为简单，由两根木棒组成，较长的木棒顶端与较短的木棒末端连接，运用机械"环轴"原理，通过甩动较长的木棒带动短木棒，短木棒与长木棒的连接处随着长木棒的上下起伏，绕环轴旋转，起落摔打在谷物上，形成重力迫使谷物籽粒

脱壳。通过使用连枷，不仅节省了人力，而且还提高了脱粒效率，有些农村地区至今仍在沿用。

5. 扬场

扬场是在打完场后，利用风力以木杈扬撒的方式将粮食颗粒与外壳分离的一项劳作活动。在嘉峪关魏晋墓群4号墓壁画中绘有一幅扬场图，画面中农夫手持木杈，将已脱粒夹杂麦壳的谷物挑起扬撒，扬起的谷物在风力作用下，较重的麦粒原地掉落，较轻的麦壳则被风吹到一边，农夫身后蹲着一犬，似乎是在看护粮食。扬场使用的主要工具是木杈，除了扬场之外，木杈还被用于杈取粮食捆垛。木杈是一种简单实用的劳动工具，通常是将带分叉的树枝略加改造而成，有些是金属冶炼加工而成。其形状通常是直柄横首，横首上面有2至10个分叉，每个分叉前端略尖，便于杈起草垛。从壁画墓画像砖来看，魏晋时期河西地区木杈使用较为普遍。木杈使用起来便捷有效，广大农村地区至今还在普遍使用。

除了以上所说的牛耕、耙地、耱地、打连枷、扬场等场景外，河西地

▎扬场画像砖（馆藏信息：张掖市高台县博物馆）

双人汲水画像砖

撒种耱地画像砖

耕地、耱地画像砖

撮粮画像砖

阡陌画像砖

收获画像砖

(馆藏信息：张掖市高台县博物馆)

区魏晋壁画墓中还绘有双人汲水图、撒种耱地图、耕地耱地图、撮粮图、阡陌图、收获图等，这些丰富多彩、生活气息十足的农业劳作场景，为我们了解魏晋时期河西地区农牧业发展状况提供了较为全面、真实、直观的宝贵素材。虽然这种工笔写意壁画并不能让我们清晰准确地辨别农作物种类，但是从居延汉简记述情况来看，汉代河西地区的农作物种类就已经相当丰富，其中包括粱米、黍米、白粟、胡麻、胡豆、秫、荍、谷、菽、麦、姜等，大致可以归为麦、米、豆三大类。

二、庄园经济下的农牧业发展

汉武帝时期曾经采取种种措施打击地方豪强势力，借以加强中央集权。但是到了西汉晚期，地方豪强势力再度兴起，随之而来的是土地兼并之风盛行，自耕农数量减少，流民大量增加，社会不稳定因素增多。到了东汉中晚期，一方面是经济发展导致的大地产制普遍，另一方面是社会动荡不安致使的地方势力组织自保，于是地主庄园经济模式便在更广大的社会层面逐渐推广开来。魏晋时期伴随着大量移民涌入河西走廊，庄园经济模式在河西地区也得以传播，并且生发出了独具河西特色的一种新类型。

（一）"自给自足"的经济模式

庄园经济是魏晋时期开始形成并发展的一种特殊经济模式，是一种以租佃制为主要经济基础的产业发展模式。租佃制至迟可以追溯到春秋时期。伴随着宗法制和分封制的逐渐瓦解，代表土地国有制的井田制也随之崩坏，"私田"开始得到政府和法律的认可，社会上便出现了大量可以自由买卖的私有土地。土地私有制确立以后，土地的经营方式主要有两种：一种是农民自种，这样的农民就是自耕农，自耕农需要向国家缴纳赋税；另一种是地主出租土地给佃农耕种，佃农向地主缴纳地租，而地主则可以采取各种方式设法避税。豪强地主与一般中小地主也有不同，豪强地主往往拥有政治和经济方面的双重优势，他们参与政府管理甚至可以操控国家统治，凭借各种优势条件，豪强可以更为迅速有效地广占良田和山林川泽，从而具备独立发展政治经济势力的充足实力。私有土地可以买卖，也可以抵押和典当，最终的结果是土地越来越集中于少数人手中，这就为庄园经济模式的出现奠定了基础。

西汉时期开始出现了庄园经济,东汉时期的庄园经济进一步发展成熟。魏晋南北朝时期是一个政权分裂和社会大动荡时期,土地兼并势头更为迅猛,致使数量庞大的土地高度集中于豪强地主手中,一些豪强地主控制的土地甚至跨州连郡,然而大量的自耕农却纷纷破产,其中不少农户不得不依附于大地主而成为佃农。在中央权威衰落、社会动荡不安的情况下,一些地方豪强势力为了保护自己的地位、生命和财产,纷纷建立起拥有高墙堡垒的大庄园,甚至设置了私人武装势力和相应的军事设施,俨然成了"国中之国"。东汉末年的著名学者仲长统在其《理乱篇》一文中对豪强地主庄园有这样的描述:"豪人之室,连栋数百,膏田满野,奴婢千群,徒附万计。船车贾贩,周于四方;废居积贮,满于都城。琦赂宝货,巨室不能容;马牛羊豕,山谷不能受。妖童美妾,填乎绮室;倡讴伎乐,列乎深堂。"仲长统旨在揭露和批判当时不合理的社会现实,从中我们亦可以看出豪强地主庄园的宏大和财富的集中程度。

谢灵运乃东晋名将谢玄之孙,为东晋至刘宋时期著名诗人、佛学家、旅行家,被学界誉为"山水诗派"鼻祖。谢灵运作有著名的《山居赋》,这篇洋洋洒洒上万言的巨赋,连带自序和自注均被完整收录于正史《宋书》之中。谢灵运《山居赋》主要描述了由其祖父谢玄开拓、后经他本人扩建、位于浙江会稽(约当今绍兴)的名为"始宁墅"的山居庄园。文中有言曰:"其居也,左湖右江,往渚还汀。面山背阜,东阻西倾。抱含吸吐,款跨纡萦。"从中可见一片水陆环绕、碧波荡漾、岸芷汀兰、郁郁青青的上好山水景象。据推测,盛时的"始宁墅"庄园南北长约40千米,东西宽约15千米,总面积约600平方千米。在整篇文章中,谢灵运引经据典,除了对庄园自然环境、建筑布局、人文历史、飞禽走兽、草木虫鱼等进行描述外,还从生产条件、生产设备、物资产品等方面对"始宁墅"进行了较为细致的描写。通过《山居赋》的描写内容，我们也可以对江南地区的地主庄园有一定程度的认知和理解。

魏晋时期南北方庄园的风格不同，但也有一些共同的经济特点，主要体现在三个方面。首先，庄园经济发展具有模式化、综合性和独立性特点，生产活动基本能够实现自给自足，小农经济特色非常明显。其次，庄园经济是以宗法关系为纽带组建起来的社会经济组织，豪强地主们充分利用宗法血缘关系和组织原则对庄园中的农户和民众进行管理，这就使得庄园内部存在相对森严的等级和阶层划分，并且还具有较强的稳定性，庄园内部管理相对井然有序。再次，庄园内部物资储备较为充足，为了躲避祸乱，大多数庄园都拥有私人武装势力，配置有一定数量的武器装备，建设有塔楼、哨卡等防御设施。

（二）河西走廊的坞堡庄园经济

在中原和江南庄园经济大发展的形势带动之下，河西地区的农牧业也发展出了颇具地方特色的坞堡庄园经济模式。

坞堡与西欧中世纪的城堡有一定相似性，有人甚至称之为"中式城堡"，它是魏晋南北朝时期庄园经济形态下，具有军事防御性质的大型集群聚落和地方行政组织。从具体形制来看，坞堡源于汉代的一种住宅形制，即平地建坞，围墙环绕，前后开门，坞内建望楼，四隅建角楼，略如城制。坞堡内地主拥兵自守、聚族而居，经济上自给自足，俨然一个独立的小王国。坞堡由坞壁演变而来，而坞壁早在汉代就已经出现。"坞"起初是边境地区的一种小型军事防御工事，许慎《说文解字》解释说："隖（坞），小障也，一曰庳城。""堡"为城堡，指带有军事防御性围墙的聚落。"坞"

陆　魏晋南北朝时期的河西庄园经济

和"堡"原本是指两种不同的事物，伴随着豪强地主庄园经济和动荡社会局势的发展，最终在两汉之际合二为一，成为兼有军事防御、行政组织和集群聚落性质的"坞堡"。由此可见，坞堡最早在边境地区创制形成，而后发展到中原乃至江南地区。魏晋南北朝时期，江南相比中原地区安定一些，所以江南地区的坞堡数量不多，其性质和功能也比北方地区众多大型坞堡简单许多。

东汉时期陶坞壁模型（采自陈成军《文物里的古代中国》（中册），北京：中国社会科学出版社，2010年，第62页。）

东汉政府为了防范羌人反叛，特命护羌校尉邓训、伏波将军马援等人率领军民在凉州地区广泛修筑坞堡，随着羌人反叛形势愈演愈烈，东汉政府又开始组织人力在中原内地修筑坞堡。此时，坞堡大多数还只是由政府修建的防御工事。东汉末年，天下大乱，除了政府大力兴修防御性工事以外，民间也开始大量修筑兼具防御和生产生活性质的坞堡。到了三国时期，庄园经济进一步发展，豪强地主纷纷筑堡自卫，逐渐形成了地方自治性武装力量，曹魏阵营中的许褚、李典、田畴等人都是坞堡主出身。

三国时期曹魏重臣徐邈出任凉州刺史兼领护羌校尉十余年。任职河西期间，徐邈主持移风易俗、整顿吏治、兴修水利、广开良田、保境安民，使得河西地区家给人足，仓库盈满。河西地区战略地位重要，农牧业发展基础良好，两汉魏晋时期持续推行屯田制。这一切不仅使河西地区广建坞壁堡垒有了明确必要性，还为其提供了较为充足的经济基础。

伴随着河西地区考古事业的发展，我们已经可以见到大量魏晋时期河西地区的坞堡建筑实物模型和画像图案。武威市凉州区雷台汉墓出土的绿釉陶碉楼院、张掖市高台县许三湾墓群出土的木制坞堡，都生动再现了汉代以来河西民居的建筑特点，同时也部分反映了当时地主庄园经济的社会生活状况。

■ 武威雷台汉墓出土绿釉陶碉楼院模型（馆藏信息：甘肃省博物馆）

张掖市高台县骆驼城苦水口

陆　魏晋南北朝时期的河西庄园经济

木制坞堡模型（馆藏信息：张掖市高台县博物馆）

1号墓出土了坞堡图画像砖和坞堡射鸟图画像砖，高台县骆驼城苦水口2号墓出土了坞堡耕地图画像砖，通过这些画像我们可以更加生动直观地管窥魏晋时期河西地区坞堡庄园经济形态。

坞堡、耕地画像砖（馆藏信息：张掖市高台县博物馆）

西北粮仓——河西走廊

■ 坞堡画像砖（馆藏信息：张掖市高台县博物馆）

坞堡画像砖的画面左边绘有土红色围墙，围墙上开一门，墙后树木繁盛；画面右边勾画了一处"日"字形土红色木栅栏，与院墙直接连接起来，通过栅栏空隙可见院墙里面的秧苗，整幅画面呈现出一幅生机盎然的生活场景。

坞堡射鸟画像砖绘有两层建筑，下层正中有一门，土红色墙上设有垛

■ 坞堡射鸟画像砖（馆藏信息：张掖市高台县博物馆）

口；坞堡右侧有一棵树，树顶栖有两只乌黑色的鸟，树下有一男子正在昂首引弓做射鸟状。这幅画面也充满了十足的生活气息，从中亦可管窥河西庄园形态。

（三）河西地区的农牧业生产活动

1. 绘声绘色的画像砖

对于魏晋南北朝时期河西走廊的农牧业生产活动，历史文献资料有不少的记载和描述。除此之外，壁画墓里的画像砖也为我们了解当时的农牧业生产活动提供了生动直观的图像资料。通过将传世文献资料与地下出土资料相结合，采用二重证据法，我们可以对魏晋南北朝时期河西走廊的农牧业生产活动做出更为系统全面、客观公正的认知与解析。

所谓画像砖，就是模印或刻有画像或花纹的砖块，主要用于镶嵌和装饰墓室。从已有考古发现来看，战国晚期一些墓室中开始出现画像砖，一直延续到宋元时期，明清时期墓葬中用砖情况比较普遍，但在墓砖之上绘制图像的情况比较少见。从战国晚期到宋元时期的一千多年中，墓葬画像砖大体经历了四大阶段：战国晚期的滥觞、秦汉时期的发展、魏晋南北朝时期的繁荣、隋唐以后的逐渐衰落。画像砖的图像内容也随着时代更迭和社会变迁，适时发生着一定程度的演变，反映着不同时代的社会风貌。中国古代的工匠们在创作和制造这些画像砖时，通常都是以现实社会为蓝本，反映当时人们的主流思想意识，同时也融入了艺术的想象力和创造力，从而形象生动地刻绘出所在时代的物质和精神生活面貌，画像砖所表现的场景为我们展示了一幅历史长卷。

从20世纪70年代起，考古工作者在东起永昌西至敦煌绵延近800千米的河西走廊中西部地带，陆续发现了一些以魏晋时期壁画墓为主的古墓葬群。在全国各地众多的壁画墓中，魏晋时期河西地区的墓葬壁画以其分布广泛、数量众多、色彩鲜明、内容丰富而独具时代和地域特色。

整个魏晋时期，河西地区相较中原地区更为安定祥和，从而吸引了大量移民从中原地区迁徙至河西走廊一带落户生根。移民的大量涌入为河西地区农牧业的发展提供了较为充足的劳动力，加之地方政府持续推行劝课农桑的政策，兴修水利、广开耕地、引进新物种和改进生产技术，从而使得农业和畜牧业都得到了很大程度的发展。河西地区魏晋壁画墓画像砖中描绘了耕种、收获、采桑、纺织、放牧、庖厨、节庆、出行、宴饮等生产生活场景，这些图像栩栩如生地表现了魏晋时期河西地区农牧业兴盛和百姓安居乐业的状况。

2. 丰富多彩的农牧业生产活动

在屯田开垦、播种收获、蚕桑业、纺织业、酿造业、果木种植业、金属冶炼等方面，河西魏晋壁画墓都有所涉及，我们可以从中管窥魏晋时期河西地区农副经济与手工业体系的大体状况。

中国是世界上最早发明种桑养蚕和缫丝纺织技术的国家，张骞通西域后，丝绸成为东西商贸往来中的大宗产品。东汉末年，统治者普遍推行劝课农桑的政策。魏晋南北朝时期，丝绸生产扩充至西北、西南地区，河西地区的蚕桑业在此期间也获得了大力发展。据统计，在河西地区已发掘的魏晋壁画墓中，大约有90幅农业、手工业壁画砖图像，其中涉及蚕桑业的图像就占了70余幅，由此可见蚕桑业在河西地区经济发展类型中占据着异常重要的地位。

蚕桑业在河西地区之所以能够发展得如此兴盛，主要基于以下三点原因。首先，河西地区地广人稀，可以大面积地种桑养蚕，成本虽低效益却高，从而可以实现规模化经营。其次，河西地区气候干燥，温度适宜，昼夜温差较大，茧丝产量高、品质好。再次，河西走廊乃丝绸之路必经的咽喉孔道之地，族群众多，商旅云集，便于丝绸及其原材料的生产、加工、销售与运输。

河西地区魏晋壁画墓中表现蚕桑业主题的图像有很多，少数图像通过描绘主人身着丝绸衣物来彰显其拥有的财富与社会地位，多数则是描绘了采桑、养蚕、缫丝等生产生活场景的图像。嘉峪关魏晋壁画墓5号墓室的一幅壁画描绘了两男子正在树下采桑，一男子提篮摘桑，面带笑容，露出丰收的喜悦；另一男子回首翘望，表情怡然自得。高台县骆驼城苦水口1

采桑画像砖（馆藏信息：张掖市高台县博物馆）

号墓的一幅壁画砖上绘有两女子，分别站立在一棵枝繁叶茂的桑树两侧，两人都是一手提篮子，一手采桑叶。有些壁画中描绘了养蚕缫丝所使用的工具和器皿，如放置蚕茧的高脚盘、扁笼、方盒，缫丝用的锅、斗、筘、罩滤等。虽然墓室壁画构图简单，但对于人物表情以及动作姿态的刻画入木三分，栩栩如生，人们观看过后往往会留下较为深刻的印象。值得注意的是，在一些采桑图中，少数民族人物形象频繁出现，这既反映了桑蚕养殖业的发达，又体现了民族大融合的时代特征。有学者推测，河西地区魏晋壁画墓中的少数民族主要是鲜卑族。鲜卑族本是游牧民族，长期居无定所，此时却在庄园经济模式下从事农业生产，与汉族人民和平相处，共同劳动，这是魏晋南北朝时期各民族之间交往交流交融的生动见证。

河西地区魏晋壁画中也有许多涉及屯田活动的图像，借助这些图像资料，结合文献资料的记述，我们可以对两汉魏晋时期的屯田情况有更加清晰直观的认知与理解。河西地区从西汉中期就开始屯田，起初主要是军屯，屯田制度发展到魏晋时期便形成了军屯与民屯相互混杂的情况。河西四郡设立以后，西汉王朝大力开发河西地区，为了更有效地筹集军粮、开拓西域、护卫丝路，汉政府在河西地区积极推行移民实边和屯垦戍守的政策，这便开了历代中央政府在西北边疆地区持续推行屯田制度的先河。《汉书·食货志》记载了这样一段话："初置张掖、酒泉郡，而上郡、朔方、西河、河西开田官，斥塞卒六十万人戍田之。"事情发生在汉武帝元鼎五年（前112年），其中的"开田"意为推行屯田制度，从"斥塞卒"一词可见当时的屯田主要是军屯。西汉中期刚一推行军屯政策，屯田戍卒人数就达到六十万人。虽然史书并未明载河西军屯人数情况，但根据上下文语境判断，其中河西屯田规模定然不小。河西地区的屯田发展态势持续向好，到了唐代，河西地区屯田已占全国屯田总数的三分之一。

军屯有多种形式，汉晋时期较多采用的是"十二分休"制，即十分之二的士兵轮流休假，休假期间务农，其余十分之八的士兵戍守和训练。平时务农，战时打仗，寓兵于民。军屯不仅为长期戍守提供了经济支持，巩固了边防，而且还对开发边疆、增加国家财富作出了重要贡献。民屯多是政府组织贫民、流民到边地垦荒。民屯也是一种地方行政组织，由专职屯田官实行准军事化管理。民屯的土地由政府分租给个人，如果耕牛、粮种由政府提供，屯田户通常按照"十税五"（十分之五）的标准向政府纳租；如果粮种由屯田户自备，则通常按照"十税三"（十分之三）的标准向政府纳租；如果屯田户自己开垦荒地，政府予以免税三年的优惠政策，土地所有权也属于屯田户。总体来看，无论是军屯还是民屯，屯田制度的推行极大促进了边疆地区的开发与建设，中原地区较为先进的农耕文化也得以不断发扬光大。

在嘉峪关魏晋墓葬群3号墓前室南壁东西两侧第一层分别绘有屯营图和屯垦图，形象地反映了魏晋时期统治阶级在河西地区的屯守活动。

屯营图画面正中是一座大的营帐，帐内端坐着一位指挥官，营帐左右两侧各绘有一名站立的士卒，其中一名士卒手中持旗。整幅画面虽然只画了一位将军、两名士卒，但是从遍地的军帐我们仍然可以深切感受到当时

屯营画像砖（采自马玉华、赵吴成《河西画像砖艺术》，兰州：甘肃人民出版社，2017年，第143页。）

屯守戍边的盛大场面。

屯垦图画面上半部分绘有一行列队前行的士卒，下半部分绘有一前一后两个手扶犁铧扬鞭驱牛耕田的人，从服饰及发式风格来看，前面一人似乎是少数民族，后面一人应该是汉族。整幅屯垦图上下结构紧凑，将士兵操练和农夫耕种的和谐场景融为一体，形象生动地向我们展示了汉晋时期河西地区戍卒耕战结合、以耕养战的军事屯垦图景。

屯垦画像砖（采自马玉华、赵吴成《河西画像砖艺术》，兰州：甘肃人民出版社，2017年，第142页。）

魏晋时期河西地区的酿造业与果木种植业也在墓葬壁画中有所反映，这在一定程度上体现了河西地区农业生产水平的提高。汉代河西地区种植的粮食作物已有粟、大麦、小麦、青稞等，这些粮食作物为酿造业的发展提供了原材料基础。在酒泉市果园乡高闸沟砖厂墓葬出土的壁画砖中，人

酿造画像砖（馆藏信息：酒泉市肃州区博物馆）

酿造画像砖临摹（采自马玉华、赵吴成《河西画像砖艺术》，兰州：甘肃人民出版社，2017年，第246页。）

们发现了反映酿造过程的画像砖。画面上可见一条赤色的线条，应该是几案，在几案之上依次摆放着七个瓮罐。

《齐民要术》是由北魏时期著名农学家贾思勰撰写的一部综合性农学著作，该书既是中国现存最早的一部完整农书，也是世界农学史上最早的专著之一。《齐民要术》系统地总结了魏晋南北朝时期黄河中下游地区劳动人民农牧业生产的经验、食品的加工与贮藏、野生植物的利用，以及治荒的方法，详细介绍了季节、气候、土壤与农作物的关系，被誉为"中国古代农业百科全书"。河西地区魏晋壁画墓中的许多图像场景都在《齐民要术》中有相关文字记载，上述画像砖中的瓮罐摆放情况与《齐民要术》中记载的使用粟米、曲做醋的技法类似，要求酿造时不能移动瓮，且"久停弥好"，待熟后"接取清"即可。另外一幅画面上可见在几案之上依次摆放着三个瓮罐，其中一个正在流出液体，被几案下方的瓮罐承接住。

在张掖市高台县许三湾墓葬中也出土了一块酿造画像砖，画面左侧放置一碗，一女子握杵从事酿造工作；画面右侧的几案上放置两个瓮罐，应该是用于盛放酿造物品的。

酿造画像砖（馆藏信息：张掖市高台县博物馆）

河西地区魏晋壁画墓中还有许多彩绘画像砖,它们生动形象地描绘了魏晋时期河西地区阡陌纵横、交通便利的繁荣景象,其中细节处表现了犁地、播种、耙地、耱地等耕作过程的具体场景,生动直观地反映了魏晋时期河西地区高度发达的农业生产水平。

河西地区早在先秦时期就已经产生了较为发达的畜牧业,汉晋时期的河西地区农业发展水平和所占比重有很大提升,但是传统畜牧业的优势仍然得到了较好的传承。《汉书·地理志》记载:"自武威以西,本匈奴昆邪王、休屠王地……习俗颇殊,地广民稀,水草宜畜牧,故凉州之畜为天下饶。保边塞,两千石治之,咸以兵马为务。"魏晋时期的中央和地方政府在河西地区大力推行屯田政策,与此同时依然重视畜牧业的发展,这也与当时民族大融合的社会大趋势相契合。

在张掖市高台县骆驼城、许三湾遗址,嘉峪关市新城古墓群,酒泉市肃州区干骨崖遗址和果园乡西沟古墓群、敦煌市佛爷庙湾古墓群等地出土的彩绘画像砖中,都有表现各民族狩猎、放牧、宰杀牲畜等生产生

▪ 牧鹿画像砖(馆藏信息:张掖市高台县博物馆)

活场景的画面。牧鹿画像砖出土于高台县骆驼城墓群，画像中人物束髻，身着交领长衫，手执牧鞭，整个画面构图随意且形象生动。牧鹿图的出现，说明此时河西地区畜牧业的牲畜种类已经不再局限于传统意义上的牛、马、羊等，而是逐渐呈现出多样性特征。

狩猎画像砖（馆藏信息：嘉峪关长城博物馆）

鹰猎画像砖（馆藏信息：张掖市高台县博物馆）

画像砖的描绘栩栩如生，客观真实地反映出魏晋时期河西地区畜牧业的繁盛景象和各民族和谐融洽的生活场景，为我们直

射猎画像砖（馆藏信息：张掖市高台县博物馆）

观展示了"天苍苍，野茫茫，风吹草低见牛羊"的美好情境。嘉峪关新城1号墓出土了狩猎画像砖，高台县骆驼城苦水口1号墓出土了鹰猎画像砖、射猎画像砖，它们都惟妙惟肖地描绘了魏晋时期河西地区人们从事围猎活动的场景。

河西地区的庄园经济在两汉就已经初具规模，到了魏晋时期特色更加

夫妇耕作画像砖（采自马玉华、赵吴成《河西画像砖艺术》，兰州：甘肃人民出版社，2017年，第188页。）

显著，这从魏晋时期的相关壁画中就能反映出来。除了此前描述的嘉峪关新城墓群中出土的扬场画像砖、夫妇耕作画像砖外，在新城1号墓中出土的一幅耕作画像砖也很有特色。这块壁画砖中描绘了这样一个场景：前面是一男子在犁地，紧跟其后是一女子在播种。类似的壁画还有许多，它们都为我们展现了一男一女夫妇二人共同从事农业生产的场景。由此可见，河西庄园经济下以小家庭为基本单位的生产模式比较普遍，充分体现了以家庭为单位、自给自足的小农经济生产模式。

三、五凉时期河西地区农牧业的发展

十六国时期，在河西及河湟地区先后出现了五个以"凉"作为国号的地方政权，分别是汉族张氏建立的前凉（318—376年）、氐族吕氏建立的后凉（386—403年）、鲜卑族秃发氏建立的南凉（397—414年）、汉族李氏建立的西凉（400—421年）和匈奴族卢水胡沮渠氏建立的北凉（397—

439年),史称"五凉"。五凉政权前后延续130余年,核心统治区域在河西地区,所统治区域大体都在两汉时期的凉州刺史部范围内。五凉时期的河西地区虽然也有战乱和灾荒,但与当时的中原地区相比,却是广大北方地区的一方乐土。五凉政权统治下的河西地区农牧业经济继续发展,统治者广纳贤士,对东西方的多样文化兼收并蓄,因之产生了璀璨辉煌且对隋唐文化影响深远的"五凉文化"。

(一)前凉农牧业经营方略

十六国时期地方政权对于河西地区的建设是从前凉政权开始的,前凉政权的建立者张轨为安定乌氏(今平凉市西北)人,他出身于官宦家庭,长期在京城洛阳担任重要官职,因精通儒学、富有才干而名显于世。为躲避"八王之乱"造成的"朝臣夷灭"命运和中原仇杀的灾祸,他及时作出"保据河西,追窦融故事"的决断,经朝廷同意,出任了凉州刺史兼护羌校尉。张轨保据河西期间,提出了"弘尽忠规,务安百姓,上思报国,下以宁家"的主张,这成为前凉政权恢复和发展社会经济文化的基本指导思想。继张轨之后的前凉政权历任统治者大都励精图治,农牧工商业发展成效显著,我们可以将前凉时期视为自西汉中期以来河西地区的第二个发展高峰期。

前凉重视农田水利建设,不仅努力发展统治中心地带的武威及其周边地区,而且在边远的敦煌地区修建了阳开渠、北府渠、阴安渠等水利设施,用以更好地开发利用祁连山冰川融水来发展农牧业生产。在人口激增、土地不足时,前凉统治者还发起过"治石田"的活动,具体做法为"徙石为田,运土殖谷",将河西走廊戈壁滩上的碎石移走,将沙土运来覆盖其上进行谷物种植。该举措取得了优良的效果,使得新开垦农田达到了亩产三石的好收成。前凉延续了汉、魏、晋对田地、赋税、人口的管理形式，将计簿制、课田制等户口和赋税制度推行到河西地区。除此之外，前凉统治者还推行"分田畴，资耕稼"政策，这实际上就是对土地所有制进行了部分改革。前凉政权将"以农养战，保境安民"奉为宗旨，不仅垦田积谷和发展畜牧业，还鼓励和支持工商业发展，钱币在市场交易中重获通行，河西社会迅速呈现出民富兵强的局面。

（二）西凉农牧业生产概况

除了前凉重视农牧业生产之外，西凉政权对于河西建设也制定了许多切实有效的措施。西凉的开国国君李暠（hào），割据敦煌，自称凉公，还被后来唐朝皇室追认为先祖。李暠为统一河西采取了一系列重要举措：轻徭薄赋，奖励农耕；取缔酷刑，宽容执法；兴办学校，培养人才；注重招揽流民，在敦煌、安西设会稽、广夏等侨郡，分别安置江汉、中州流民各5000户，又设武威、武兴、张掖三侨郡，安置流民13000户；落实以农业为本的思想，继承汉魏以来的屯田制度。西凉统治者充分利用党河、疏勒河水利资源，"屯玉门，阳关，广田积谷"，有效地保障了敦煌地区的屯田开发。随后又以酒泉为中心，在东至建康、西到高昌的西凉大地上作出新的屯田部署，先后出现阳关、玉门关、敦煌东南、安西南、安西西、哈密东、哈密南、哈密西、酒泉东北等新的屯田点。敦煌、酒泉地区的农业迅速得到恢复与发展，屯田措施取得了显著成效，充分展示了屯田经济"以农养战"的战略功能。在此基础上，五凉时期的河西地区出现了农、牧、林、桑等诸业兴旺发达，百姓安居乐业，坞堡、园林相望的和谐景象。

四、魏晋时期河西地区饮食文化

魏晋十六国时期的河西经济除直接表现在农牧业方面的壁画描绘之外,通过众多栩栩如生的庖厨图、宴饮图,我们也可以从中看出魏晋时期河西民众男耕女织、悠然自得的生活状态。

(一)饮食所见农牧业生产活动

魏晋时期河西壁画墓中的庖厨图、宴饮图十分常见,通过这些反映河西地区民众日常生活的图画,我们可以看出魏晋时期河西民众饮食种类的丰富和结构的多元特点。随着西汉时期河西四郡的设立与经营,中原传统饮食文化也传播到了河西地区,加之河西地区畜牧业发达,于是形成了河西地区多元并存的独特饮食文化习俗。

在河西地区魏晋壁画墓中,可见宰牛图、杀羊图、宰猪图、切肉图、烧烤图、揉面图、烧火图等。在张掖市高台县骆驼城苦水口1号墓出土的切肉

切肉画像砖(馆藏信息:张掖市高台县博物馆)

画像砖,画中两个庖人端坐,面前置一长条案几,二人在案几上执刀切肉,案几下放两个盘子,庖人将切碎的肉块拨入盘中。其中描绘的场景会让我们感觉既熟悉又亲切,颇具生活气息。

从同墓室出土的另外一幅厨房场景画像砖中,我们还可以看到当时厨

厨房场景画像砖（馆藏信息：张掖市高台县博物馆）

房内的基本陈设情况。画面左侧一女子立于门口，从手势和表情看起来似乎是在邀请、展示和讲解。墙壁上方吊挂着炊具，地上放置三足圆案三张，四足方案三张，右方一张案几上放置炊具、器皿若干，右侧墙壁上方悬挂叉子一把。

宰猪画像砖则生动地描绘了当前一些农村中依然存在的屠宰场面，画面左侧立有一张四足木案，上面捆绑一头肥猪，一个男子左手拿刀，右手摸猪

宰猪画像砖（馆藏信息：张掖市高台县博物馆）

鼻正待屠宰。屠夫身后置一个盆，盆口施红，用于承接猪血。

类似的庖厨题材壁画还有很多。通过这些画像砖的描绘，我们可以看出河西地区畜牧业发达，牲畜数量多且质量好，牛、羊、猪、鸡等畜养动物已然成为魏晋时期河西民众肉食的主要来源，从中也可以看出当时当地民众饮食种类的丰富性和饮食结构的多元性。

（二）饮食结构体现的文化交流

魏晋时期，河西地区农牧业均获得了很大程度的发展，加之河西地区的多民族分布格局，各民族在饮食习俗方面互相学习、相互影响，这对河西地区民众的饮食结构产生了深远影响。在万里丝绸之路上，河西走廊长期承担着"引进来"和"走出去"的传播使命，其中就包括中原地区与西域之间的饮食文化交流。北方游牧民族畜牧业发达，对于牛、羊、猪等畜养牲畜有多种多样的烹饪方式与制作方法，诸如烧烤方式和技术等便对汉民族产生了深远影响，从而使得汉族的饮食结构更加多元化、合理化。汉民族也将中原饮食文化中宴饮形式和精细化风格带到少数民族人口数量众多的区域，其中就包括河西地区。这种互相影响、兼收并蓄的饮食文化习俗，在魏晋时期的河西地区已经有了非常明显的体现，这在很大程度上促进了多民族、多区域之间多样文化的互动与交融。

魏晋时期河西地区的饮食结构多元并存，面食与肉食共同作为主食存在，除此之外还有多种多样的乳制品。乳制品本是游牧民族的常用食品，也是畜牧业发达的直接体现。河西地区虽然总体干旱少雨，以沙漠、戈壁地貌为主，但其中的绿洲星罗棋布，这为农牧业发展提供了优良的条件。《西河旧事》记载："祁连山在张掖、酒泉二郡界，产松柏五木，美水茂草，山中冬温夏冷，宜放牧，牛羊充肥，乳酪美好。"这段材料生动地说明河西地区水草丰美，畜牧业发达，出产优质乳制品。从相关庖厨图也可以看出，魏晋时期河西地区饮茶之风也很盛行，饮茶可以起到解腻、消食、提神的作用。另外，调味品在魏晋时期河西地区的日常饮食中也占有一席之地，不仅种类丰富，而且使用普遍。

五、结语

魏晋时期的河西走廊是中国农牧业发展史上一颗璀璨的明珠，其所呈现的景象也独具风格。在河西魏晋十六国时期壁画墓中出土的农作图明显具有河西地域特色，所描绘的农耕场景种类非常丰富，有犁地、耙地、耱地、播种、打场、扬场等，基本上涵盖了农业生产的完整过程。从生产过程的各个环节都能看出魏晋时期河西地区的统治者们比较重视农业生产，也能看出当时河西地区的农具种类齐全、功能多样。相比同时期的中原地区，河西地区的农业图景似乎更加丰富多彩。虽然魏晋时期河西地区大部分时间处于少数民族政权统治之下，但从其生产工具、烹饪方式、饮食结构等多方面都能看出此时河西与中原之间的紧密联系，这也是魏晋南北朝时期民族融合盛况的重要体现。

从魏晋时期河西走廊农牧业发展的盛况来看，当地农业、牧业都具备良好的生产基础，再一次证明了河西走廊地理位置优越，具备适宜农牧业发展的良好区位条件。加之相比于战乱动荡的中原地区，此时的河西偏安一隅，统治者们大都重视农牧业生产，大力发展屯田经济和养殖业。在庄园坞壁的保护之下，河西地区农牧业收成良好，民众生活相对安定富足。魏晋时期的河西地区依然是中原与西域交流往来的重要通道，当时当地的发展为隋唐盛世的大一统积蓄了较为丰厚的物质条件和文化基础。

柒 隋唐时期河西地区农牧商贸业的全面繁盛

继两汉魏晋之后,隋唐时期的河西地区迎来了发展的又一个高峰期。隋朝统治虽短短几十年时间,但因统治者对河西地区农牧、商贸的重视,从而开启了隋王朝对河西地区新一轮的经营,使得河西丝绸之路重新兴盛。到了唐朝,在唐太宗、唐高宗、武则天等多位帝王对河西地区的锐意经营下,河西走廊呈现出"牛羊被野,路不拾遗"的繁荣景象。至唐玄宗开元、天宝年间,河西成为天下最富饶的地区之一,玄奘西行至凉州时曾见到络绎不绝的西域胡商。《资治通鉴》特别描述了隋唐时期丝绸之路的盛况和包括河西走廊在内的陇右地区的繁荣,其文曰:"天下称富庶者,无如陇右。"然而安史之乱后,唐政府已无力有效经营河西地区,致使河西地区的发展一度呈现出衰落态势。

一、隋朝对河西地区的经营

魏晋南北朝时期,中原与西域之间直接的大规模的商贸交往因战乱被迫中断了数百年,在此期间,大多数西域商人谨慎地选择了河西走廊作为东西商贸重地和中转站。隋朝在完成统一大业后,南北方重新形成统一大市场,全国各地陆续出现了众多繁华的城市,富商大贾云集其间,中原商人与西域商人都希望恢复大规模常态化的商贸往来。这不仅助推了丝绸之路的复兴,也引发了隋朝统治者对河西地区的进一步关注和重视。

(一)震慑突厥诸部,解除西北边患

隋朝统一全国后,边境形势依然严峻,东西南北四方均有势力不容小觑的族群,尤其是西北的突厥、吐谷浑等族群势力强大,他们频繁地骚扰北方和西北边境地区,对中原王朝的统治构成了直接威胁。为了保障丝绸之路的畅通,彻底恢复东西经贸和文化联系,隋王朝积极采取一系列措施,有效阻止了北方游牧民族对于中原地区的侵扰,与此同时,也有效保障了作为民族大融合重要区域的河西地区的安定和谐。

吐谷浑是主要活动于青海和甘肃一带的鲜卑族政权,势力最盛时疆域东起今甘肃南部、四川西北,南抵青海南部,西至新疆若羌、且末,北隔祁连山与河西走廊相接。南北朝时期,吐谷浑一度控制了丝绸之路青海道,

其所据之青海地区一度成为中西交通的中心，在联系中原与漠北、西域、西藏等地方面发挥着重要作用。吐谷浑对中原政权时服时叛，当自身实力不济时则表示臣服或附属，一旦势力强盛又会时常叩关犯边。隋文帝即位初年，吐谷浑势力又一次兴盛起来，不再满足于对隋朝中央政府的臣服，因此屡次出兵骚扰边境地区，对边城造成巨大的危害。隋文帝多次派兵震慑吐谷浑，尤其是在南下攻灭陈朝之后一举重创了吐谷浑，逼迫吐谷浑表面臣服于隋王朝的统治。

相比吐谷浑政权对隋王朝的骚扰，突厥则是中原政权更为强劲的敌对势力。隋朝建立后，突厥势力更为强大，突厥政权拥有"控弦之士四十万"，频繁侵扰隋王朝边境地区。隋文帝开皇二年（582年），突厥进犯武威、天水、安定、金城（今兰州）、上郡（今绥德）、弘化（今庆阳北边地区）、延安等地，隋文帝命秦州总管窦荣定率领骑兵三万从凉州出发，在高越原一带（今武威市民勤县西北）与突厥阿波可汗对战，最终利用计策逼迫突厥阿波、达头二可汗表示附属于隋王朝。

突厥、吐谷浑不仅与隋王朝各自为战，还时常联合侵扰隋朝边境地区，"突厥犯塞，吐谷浑寇边"的事情频繁发生。不仅如此，吐谷浑和突厥向西扩张，控制了西域，从而切断了西域经由河西地区与中原地区的商贸往来，这在一定程度上动摇了隋王朝对西北地区的统治基础。

面对来自边境的威胁，隋文帝推行"内绥外御"的政策，即对内调整政治、经济等发展政策，努力发展军事力量；对外修筑防御设施，加强屯垦力度，为对外出击做好准备。在此基础上，隋文帝又采纳长孙晟提出的"远交而近攻，离强而合弱"建议，借以分化瓦解敌对势力的内部力量。隋文帝时期虽对突厥和吐谷浑取得阶段性胜利，但未能从根本上解决边患。

隋炀帝即位以后，下定决心铲除边患，努力开拓西域，积极鼓励发展东西方商贸文化交流。为解决西北边境问题，隋炀帝继续奉行"离强合弱"策略，大业四年（608年）正月，隋炀帝派崔君肃出使突厥，旨在招徕突厥归顺大隋，开放西域，永结盟好。迫于隋王朝的强大实力，西突厥处罗可汗最终表示归顺朝廷，隋政府把信义公主嫁给处罗可汗，赏赐锦袍千匹，西突厥对于隋王朝的长期威胁问题自此得以基本解决。

对于吐谷浑，隋炀帝则采取了更为强有力的打击政策，逼迫其向隋王朝彻底臣服。大业四年（608年）七月，裴矩奉命出使铁勒诸部，成功说服他们向吐谷浑出兵，吐谷浑一败涂地，伏允可汗仓皇逃往西平郡，派使者向隋朝中央求和。与此同时，隋炀帝派杨雄率军前往浇河郡截断伏允可汗的后路，又派宇文述带兵前往西平郡招降吐谷浑。伏允可汗不甘投降，又畏惧隋军强势，于是率兵向西逃亡，宇文述率兵追击，隋王朝大获全胜，乘势接管了吐谷浑全境。大业五年（609年）五月，隋炀帝又御驾亲征，彻底震慑了吐谷浑残余势力。自此，中央政府对吐谷浑地区按照中原制度进行管理，甚至连中原地区的罪犯都被流放到吐谷浑境内。

隋帝国以其强大的实力震慑住了突厥和吐谷浑，西北边境地区的安全隐患得以基本解决，从而有效保障了丝绸之路的畅通无阻，也为河西地区提供了安定祥和的社会发展环境。

（二）裴矩招商和隋炀帝西巡

位于丝绸之路咽喉地带的河西走廊，自西汉中期纳入中央王朝统一版图之后，便一跃成为贯通东西的重要商贸文化交流中心。就小范围而言，河西走廊连接着河湟地区和新疆地区，不同区域的商人在此进行贸易，互通有无。从更大范围来说，丝绸之路贯穿河西走廊全境，从中原过来的丝绸、茶叶、瓷器、金银器等物品源源不断地通过河西走廊输出到广义的西域；而西域等地盛产的马匹、香料、水果、蔬菜等又经河西走廊输入中原地区。河西地区自古以来就是多民族聚居地，这里不仅是月氏、乌孙、匈奴、羌、鲜卑、突厥、吐谷浑、回鹘、契丹、女真、党项、汉等民族长期生产生活的地方，也是西域诸多民族长期留居的重要区域，多民族商贸文化交流自然成为河西地区的一大特色。隋朝政府充分认识到河西地区的重要战略地位，大力支持河西地区发挥丝绸之路多民族商贸文化交流的桥头堡作用。

隋代河西地区民族商贸文化发达，固然与民族大融合趋势、全国大一统局面形成和帝王励精图治等因素有密切关系，但裴矩应该是当之无愧的最大功臣。隋炀帝即位不久，便派遣裴矩经略西域。裴矩坐镇甘州、张掖监管互市，同时招徕西域使臣入朝觐见。当时西域拥有君主的国家有四十四个，裴矩利用使者入朝的机会，用厚利对其引诱，并引导他们互相劝说朝觐隋朝皇帝。大业年间（605—618年），西域诸国派使臣前往长安朝觐者有三十多个国家，隋炀帝因此设置专门官员负责接待。自裴矩在甘州任职以来，就充分利用自己"监知关市"的便利与胡商打交道，尽力结识西域使节和商人，并注意观察各国的自然风光、风土人情、山川风俗等，最终将所见所闻撰写成《西域图记》三卷，并将其敬献给隋炀帝，进一步激发了隋炀帝经略西域的浓厚兴趣。裴矩在撰述《西域图记》过程中主要有两种获取材料的途径：一是"寻讨书传"，即广泛考阅前史；二是"访采胡人"，即采访西域少数民族。《西域图记》所记有关西域的情报为隋朝经略西域发挥了重要指导作用，它不仅是一本历史、地理著作，还可算作是隋王朝经略西域的"白皮书"。

不同民族之间的贸易，一般先是由民间自发形成零散贸易，然后才有政府组织的大规模交易。对于隋朝的河西地区来说，既有多民族聚居区各民族之间自发形成的民间贸易，也有官方组织的"互市"贸易。隋代河西地区呈现出多民族大杂居小聚居的局面，经济类型兼具农业和畜牧业，农牧互补贸易频繁发生，民间贸易异常活跃，河西地区充当了东西贸易中转站的角色。正是看到了西域商人在河西地区创造的巨大经济效益，隋炀帝才毅然决然地派遣裴矩"于武威、张掖间往来"，不遗余力地吸引外资。

除了民间自发的零散贸易外，河西地区还有隋王朝官方主持的互市贸易。河西地区的民间贸易让隋炀帝瞅准了发展机遇，于是派遣熟悉西域诸地状况的大臣裴矩前往张掖主持互市，同时还招录外籍人士入朝为官。这一系列措施旨在以优越的政策吸引和鼓励外籍商人与隋政府直接发展商业贸易。通过"西域诸蕃往来相继"的记载可知，隋王朝吸引外资和发展商贸的举措取得了明显的成效。西域商人经河西到中原地区，往往会被邀请参加各种娱乐、文化、祭祀等活动。大业四年（608年）八月，隋炀帝亲祭恒岳，裴矩邀请了西域数十国使者一同来祭奠。

"互市"是由中央政府直接控制的发生在边境地区的大型商贸活动，以张掖为中心的河西地区互市更可以算作是国际性大型东西方商贸文化交流活动。河西互市的出现，既是河西地区多民族之间贸易往来的必然结果，也是隋政府为扩大政治影响力、彰显天朝上国实力而采取的具体措施。通过互市贸易，河西的甘州、凉州、沙州等地成为隋朝的国际贸易区和对外贸易的领军者。

大业五年（609年），隋炀帝亲自巡视河西，安抚各少数民族，在张掖登临焉支山，并在此会见了高昌国王麹（qū）伯雅、伊吾吐屯设等人和西域二十七国国君，举办了盛大的国际贸易文化交流会。在此期间，隋王朝要求各国君主及使节都佩戴金玉，披锦缎，焚香奏乐，歌舞喧哗。同时，政府要求凉州、甘州等地的官家女子穿着盛装跟随观看，以至于车马堵塞绵延十多里，隋王朝想借此来显示中原的强盛。为了凸显威严和气派，隋炀帝还下令在张掖修建了观风行殿，邀请高昌王麹伯雅和伊吾吐屯设等一起在殿中宴饮，并"奏九部乐及鱼龙戏以娱之"。不可否认，在张掖举办的这次国际商贸博览会，表明隋炀帝时期的招商活动具有一定程度的迎合性和炫耀性，自然也就消耗了大量的人力、物力和财力，给河西当地居民的生产生活带来了较为沉重的经济压力。但是，从中也可见裴矩对河西地区和西域的经营取得了较大的成效。

（三）大兴屯垦，发展畜牧

汉代"凿空"西域，将河西地区纳入中国版图，开启了在河西地区屯垦戍边的历史先河，此后历朝历代均对河西地区的屯垦事业非常重视。隋朝统一全国后，西北边患危机严重，为了有效解决边防驻军军需"转输劳敝"的困难，隋王朝继续在河西地区开展大规模的屯垦活动。隋文帝即位初年曾令赵仲卿在长城以北"大兴屯田，以实塞下"。但是，西北地区由于长年战乱、社会不稳定、劳动力有限等因素的困扰，大量良田处于荒废状态。针对这种现象，镇守凉州的朝廷官员贺娄子干上书隋文帝说，陇右、河西土地广阔，人口稀少，边境又未安定，不能大范围地开荒种田；一些屯田地区不仅收获不多，而且耗费巨大，白白浪费许多人力，最终还会遭到入侵者的蹂躏践踏。于是建议朝廷废除边远地区的屯田，因地制宜地发展社会生产。隋文帝听从了贺娄子干的建议，倡导在一些重要地区实施屯垦政策。贺娄子干则根据河西的特色，采用农牧并举、军民结合的方式来发展河西的经济。

在对抗吐谷浑、突厥的过程中，隋政府为保障军需，进一步扩大河西地区的屯垦规模，并以河西为中心向四周推广兵民结合的屯垦方式，于是

"盛兴屯田于玉门、柳城之外"。隋炀帝西巡过程中，震慑了吐谷浑等势力，对西域也形成了一定程度的威慑，使得伊吾地区君长吐屯设主动向隋朝进献千里土地。隋炀帝命刘权镇守河源郡积石镇，以此为根据地大兴屯垦，用来控御吐谷浑等地方政权，有效保障丝路贸易的畅通。同时，为保障屯垦有充足的人手，刘权把发配到河西地区的犯人征集起来发展屯田事业。在刘权镇守河西及其附近地区的五年期间，当地少数民族纷纷归顺依附朝廷，并向隋王朝定期缴纳贡赋，吐谷浑残存势力纷纷溃逃，丝绸之路畅通无阻，河西地区的经济和文化也得到了充分发展。

隋代河西地区的屯田除了军屯以外，还有民屯和犯屯等形式，但是总体看来这几种形式都带有较为明显的军事属性，很大程度上缓解了河西地区的军需供应压力，减轻了军粮运输负担，管理谪戍罪犯的压力也得以缓解，最终使得河西地区的广阔良田得到了充分利用。隋代在河西地区大兴屯垦的经济发展方式，在一定程度上维持了丝绸之路的畅通，使得河西地区军民的基本生活得到了有效保障，也进一步加强了中原内地与边疆地区的经济文化交流。

河西地区是发展畜牧业的天然场所，这里水草丰美、气候适宜，素有"凉州之畜为天下饶"的美称。但自隋朝统一全国后，此地的畜牧业受到了屯垦的制约，加之长期战乱的影响，曾出现"六畜咸尽"的情况。面对此种情况，隋朝在河西地区一方面发展军事力量，用以抵抗突厥和吐谷浑的袭扰，保障河西经济的正常发展；另一方面，在屯垦的基础上大力发展畜牧业，尤其是加强马政的管理。贺娄子干通过实地调查指出片面屯垦的消极影响，提倡因地制宜发展畜牧业。隋文帝采纳了他的建议，及时调整经济发展规划，河西地区的畜牧业在此基础上得以恢复和进一步发展。

随着畜牧业的发展，河西地区畜牧加工业也应运而生。以突厥为例，他们以畜牧业为主要生产方式，多饲养牛、羊、马、骆驼等，以牲畜的皮毛为原材料制成毡、褐、裘等。

可以说，突厥人的畜牧加工业已经渗入

▍骆驼

他们生活的方方面面，其他北方游牧民族的情况也大体如此。隋代河西地区少数民族众多，生产生活方式呈现出农牧互补的状态，在农牧业获得一定程度发展之后，畜牧加工业也得到了相应发展和提升。隋炀帝在张掖主持召开国际商贸文化交流博览会的时候，曾令各国国君及使节"佩金玉，被锦罽"，这从一个侧面反映了河西地区手工业的发达。

隋朝在发展河西地区畜牧业的同时，也非常重视马政管理。隋王朝政府常年与骁勇善战的马背民族作战，骑兵的筹建与管理是重中之重，而河西物产丰饶，将它作为重要的战马供应基地自然成为不二之选。因此，隋朝将全国重要的官营牧区设置在包括河西在内的陇右地区。陇右牧下辖二十四军马牧、骅骝牧、苑川十二马牧、驴骡牧、羊牧、驼牛牧、皮毛监等，陇右牧设置总监、副监、丞等职务统领诸牧，总监相当于朝廷五品官员。正是在这一马政机制的保障和贺娄子干在河西实行农牧并举政策的综合作用下，河西地区一度出现了民众"勤于稼穑，多畜牧"的局面。

当然，隋代河西地区的畜牧业发展并非一帆风顺。因河西地区是隋朝政府对抗突厥、吐谷浑等族侵扰的主战场之一，所以河西地区经济发展带有强烈的军事色彩，畜牧业发展水平明显受到军事形势的制约。隋文帝时期，西北边地形势危急，隋文帝曾命辛公义考察河西地区的马场，最后获得十多万匹战马。隋文帝因此高度赞赏辛公义说："惟我公义，奉国罄心。"隋炀帝时期，伴随着突厥、吐谷浑势力的衰弱，陇右地区的马政渐趋废弛，致使河西地区畜牧业发展也逐渐缓慢，隋朝晚期的军马供应已经完全满足不了王朝实际需求。

总体来看，虽然隋代河西地区畜牧业发展也是一波三折，但是整体上还是呈现出上升趋势。隋代河西畜牧业的发展，有力地促进了当地农业、手工业和商贸的发展，也有力地促进了丝路文化的繁荣昌盛。

二、唐代河西地区农牧业与商贸发展

唐朝建立以后，统治者对河西地区的经营并未放松，河西地区稳步发展，这对丝绸之路贸易的兴盛、东西多元文化的交流互鉴发挥了重要作用。伴随着国际、国内形势和商贸格局的变化，凉州逐渐取代甘州成为新的国际贸易市场。

（一）敦煌市场的盛衰

唐朝统一全国后，丝绸之路上国际贸易竞争仍然激烈，中央政府屡屡与突厥、吐谷浑、吐蕃等族进行对抗，而敦煌作为唐军的战略指挥和粮食供应基地在此期间发挥着重要作用。唐王朝为此特别加大了对敦煌地区的管理，用以加强对丝绸之路的控制，遏制少数民族的进攻。武则天在位期间，针对河西地区逃户众多的严峻情势，特别推行"今年逃户，所有田业，官贷种子，付户助营。逃人若归，苗稼见在，课役俱免，复得田苗"的政策，也就是说逃户还归，不仅不受处罚，还可以享受政府资助和免税等多种优待。这一政策的实施，使得河西地区农业迅速得到恢复和大力发展。此外

▎莫高窟第23窟　雨中耕作图

敦煌地区还修建了大量的水利工程。据研究统计，当时的敦煌共有110余条河渠，包括都乡渠、三丈渠等。从莫高窟壁画——雨中耕作图，可以了解到敦煌民众的农业生产过程，反映出敦煌地区劳动人民的勤劳与智慧。

据《旧唐书·地理志》《新唐书·地理志》《通典》《元和郡县图志》等古籍记载，唐代敦煌地区的户口数呈持续增长之势。即使在吐蕃占领期间，敦煌社会安定，经济繁荣，加之外来人口不断涌入，敦煌户口数仍然有所增加。晚唐、五代到北宋初年，归义军政权统治下的敦煌社会稳定，经济文化发展达到新的高度，人口基数随之增多。敦煌地区的民众被分为诸多阶层，自耕农、作人、佃人属于自由劳动者，而奴婢、农奴式劳动力属于非自由劳动者。尽管身份等级不同，但他们同为社会经济活动的参与者，对于社会生产力水平的提升都会或多或少产生影响。

唐代的敦煌，市场商贸繁盛，中原商人和西域商人齐聚敦煌。玄奘西行路过敦煌时，就曾经和数名西域商人同行，回国途中也是与商人结伴同行。西域商人群体中最为活跃的当属粟特人，他们不仅在敦煌经商，甚至还在丝路沿线建城定居，距沙州750千米的鄯善石城镇就是由粟特人所建，位于石城镇东西两侧的屯城、新城、蒲桃城和萨毗城等城市也由粟特人所建，敦煌境内的从化乡则是粟特人的定居点，由此可见粟特人在盛唐时期敦煌贸易中占据了重要地位。在敦煌，粟特人专门从事国际贸易，而从化乡则是特地为国际商人设置的，众多的粟特人聚集在敦煌，据《沙州图经》记载可知，从化乡中设置有粟特人的宗教场所——祆舍，它是粟特民众精神信仰的中心，在祆舍中会定期举办《敦煌廿咏》所记载的"安城祆咏"等宗教活动。敦煌不仅有专供西域商人长期生活的定居聚落，还有供过往商人临时休息补给的驿站，如白亭、双泉等。

通过敦煌莫高窟壁画的描绘，我们也可以管窥唐朝敦煌地区商业的繁荣。莫高窟第217窟壁画描绘了一则佛教故事，画面上山峦起伏，绿树成

莫高窟第217窟　商旅行驶图

荫，河流蜿蜒，远处有行驶的商旅拖着疲惫不堪的身体在缓慢前行，他们看到即将到达的目的地时眼中顿时充满了希望，黄干黑瘦的脸上也出现了丝丝笑容。莫高窟第45窟的《胡商遇盗图》，画面上有一支头戴毡帽、身穿胡服、深目高鼻、满腮胡须的西域商队，遇到三位身着汉服、手持长刀的强盗拦路抢劫。商人身后是驮着珍宝货物的骡马，他们双手合十乞求着强盗，面容惶恐不安。这些壁画生动地再现了丝绸之路上商队往来的场景，反映了敦煌地区商业贸易的繁荣。

■ 莫高窟第45窟　胡商遇盗图

除了对外贸易外，唐代敦煌地区的商业贸易也呈现出空前繁荣的景象。敦煌城内店铺林立，进行了行市划分，安排了专门的市令、市壁师来管理。1973年，在新疆吐鲁番阿斯塔那古墓出土的《唐开元二十年石染典过所》中记载有沙州市令张休的勘同记录。另外，在敦煌的市行里，也设置有酒行。《丑年（821）十二月沙州僧龙藏牒》记载齐周家经营着大规模的畜群，同时也开店造酒，最终成为敦煌富豪家族。

唐朝强大的国力和开放包容的政策助推了丝绸之路商贸文化的昌盛，敦煌出现了"村坞毗连、鸡犬相闻、佛塔遍地、市场广大、家给人足、焉然富庶"的繁盛局面，因之也就有了《太平寰宇记》"都会未及于沙州，繁富尤出于陇右"的记载，敦煌遂成为名副其实的国际性大都会。安史之乱后，为稳定战局，朝廷从河陇地区抽调了大量兵力，导致边防空虚，吐蕃乘机攻占了河西地区。吐蕃统治时期，敦煌的商业贸易受到很大影响。张议潮率兵推翻吐蕃统治后，归义军政权继续鼓励和保护商贸业发展，并通过结盟、联姻等方式协调处理与周边民族的关系，客观上促进了敦煌地区经济社会的发展进步。虽然归义军时期敦煌的商业贸易地位与唐代中期相比有所下降，但是敦煌在国际交流中仍发挥着独特的作用。

（二）甘州回鹘与丝路贸易

回鹘本是活跃于我国北方的游牧民族，唐文宗开成五年（840年），回鹘汗国瓦解，其中一支迁徙到河西地区生活，史称"甘州回鹘"。甘州回鹘在吐蕃势力衰弱后逐渐发展壮大，并于910年打败河西归义军政权，控制了整个河西地区，随后统治了河西地区百余年时间。河西地区的回鹘政权与中原王朝及周边民族联系密切，贡赐贸易频繁，各民族间的政治、经济、文化交流空前繁荣。

迁入河西地区的回鹘人充分利用良好的自然条件迅速崛起，经历晚唐、五代的发展，到宋朝初年，成为一个疆域辽阔、实力强盛的政权。随着实力的不断发展壮大，回鹘政权不再偏安于一隅，而是逐渐将势力拓展至整个河西地区。甘州回鹘在统一河西地区的过程中，最大的劲敌是西夏。

西夏常常掠夺来往商旅及信使,甚至阻断商路的通行。甘州回鹘为了维护自身在丝绸之路上的利益,屡次与西夏进行斗争,争夺对凉州的控制权,最终在公元861年收复凉州,恢复了商路的畅通。自从回鹘完全控制河西地区以后,往来于丝绸之路上的回鹘人便络绎不绝,他们的足迹西到阿拉伯,东向几乎遍布全国各地。

河西地区的回鹘人不仅擅长放牧,而且在商业方面师从粟特人,对外贸易也做得风生水起。甘州回鹘早在9世纪中叶就已经和唐王朝取得联系,在控制河西建立政权后,与中央的交往更是频繁。因为联姻的关系,甘州回鹘一直尊中央王朝皇帝为舅,经常派人到京城向中央上贡。据《资治通鉴》等史料记载,甘州回鹘经常派遣使臣向晚唐、五代政权朝贡,进贡的物品不仅数量庞大而且种类繁多,主要有马、骆驼、狮子等动物及毛皮、香料、奇珍异宝等。这些贡品不仅有河西本地生产的,也包括从西域或其他地区购买所得。进贡的诸多物品中,马匹的数量是最多的。马作为战场上必不可缺的战略物资,为中原王朝的战事提供了有力的保障,甘州回鹘

控制的河西地区遂成为中原马匹的重要来源地。交流往往是双向的，除了甘州回鹘向中原王朝进贡外，中原王朝也给甘州回鹘赏赐了大量丝绸、药品、香料、茶叶、瓷器等物品，除了少量物品供回鹘上层人士使用外，其余大部分被销往西域或中亚等地。这种以经贸交往为前提的朝贡关系，有效保障了丝绸之路的畅通，也加强了东西方经济文化的交流。甘州回鹘政权统治河西期间，对于丝路贸易和文化交流起到了重要的桥梁和纽带作用。

张议潮统领时期的河西归义军政权势力强大，甘州回鹘不得不臣服于张氏归义军政权，但到了9世纪晚期，甘州回鹘势力逐渐强大，最终取代了曹氏归义军政权对河西地区的管控。在归义军政权由盛转衰的百年期间，河西回鹘与归义军围绕丝绸之路河西段的掌控问题展开了长期频繁的较量，回鹘日益占据较量的优势地位，这在敦煌文书《肃州防戍都状》等材料中有所体现。当然，双方也有和平相处的一面，张氏归义军政权曾与回鹘互通使者，曹氏执政时期积极争取与回鹘和平相处，双方续订昆季之交、甥舅之情，双方关系得到很大程度缓解，并且建立起了良好的经贸关

莫高窟第156窟　张议潮统军出行图

系，有效保障了丝绸之路的畅通。纵观河西回鹘与归义军政权同处河西的百年期间，两者关系时好时坏，双方都想维持和平交往的局面，但独占河西和丝绸之路的根本欲求又迫使双方最终陷入无法调和的矛盾之中。

（三）唐朝河西地区农牧业发展状况

唐代河西走廊是多民族聚居区，吐谷浑、突厥等族都归附于唐朝，与汉族相比，他们更注重畜牧业的发展。少数民族与汉族共同开发河西地区，极大地推动了河西地区农牧业的飞速发展。

唐高祖武德年间（618—626年），朝廷对西北的管辖仅限于关内道及其周边地区，直至唐太宗贞观初年，河西走廊才正式纳入唐政府管辖范围。隋末战乱和西北少数民族的侵扰致使唐初的河西地区经济凋敝、民不聊生，唐政府不得不加大对河西地区的重振力度，河西传统农业逐渐得以恢复和发展。突厥势力衰弱之后，大量民众涌入河西从事农业生产，粟在此时得以在河西地区大规模种植。唐高宗、武则天在位期间，朝廷在河西走廊及河湟地区广泛开垦屯田。郭元振任凉州都督之后，河西地区粟的种植面积进一步扩大，不仅满足了本地人的需求，还将多余的粟源源不断地运送到中原地区。从载于《太平广记》的《东城老父传》记述可知，河州敦煌道长期推行屯垦制度，不仅可以满足戍边军队的需要，还可以将多余的粟转运到灵州，通过黄河漕运转输到太原粮库，以备关中遭遇荒年时使用。

粟

柒 隋唐时期河西地区农牧商贸业的全面繁盛

王方翼担任肃州刺史期间，鉴于肃州残破荒败，防备废弛，于是发动士兵修建城墙，又引水环绕城墙形成护城河，沿城建立烽火台并加强巡逻守卫。同

小麦

时，王方翼鼓励肃州民众大量种植小麦，他还出私财修建了众多水碾，通过收税来救济饥民，随后又修建了众多房屋供流民居住，肃州百姓安居乐业，经济发展水平迅速提升。

稻

大豆

唐代河西地区也种植稻类和豆类作物，但产量有限，并未成为河西地区主要粮食作物。稻类和豆类作物的地位显然不如粟和麦，据《通典》记载，一斗五升稻米等价于一升粟，一石四斗糙米等价于三石稻米。豆类作物虽然不是主要粮食，却是河西畜牧业发展不可或缺的重要饲料。

8世纪中叶，安史之乱发生以后，河西地区被吐蕃占领，中央失去了对河西众多屯田的控制权。此后的六百多年里，河西地区先后经历了归义军、甘州回鹘、凉州六谷部、西夏及元政权的统治，虽然河西地区在此期

间也有为数不少的汉族人,并从事农业生产,但是主体统治者是擅长畜牧业的少数民族,于是畜牧业长期成为河西地区的主导产业。

河西地区生活的少数民族大都长期从事放养式的畜牧业生产,他们大多养殖牛、羊、马和骆驼等牲畜,当这些少数民族建立政权后,便会在河西地区大力发展畜牧业。畜产品不仅可以作为食物来维持生存,也可以作为货物被用于商业贸易。敦煌壁画中随处可见少数民族狩猎和畜牧的场景,这便是河西地区畜牧业发展的真实写照。敦煌莫高窟第85窟壁画属于晚唐时期绘画,画面上绘有几名拿着斧头和弓箭的男子,其中一名男子手上托着一只鹰,脚边还有一条白色的猎狗,颇有"左牵黄,右擎苍"之意味。

胡人牵驼模印砖(馆藏信息:敦煌市博物馆)

莫高窟第85窟 狩猎图

唐朝政府一开始就意识到突厥、吐谷浑等少数民族具有骑射优势,为了加强自身军队的战斗实力,政府在河陇地区设置监牧以加强马政。《唐会要》记载,隋朝末年国有马匹大多被盗贼及敌对族群抢掠;唐朝开国初期,只在赤岸泽得到雄雌马匹共三千匹,然后将这些马匹迁徙到陇右饲养,并任命张万岁负责养马事宜。在张万岁的精心管理下,

柒　隋唐时期河西地区农牧商贸业的全面繁盛

河西天然马场

自贞观至麟德年间，马匹不断繁殖，数量达到七十万匹。焉支山位于甘肃永昌县西、山丹县东南，这里水草肥美，土地丰饶，自然成为唐王朝发展马政的重要区域。另外，唐政府为了增加马匹数量，还与吐蕃等少数民族进行茶马、帛马等互市交易。河西节度使王忠嗣在每次互市时，通过抬高马价诱导少数民族竞相出售马匹，使得唐军马匹数量剧增。

除了官营牧马之外，唐政府还积极鼓励河西民众进行民间养马。唐高宗仪凤四年（679年），魏元忠上书皇帝，希望解除民间养马的禁令。他认为若是民间能够养马，遇到军事战争，朝廷可以直接从百姓手里买马，这样不仅可以解决燃眉之急，还可以遏制少数民族的势力。面对河西牧马业不景气的现状，唐高宗接受了魏元忠的建议，开始推行新的马政，下令勉励民间养马，并给予政策优待。

唐代河西畜牧业获得了很大程度的发展，但也存在一些结构性缺陷。

唐政府为了满足军事战争的需要，过于重视牧马业发展，致使牛、羊、骆驼的饲养处于放任自流的状态，相关政策和管理措施严重缺乏，畜力供应不足导致农业发展难以上升到一个新台阶。

（四）市场格局的变动

隋炀帝时期，裴矩经营西域，甘州（张掖）作为其主管互市贸易的核心据点，逐渐成为中西经济贸易交流的中心，直到唐代初年，甘州在整个河西地区的经济发展水平仍然是最高的。据唐代前期著名文学家陈子昂的相关描述可知，甘州乃河西咽喉之地，户数近三千，地域广阔，粟谷良多，河西走廊西部的瓜州、肃州都要依靠甘州。隋末唐初，李轨率众以凉州为中心割据于河西地区，凉州在此期间获得了很大程度的发展。唐朝攻灭李轨政权后加强了对河西地区的管理，整个河西地区社会经济面貌有所改善，凉州更是随之迅速崛起，最终取代甘州逐渐成为河西最发达的地区。

凉州（武威）位于河西走廊东段，是河西最大的堆积平原，西北临甘州，东南接金城（兰州），北与漠北等少数民族生活的地区接壤，南可至河湟地区，因独特的地理位置而成为兵家必争之地。唐太宗时期，唐军攻灭北方的突厥汗国后转战西域，在这一过程中，唐军所向披靡，先后灭掉高昌、焉耆、龟兹以及西突厥，西域各国纷纷归顺唐王朝。唐朝奉行开放包容的开明政策，凉州遂成为对外开放的窗口，在广泛吸收周边各族文化方面发挥着举足轻重的作用。据《大慈恩寺三藏法师传》记载，贞观三年（629年）秋八月，高僧玄奘从长安出发，一路西行，经过凉州时，盛赞凉州之繁华，道："凉州为河西都会，襟带西蕃、葱右诸国，商旅往来，无有停绝。"玄奘在此明确将凉州认定为"河西都会"。《大唐西域记》也记述，大量的西域商人经由凉州来到洛阳、长安等地经商，其中不少商人长期定居在凉州。美国学者谢赫认为,"凉州是一座地地道道的熔炉,正如夏威夷对于20世纪的美国一样。对于内地的唐人,凉州本身就是外来奇异事物的亲切象征"。在唐代凉州城里,有来自中原内地的官吏、文人,也有来自西域的商旅和乐师,他们各自带来不同的商品与文化,在这里交流交融,随后又传播到世界各地,唐代的凉州真可谓一座国际化的大熔炉城市。

唐代初年的凉州原本地域狭小,时常受到周边族群侵袭,发展相对缓慢。武周大足元年(701年),郭元振出任凉州都督,向北击退突厥,向西挫败吐蕃,使得唐王朝西部边境拓展750千米。郭元振主持在凉州大兴屯田,扩大耕地面积,并且修建了和戎城,添置了白亭军来抵御外来侵犯,促使凉州地区得以安定发展。据统计,唐代中期的河西道共有屯田154屯,其中河西走廊有98屯,而凉州就占有36屯,可见此时凉州经济发展已经取得很大成效。

唐朝统治河西期间,凉州西边的甘州、瓜州、沙州等地在经济发展上虽然也有所进步,但由于地理位置的限制和自然条件的影响,其发展速度始终赶不上凉州地区。开元十四年(726年),吐蕃攻进大斗拔谷,焚烧了甘州城乡,就连瓜州也于开元十五年(727年)九月被攻占,随后瓜州周边地区也屡次遭到攻击,灌溉设施损毁严重。由此可见,唐代中期的甘州、瓜州等地受到战乱及自然灾害的影响较大,农业生产遭到严重破坏,经济发展水平已然落后于凉州。安兴贵与安修仁家族属于世代生活在凉州的粟特人后裔,祖上以商队起家,在凉州及其周边地区有着很强的社会影响力。安兴贵与安修仁曾经设计联合"诸胡之兵"攻打凉州城,并生擒李轨献给唐高祖,这也表明西域商人在凉州拥有强大的势力。凉州地区少数民族众多,他们在很大程度上助推了河西地区民族贸易的发展和市场的繁荣。

总之,随着唐王朝对河西地区开发力度的加强,凉州在政治、经济、

■ 瓜州沙漠

文化等方面的实力迅速崛起，逐渐取代甘州而成为丝绸之路上重要的国际贸易都市。然而好景不长，安史之乱爆发后，边防兵大量内调，河西地区经历了断断续续的战乱，丝绸之路一度中断，河西经济发展受到严重影响，曾经的国际大都会——凉州，人口骤减，百业凋敝，渐失往日繁荣昌盛的景象。

三、唐诗中的河西印象

唐代诗文中涉及河西地区军民和商旅生活的篇章有很多，其中以边塞诗、爱国诗居多，其他以描绘饮食文化、民俗风情为主的诗歌也是脍炙人口的佳作。唐诗中既有描写河西地区独特风俗习惯的，又有记述人们日常生活点点滴滴的，丰富多彩地展现出了唐代河西地区民众的百态风情。

河西走廊又是民族走廊，自古以来就是多民族聚居区。河西地区的各民族政权之间既有友好往来交流，又有大大小小的矛盾冲突，不仅有民族间的矛盾斗争，也包括中央政府和地方政权之间的战乱冲突。唐朝许多著名诗人或亲临河西，或遥寄情感，因此留下了大量描述河西地区军旅生活的诗篇，用以表达作者强烈的报国之志和爱国之情。

王昌龄在《从军行七首》（其四）中抒发了壮志豪情：

> 青海长云暗雪山，孤城遥望玉门关。
> 黄沙百战穿金甲，不破楼兰终不还。

全诗在抒写战士豪情壮志的同时，也反映出战争的漫长、艰辛与残酷，作者在诗中将悲壮与豪情、艰苦与责任都进行了细致的刻画。

王之涣也曾在《凉州词》中感叹：

> 黄河远上白云间，一片孤城万仞山。
> 羌笛何须怨杨柳，春风不度玉门关。

这首诗意境雄浑，悲壮苍凉，描写了河西边塞既雄伟壮阔又荒凉寂寞的景象，同时也抒发了戍边将士思念家乡但又不颓丧消沉的壮志豪情。

唐朝在统一全国后，制定的绥怀弱者、抑制强暴的民族政策，助推了唐政府与周边各少数民族之间的和平交往。此时河西的少数民族位于丝绸之路的门户地带，擅长商业贸易，往来于中原、西域及中亚的商人，常见的有突厥、回鹘、吐谷浑等族人。元稹《估客乐》诗记述："北买党项马，西擒吐蕃鹦。"生动描绘了唐朝商人与吐蕃、党项人做生意的场面，其中的马匹买卖当是最受欢迎的民族贸易。河西地区商贸往来的大宗产品是牛、羊、马等牲畜以及手工业品，虽然促进了民族贸易，但是并不一定符合市场经济发展规律和需要。白居易在《阴山道——疾贪虏也》诗中写道：

> 阴山道，阴山道，纥逻敦肥水泉好。每至戎人送马时，道旁千里无纤草。草尽泉枯马病羸，飞龙但印骨与皮。五十匹缣易一匹，缣去马来无了日。养无所用去非宜，每岁死伤十六七。缣丝不足女工苦，疏织短截充匹数。藕丝蛛网三丈余，回纥诉称无用处。咸安公主号可敦，远为可汗频奏论。元和二年下新敕，内出金帛酬马直。仍诏江淮马价缣，从此不令疏短织。合罗将军呼万岁，捧授金银与缣彩。谁知黠虏启贪心，明年马多来一倍。缣渐好，马渐多。阴山虏，奈尔何。

回鹘卖给唐王朝的马是病马、弱马，并且在价格上规定了一匹马需要五十匹缣换，价高质差。如果只是一次的买卖也就罢了，但回鹘人还要求唐王朝每年买数万匹马，这种不平等贸易让唐王朝财政不堪重负。晚唐时期，回鹘衰败，政治上没有那么强势，双方贸易逐渐恢复了正常的秩序。

凉州地处西北高寒戈壁地带，这里的人民常年饮食酒肉，需要摄入高热量食物。在这里作战，中原将士必须配备酒壶与牛羊肉，以抵御凉州地区相对寒凉的自然环境。王建《从军行》诗中写道："马上悬壶浆，刀头分颊肉。"

岑参曾经两次出塞，途经河西，写下了诸多脍炙人口的诗作，如《凉州馆中与诸判官夜集》：

> 弯弯月出挂城头，城头月出照凉州。
> 凉州七里十万家，胡人半解弹琵琶。
> 琵琶一曲肠堪断，风萧萧兮夜漫漫。
> 河西幕中多故人，故人别来三五春。
> 花门楼前见秋草，岂能贫贱相看老。
> 一生大笑能几回，斗酒相逢须醉倒。

这首诗表现出唐代凉州人口众多，商贸繁盛，同时也反映了河西民众洒脱、豪放的性格和盛唐诗人的乐观狂傲。

岑参第二次路过凉州，看到老人在花门楼前摆摊卖酒的场面，于是写下一首《戏问花门酒家翁》：

> 老人七十仍沽酒，千壶百瓮花门口。
> 道旁榆荚巧似钱，摘来沽酒君肯否？

如果没有战争，处于丝绸之路上的凉州必定是繁荣昌盛的。张籍《凉州词》云："无数铃声遥过碛，应驮白练到安西。"诗人在听到铃声后，想象着骆驼成群结队地驮着白练去安西的场景。

提到河西凉州葡萄酒，王翰的《凉州词》可以说是家喻户晓，其中"葡萄美酒夜光杯，欲饮琵琶马上催"是千古名句。张骞从西域带回葡萄、苜蓿、石榴、胡桃、胡豆等作物，还招聘了许多酿酒艺人。魏文帝时期颁布的《凉州葡萄诏》，立凉州葡萄酒为国酒，自此凉州葡萄酒盛名远播。元稹《西凉伎》一诗中写道：

隋炀帝品酒图像

吾闻昔日西凉州，人烟扑地桑柘稠。

蒲萄酒熟恣行乐，红艳青旗朱粉楼。

可以想象，凉州街头，一群歌女在酒楼上载歌载舞，酒客们饮酒作乐，一派和乐安详的场景。凉州酒也被使臣进贡到中央，史料记载，唐明皇与杨贵妃在宫中一边品尝葡萄美酒，一边欣赏歌舞，喝到尽兴时，杨贵妃步入舞池跳起"霓裳羽衣舞"，唐明皇则亲自击鼓伴奏。

唐诗为中国文化史增添了浓墨重彩的一笔，也使得中国古代诗歌发展到了一个高峰。河西走廊地处边塞防御重要地带，多民族杂居和农牧兼营的地域特色也成就了众多经典唐诗。尤其是凉州文化，极大地丰富了唐诗的题材和内容，著名诗人王之涣、王昌龄、岑参等都曾在这里亲身体验，留下了许多脍炙人口的诗篇，不仅使得唐诗具有雄浑豪迈的边塞异域风格，更是生动直观地呈现出了河西地区壮丽奇特的风土人情。

四、结语

隋唐时期是中国封建王朝的强盛时期，隋唐王朝在与河西地区游牧民族的对抗中总体处于优势，在经历了与吐蕃、突厥等民族的长期抗争后，河西走廊重回中原王朝的怀抱。隋唐政府对河西走廊的经营也颇具成效，裴矩经营西域并招商引资、隋文帝西巡河西召开27国博览会、河西屯垦重振及畜牧业的兴盛，无不彰显出隋唐帝国统治下河西地区的繁荣昌盛。

在政府的支持下，敦煌市场在丝路贸易中占据重要地位，甘州回鹘也迅速崛起，逐渐与周边政权及中央王朝频繁进行贡赐贸易，凉州也取代甘州成为当之无愧的国际贸易集散中心。

唐代的河西地区具备独特的魅力，激发了王昌龄、王之涣、王维、岑参等一大批热血青年的爱国热情与斗志，他们虽未曾都去过河西地区，但普遍对河西地区心向往之，因之留下了诸多脍炙人口的佳作，从而使得唐代的河西平添了许多浪漫和神秘的色彩。

捌 宋元明清时期河西粮仓与西北经略

唐代后期国势衰微,中央对河西地区的控制渐显乏力,日渐强盛的吐蕃乘势侵占河西诸地,河西地区开始了近百年的吐蕃统治时期。隋唐时期的河西地区长期生活着汉、突厥、回鹘、吐谷浑等族群,吐蕃占据河西地区以后,又有诸多族群迁徙至此。面对族类庞杂、数量巨大的诸多族群,吐蕃一方面采取民族迁徙政策,另一方面又对他们分而治之。吐蕃之后的河西地方政权也积极吸收移民并发展生产,在此情况下,各族民众大量涌入河西地区,从而开启了河西地区农牧业发展的新征程。

一、西夏政权对河西地区的统治与经营

唐朝后期,河西地区先后被吐蕃、归义军、甘州回鹘等势力占据,客观上促进了各民族之间的交融。北宋初年,曹氏归义军归宋,河西地区回归中央管辖。之后,随着党项族的兴起,宋朝逐渐失去对河西的统治。在西夏统治期间,各民族集聚河西地区,一方面为农业发展提供了丰富的劳动力,另一方面又发挥传统优势促进了河西地区畜牧业的发展。

(一)唐后期至西夏时期的河西形势

公元846年,吐蕃朗达摩赞普去世,王族因争位而发生内讧,吐蕃疆土被多支政权分割,他们各自为政,不相统属。公元848年,乘吐蕃内乱之际,沙州汉人领袖张议潮率众发动起义,起义军驱逐驻扎在沙州和瓜州的吐蕃节度使,收复二州,随后又率兵攻克兰州、伊州、甘州等地,公元851年张议潮率众以十一州版籍归唐。公元914年,张议潮之孙张承奉死后,沙州富豪曹议金见机起兵,夺取了瓜州和沙州的政

莫高窟第98窟　张议潮供养人像

权，取代张氏，主政河西。

与此同时，回鹘势力在祁连山下兴起，曹氏为保其统治，与回鹘通婚以示和平交往。河西地区经历了吐蕃和多支割据势力的统治，整个社会呈现出民族融合的状态，各民族在此地繁衍生息，一方面延续了自己的信仰与习俗，另一方面又实现了有效的互动交融。

■ 榆林窟第16窟 曹议金供养人像

公元960年，赵匡胤建立北宋。开宝六年（973年），宋朝封曹议金之子曹元忠为推诚奉国保塞功臣、归义军节度使；次年曹元忠去世，又赐"敦煌郡王"封号。曹氏归附中原王朝之时，曹氏归义军政权占据凉州、瓜州等河西重镇，甘州回鹘占据了今张掖、酒泉一带，与此同时，契丹势力也逐渐侵入河西。北宋建立之初，中原与河西地区的联系紧密，甘州回鹘与西域诸国纷纷遣使来朝，表达和平通商的愿望。河西地区遂成为北宋与西域之间沟通的桥梁，西域文化和中原文化交相传入河西地区，从而使得河西地区的文化结构更加丰富多元。

北宋初年，党项族首领李继迁率众反宋，此时北宋陷于与辽国的战争之中，无暇顾及党项族的反叛。李继迁则借助辽宋争斗的有利时机，率领党项诸部迅速崛起。宋真宗咸平五年（1002年），党项占据灵州，截断了北宋通往河西走廊的商道，为西夏建立政权奠定了基础。李继迁去世后，其子李德明继位，继续向西发展，侵占河西地区。但此时的党项势力羽翼尚未丰满，因之与宋朝大体上保持了和平往来，北宋每年赐给党项大量金银、绢、茶等物品，在保安军等地开设榷场，发展民族贸易。

公元1031年，李德明去世，其子李元昊继位。党项族在此期间深受中原汉文化的强烈影响，在政治经济方面逐渐发生了深刻的变化，党项贵族也最终完成了由部落酋长向封建地主的转变。公元1038年，元昊正式称帝，建立"大夏"政权，定都兴庆府（今宁夏银川）。因其地处祖国的西北，故史称"西夏"。西夏建立后，将河西地区的商路完全掌控，这对西夏的发展产生了深远的影响。

（二）西夏统治下的河西民族

西夏统治下的河西地区民族众多，主要有党项、吐蕃、汉、回鹘等。由于吐蕃占领河西地区长达百年，吐蕃民俗也极大地影响到了河西地区的大部分汉人，于是便有了吐蕃化汉族。

公元840年，漠北回鹘汗国灭亡后，回鹘族西迁，其中有一支进入河

西夏国寺

西地区，散处于甘、凉、瓜、沙州等地。历史上的河西地区长期是民族交流融合的重要区域，西戎、月氏、乌孙、匈奴、氐、羌、汉、鲜卑、卢水胡、吐谷浑、吐蕃、回鹘、突厥、粟特、党项、蒙古等族都曾先后在这里生产生活，这使得河西地区对于多民族文化具有较强的包容性。西夏统治者遵循河西地区的历史传统和社会实际情况，将各族民众迁移到这里，对他们实施羁縻统治政策，即在服从党项族统治的大前提下，允许各民族保留自己的组织形态和风俗习惯，开展有限度的民族自治。在这种政策下，西夏将汉文化、吐蕃文化、西域文化及其他文化吸收融合，在河西地区形成了独具特色的西夏文化，在政治制度、文化教育、宗教等领域推行民族平等政策，各民族之间相互促进、相互影响，逐渐在文化模式、生活方式、思想观念等方面确立了对西夏政权及西夏文化的认同。河西地区农业发展基础雄厚，需要的农业人口较多，西夏统治者将各族民众迁徙到这里，不仅有利于缓解各民族之间的矛盾，还满足了河西地区农业发展的劳动力需求。

（三）西夏政权对于河西畜牧业的管理举措

公元1038年，党项族首领李元昊正式称帝，建立"大夏"政权，定都兴庆府（今宁夏银川）。西夏疆域范围大体包括今宁夏、甘肃、青海东北部、内蒙古西部以及陕西北部地区，最强盛时，面积达80万平方千米。西夏境内地形地貌十分复杂，高山、沙漠多，适宜耕种的平原少。河西地区光照充足，水资源丰富，自古以来就是农业发达区，因此也就成为保供西夏生产生活物资的重要地区之一。西夏建立政权前，党项族受中原文化影响开始发展农业生产，但是畜牧业依然是其主导生产生活方式。西夏政权建立后，幅员辽阔，畜牧业的发展不再受地域限制，尤其是占领河西地区后，更是实现了李继迁"西掠吐蕃健马，北收回鹘锐兵，然后长驱南牧"的愿景。瓜州、沙州等地自古以来便是优良的畜牧基地,这里盛产良马,是西夏军马的主要供应地;凉州素有"畜牧甲天下"的美誉,形成了牧养牛、羊、骆驼等的悠久传统;甘州也是"水草丰美,畜牧孳息"之地,畜牧业发展基础良好。

1. 西夏马政

西夏的牲畜品种十分丰富,主要有马、牛、羊、骆驼、驴、骡子等。西夏政府设有群牧司,是专门管理畜牧业的机构,下设属官六正、六承旨、六都案、十四案头等,比同等级的农田司多设了二正、二承旨、二都案、二案头,其规模之大可见一斑。

西夏群牧司主管事务中以养马业最为重要,并且形成了一套完整且严密的马政系统,通过专门的法律法规制度对其予以相应保障。群牧司中专门设置了马院,用以管理官马,下设三承旨、二都案、四案头。西夏骑兵以"铁鹞子"最为著名,骑兵身穿重甲,以良马为坐骑,使用钩索铰链作为兵器,就算被敌人射杀于马上,也不会轻易摔下马。西夏军队中的马匹战略资源充足,只要是正军,皆配有马匹。而北宋政府虽然高价买马、四处括马,但是依然满足不了军事战争发展的基本需求,这与宋、夏在马政发展方面形成了鲜明对比。

2. 登记、检校

登记、检校也是西夏马匹管理中的一项重要制度。西夏牲畜采用传统的烙印来进行登记注册,规定烙印须烙在牲畜的耳朵上。烙印文一般分为西夏文"𭂴"(检)或"𭂵"(千)字。私人马匹也需要进行登记,黑水城文献中的西夏文户籍手实中记载:"畜三马中,一公马有二齿,一母马骡四齿,一幼马;骆驼三十二,大二十六,小六。"该手实清晰地记载了该户家庭所拥有的马匹详细信息。

西夏对马匹的检校主要有两种方式：一种是平时检校，具体由盈能负责；另一种是定期的大校，由中央相关部门派出专门人员办理。盈能是由邻近的二百户至二百五十户牧首领中推选出的能胜任检校的官畜者，他首先要对马匹每年繁殖的马驹按畜册上规定的数目印上号码。另外，对于因死亡而应赔偿的，或马驹数量不足的，均要催促牧人赔偿并置号印。大校是中央牵头的每年定期进行的大规模检校工作，检校的工作由大校、案头、司隶、行杖、检视和童仆各一人完成，并且国家为这些人提供口粮和驾乘马匹所需的饲料。大校者出发时要从三司领铜质官印一枚，检校进行时如果人手不够，还可以从管理放牧的官员子弟中抽取一定数量人员来协助，但抽调人数通常不超过15人。

西夏政府对于检校的胜任者和违规者皆有奖励与处罚规定以及相应措施。西夏仁宗天盛年间，参照唐宋律书，结合西夏自身情况，用西夏文撰写了一部政治制度和法令专书，史称《天盛改旧新定律令》，简称《天盛

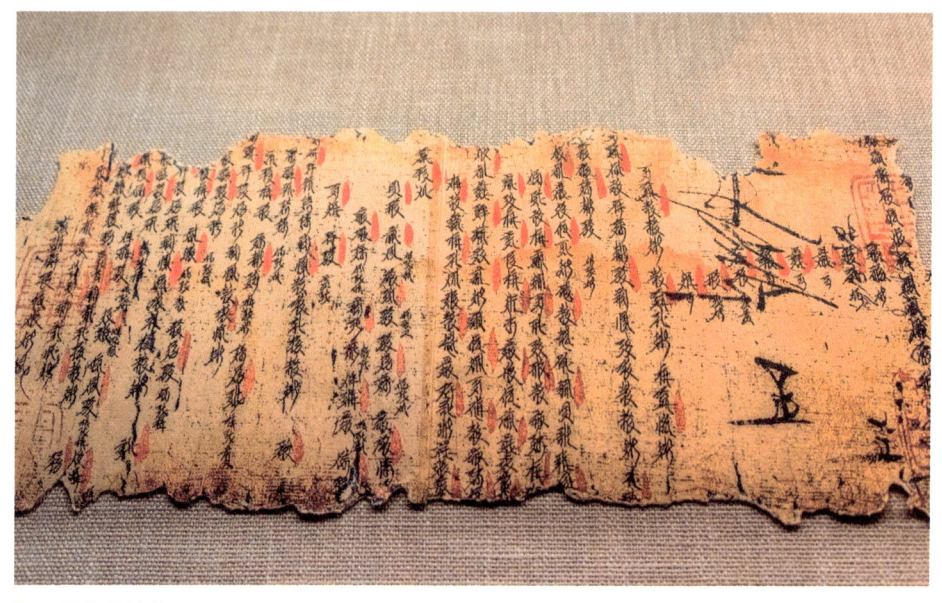

▌西夏文军籍簿

律令》。其中规定：对于胜任检校工作一年者，应该赏赐绢、茶、绫等；胜任两年者，可在此前职级的基础上加任一级；此后又胜任，则每年再加任一级。马匹在正常损耗外有损失的，则应催促牧人偿还损失，牧人若无力偿还，则负责官员按照官阶逐层向上补还损失。

3. 喂养、繁殖与宰杀

西夏畜牧业既有"逐水草而居"的游牧生产方式，也有设厩喂养的方式，还有放牧与喂养相结合的饲养方式。牧场有明确的官私之分，不许相混。《天盛律令》中的牧场专指放牧官畜的牧地，属群牧司管辖，由大小牧监管理，不准私人放牧，更不准开垦耕种。

牲畜的喂养也有严格要求，若因减少饲料供应而使牲畜羸弱，饲养者也会受到相应处罚。对于马匹养殖还有特别规定：官牧场饲养的马匹不能减少其草量，如若违规，其罪责比偷盗罪更加严重；即使未减食草，但在检校过程中发现因工作失误而使马匹羸瘦，则要根据马匹瘦弱程度对饲养者施以不同程度的责罚，少则杖刑，多则罚一年劳役。

牧草是牲畜的主要食物，西夏有刈割、储存牧草的习惯，以备缺草时喂养牲畜。牧草的重要来源是政府向农民征收草料，这一措施的执行使得马匹在冬春季节的食草有了切实的保障。不仅政府征收储存草料，个体家庭也储存畜草，草捆的多少是衡量家庭财产的一项重要指标。

牲畜繁殖是畜牧业的重要问题，这在一些西夏文献中有所记述。《圣立义海》是一部以西夏文撰写的百科全书式大辞典，类似于汉文文献中的类书，系统记载了西夏自然地理环境、社会制度、风土人情等方面的情况，其中"八月之名义"下"依时鸣配"条中就有对牲畜配种时间的记述。

西夏盛产牲畜，鉴于大型牲畜在农耕和军事上的重要作用，政府也对屠宰牲畜作了严格的控制。《天盛律令》卷二《盗杀牛马驼门》规定，盗、

■ 西夏石马（馆藏信息：宁夏博物馆）

杀自己或他人的牛、马、驴、骡、骆驼，会根据盗、杀牲畜的种类、数量、罪情等予以重罚。其中规定，即使杀了自家牛、马、骆驼，不论大小，杀一头就要处以四年徒刑，杀两头处以五年徒刑；如果牲畜因自己坠谷、患病而死，也需要及时禀告官府，若未经上报获批就擅自宰杀牲畜，有官职者罚马一匹，庶人要杖责十三；出葬时用作陪丧的牲畜，待丧礼结束后需要退回，不得宰杀。

　　河西地区水草丰茂，加之西夏对畜牧业的管理制度颇为完善，西夏畜牧业发展态势一片大好。公元1040年，元昊指挥西夏军队与北宋政府交战两次，一年之内损失马、牛、骆驼数各以万计；皇祐三年（1051年）三月，辽兴宗三路伐夏，"北路兵至西凉府，获羊百万，骆驼二十万，牛五百"。公元1098年，宋将折可适在擒获西夏六路都统军嵬名阿埋和监军妹勒都逋的战斗中,"获牛、羊,不啻十万"。宋军在征讨反叛的党项部落时,虏获的马、牛、羊数目更是令人叹为观止。成吉思汗率军攻伐西夏时,曾命孛鲁攻克银州,获取马、牛、羊、骆驼等牲畜数量达数十万头之多。西夏每年向宋输出的马、牛、羊、骆驼等牲畜数量也极为庞大。庆历六年(1046年)以后的很长一段历史时期,北宋政府每年仅在保安军、镇戎军两个榷场就从西夏购入马四千匹、羊两万只。从以上数据可以看出,西夏畜牧业发展基础非常雄厚。西夏畜牧业的发达也带动了相应产业的发展,比如西夏的羊马毡毯业就十分兴盛,颇受中原和西域民众的喜爱。

(四)西夏时期河西农牧业比重的转变

1. 农业生产

党项族在迁入河西地区之前不以农事为业,《隋书》记载,党项人"牧养牦牛、羊、猪以供食,不知稼穑"。唐末,政府下令给夏州、银州一带的党项人空闲田地,党项族自此开始了农业生产生活。西夏建立政权后,社会政治、经济逐渐稳定,加之占据了河西地区等适宜耕种的肥沃土地,农业也逐渐步入正轨。

西夏特殊的地理位置和多民族杂居态势,促进了西夏境内农业的发展,粮食作物种类日益多样化,基本可以满足西夏人民的生活需求。西夏汉文版《杂字》中记载的粮食作物有粳米、糯米、秫(shú)米、黍米、大麦、小麦、小米、青稞、赤谷、赤豆、豌豆、绿豆、大豆、小豆、豇豆、荜(bì)豆、红豆、荞麦、稗子、黍稷、麻子、黄麻、稻谷、黄谷等。《宋史·夏国传》记载:"其地饶五谷,尤宜稻麦。甘、凉之间,则以诸河为溉……岁无旱涝之虞。"这段记述便是西夏地区农业发展情况的真实写照。

西夏党项族农业发展起点虽然比较低,但是西夏统治区域内的河西地区却有着良好的农业发展基础,水利设施相对完善,农田开垦数量较多,农业生产工具比较齐全,生产方式比较先进,生产经验也比较丰富。《西夏书事》记载:"耕稼之事,略与汉同。"

西夏的农业生产工具较为丰富,仅在西夏文、汉文双解通俗语汇集《番汉合时掌中珠》中记载的农具就有碡碌(zhóu lù)、簸箕、扫帚、刻叉、子耧、芭罢、镰锄、镶杴(xiān)、锹、犁铧等。西夏汉文版《杂字》中的"农田部第六"部分记录的农具有犁耧、罢磨(磨)、桔槔、铁铧、碡碌、笘帚、扫帚、锹镢、把杈、蒡箕、栲栳(kǎo lǎo)、碓磑(duì wèi)、飏(yáng)职、镰刀等。西夏帝陵中曾发现巨大的鎏金铜牛,安西榆林窟第3窟是西夏窟,壁画千手千眼观音图中有二牛抬杠式犁耕图,所用的直辕犁就是当时所用的农具,充分说明西夏时期瓜州、沙州一带的农业生产工具较为先进。

西夏政府为了发展农业生产,对水利设施的修建和维护非常重视,从主干渠到供水细渠,都有较为完备的系统,并且在法律规范中也予以详细

▎鎏金铜卧牛

规定。《天盛律令》中"催租罪功门""春开渠事门""养草监水门""纳冬草条门""渠水门""桥道门"等很多条目都涉及灌溉和渠道管理。每年春天,政府制订修渠计划,派专人主管,使用水渠的农民要承担每年修建、维护水渠的义务。

虽然西夏政府对农业、畜牧业等产业的发展都进行了系统的管理,但其农牧业发展仍然存在一定程度的局限性。首先,西夏部族社会传统浓厚,自身社会形态发展阶段落后于中原地区,因而其社会生产力的发展水平较之中原地区也相对落后,致使西夏与宋、辽、金等政权的经济发展水平还是存在很大差距。其次,继安史之乱后,河西地区又经历了较长时间的战乱,人口逃亡现象严重,致使土地荒芜,生产力水平下降,原本发达的河西经济一度出现了停滞甚至倒退现象。再次,西夏对河西地区的长期超负荷开发使得生态环境遭到破坏,各种自然灾害频繁发生,造成了社会经济凋敝。据记载,西夏崇宗贞观十年(1110年)九月,瓜、沙、肃三州发生

榆林窟第3窟　主室东壁　牛耕图

饥荒，"水草乏绝，赤地数百里，牛羊无所食，蕃民流亡者甚众"。西夏仁宗乾祐七年（1176年）七月，河西地区发生旱灾，蝗灾也接踵而至。这些发生在西夏时期河西地区的自然灾害，给当地的农牧业的发展造成了严重的损害。在此情况下，西夏政府只能采取与宋、辽、金进行贸易的方式来弥补统治区内生产生活物资的不足。

2. 互市贸易

西夏在经济上以畜牧业为主，多养殖牛、羊、马、骆驼，以乳酪、牛羊肉为主食。游牧民族的饮食习惯使得具有解油腻、清肠胃功效的茶叶在西夏具有巨大的市场。北宋时期的游牧民族或许对茶叶的功效以及茶叶对人体的有益影响暂未形成科学认知，但通过实践已经清楚认识到茶叶对于饮食生活的重要性。然而，由于西夏统治区域内无法种植茶树，这就使得官营和走私茶马贸易在西夏与宋、辽、金各国之间迅速发展。

西夏长期处于当时各支政权势力的中心位置，北邻蒙古，东接金国，西有西辽和吐蕃诸部。北宋灭亡后，金国入主中原，西夏与南宋之间的直接联系被金国截断，所以宋金之间的贸易往来日益占据当时贸易的主导地位，贸易形式以传统的贡使贸易和榷场贸易为主，其中又以榷场贸易规模最大。

二、作为元朝后花园的河西地区

公元1204年，蒙古乞颜部首领铁木真统一了蒙古诸部，随后于公元1206年在斡难河上游召开"库里台"大会，即大汗位，号成吉思汗，建立了大蒙古政权。建立政权后，成吉思汗立即着手进行政治、军事、经济等方面的整顿，初步完成了体制建设。随后成吉思汗开始向蒙古高原以外的地区扩展，开展了一系列军事征伐行动。

成吉思汗攻取河西地区，是在征服西夏的过程中实现的。从公元1205年至公元1227年的二十三年间，成吉思汗率领的蒙古大军曾经六次征讨西夏，多数情况下都是经由瓜州、沙州、黑水城等地进攻西夏，然后逐步控制河西地区，最终攻灭西夏政权。由此可见，河西地区是成吉思汗攻伐西夏的一条重要军事通道，具有极其重要的军事战略地位。

（一）河西军政的发展

成吉思汗征服西夏后，按照惯例派遣亲近的大臣担任镇守官，对昔日西夏统治区域进行军事管制。按照蒙古族传统的领户分封制，成吉思汗在攻破沙州之后，将该城的土地和人民赐给了宗王拔都，沙州相当于拔都的封地。达鲁花赤是代表成吉思汗的军政、民政和司法官员，掌握各级地方的最高行政和军事实权，肃州成为成吉思汗派驻的达鲁花赤区。成吉思汗将山丹州（今张掖市山丹县）分封给宗王阿只吉，并命部将按竺迩镇守河西，设将军府于山丹州，从沙州至兰州沿途设置驿站，以通军情。元太宗窝阔台即位后，仍命部将继续向西拓展，自敦煌设置驿站通西域，开拓河西驿路交通。成吉思汗及其继任者对河西地区所作的这些军政部署，使统治者能够更好地了解河西地区的政治、经济和社会生活情况，便于河西民众在新政权的统治之下能够继续正常生产生活，从而为新政权缴纳赋税和承担徭役。

蒙古统治者对河西的经营，主要体现在成吉思汗统治时期军事上的征服、窝阔台统治时期政治上的诸王分封，以及贵由汗和蒙哥汗统治时期河西诸王势力的转换。

在初步实现了河西地区社会稳定的情况下，元政府先后设置了西夏中兴行省和甘肃行省交互管辖河西事务。随后经过反复调整，最终确定甘肃行省为管辖河西地区的最高地方行政机构。行省之下设统军万户或都元帅府，掌管镇戍军队和屯田事务。在地方设置管理军事的行枢密院，简称行院，设置行枢密院通常是为了便于对地方进行征伐或镇抚。元政府在远离行省中心的地区或少数民族聚居地区设立了宣慰司，用于对多民族区域进行管理，河西地区的部分地方亦归宣慰司管辖。

（二）河西水利开发与屯田演进

蒙古统治者对河西地区农牧业发展的优越条件较为熟悉，在占据河西后，大力支持当地的农牧业生产发展，其中一项重要举措便是在河西地区积极推行寓兵于农的屯田制度。

元朝政府专门成立了屯田机构，对西北屯田实行制度化管理。元代西北军屯的管理机构可概括为：中书省—行省—万户府—千户所—屯户，民屯管理机构为：中书省—行省—总管府—提领所—屯户。元朝政府通过严格规范的管理制度，使得屯田措施取得了显著成效。

元朝初年，河西地区寄寓了为数不少的僧人，他们广占良田却不纳税。针对这一情况，忽必烈下令将僧侣所占的部分良田分割出来用作屯田，这促使政府屯田数量在短期内得以迅速扩充。据《元史·世祖纪》记载可知，至元年间（1264—1294年），河西地区的屯田面积广、数量大，主要集中在甘州、凉州、沙州等地。元代河西地区的屯田效果十分显著，不仅有效解决了西北屯驻大军的粮饷供应问题，而且也为当地居民和过往商旅提供了必要的储备粮。为了更好地发展河西地区农业生产，元朝政府除了利用天然水资源以外，还特别注重兴修水利。至元元年（1264年），董文用出任西夏中兴等路行省郎中，曾大力兴修水利，垦荒中兴、西凉、甘、肃、瓜、沙等州。刘恩在甘州城东鸭子翅屯田，为了发展生产，专门开凿了鸭子渠。

元朝时期河西地区盛产药材,元政府每年都要派人去采摘,较为著名的有枸杞、大黄等。甘州枸杞自唐代以来便久负盛名,宣木瓜、甘枸杞、川杜仲、藏红花被誉为中国四大名贵中药材。

枸杞

大黄

《饮膳正要》中记载,用甘州枸杞酿制的"枸杞酒",可"补虚弱,长肌肉,益精气,去冷风,壮阳道"。可见元代对于甘州枸杞及其副产品的利用十分重视。

《重修肃州新志·肃州·物产》中记载了一种水果:"杏,有苦、甜二味,曰把丹杏者,形大而扁;曰胭脂杏者,色鲜而红。又有曰羊屎杏,又云把丹杏,核仁甘美,元人用为贡。"把丹杏又写作"巴丹杏""八丹杏",又名扁桃,其果肉干涩不可食,但果仁香甜适口、别有风味。人们待果实

巴丹杏(又名扁桃)

巴旦木

成熟后摘收,除去果肉及核壳,取种仁,晒干,便是上佳的食品,其种仁就是当今流行的巴旦木。元代作为贡物的河西巴旦杏,应是从西域传入的,可算作宋元时期东西方文化交流的产物。

(三)法理严明的畜牧业

蒙古人的传统生活习俗以游牧和狩猎为主,习惯"宰羊为粮";而河西境内又有为数众多的以牛羊肉为主食的民族。为了满足分封宗王以及河西当地居民社会生活的需求,元朝政府大力保护河西地区畜牧业的发展。羊、马等牲畜成为元朝重要的军用物资,其数量多寡是国家军事和经济力量强弱的直接体现。

元朝疆域辽阔,仅畜牧业发展区域"东越耽罗,北逾火里秃麻,西至甘肃,南暨云南等地,凡一十四处……周回万里,无非牧地",甘肃是其中非常重要的畜牧业发展基地。同西夏类似,养马业在元代的畜牧业中地位也较为突出,甘州作为重要的草场,对于元朝马政发展意义重大。元代为保护河西地区的畜牧业,除了推行严格的管理制度以外,还特别注重通过法律法规来加强规范。

在政府的保护下,河西地区畜牧业的发展长盛不衰,马匹数量尤为可观,为元朝的军事行动提供了充足保障。《元史·兵志》马政条记载:"西北马多天下,秦、汉而下,载籍盖可考已。元起朔方,俗善骑射,因以弓马之利取天下,古或未之有。盖其沙漠万里,牧养蕃息,太仆之马,殆不可以数计,亦一代之盛哉。"到元末明初,河西地区的畜牧业仍有一定的规模,当地饲养的牲畜数量依然庞大,畜牧业在社会生活中仍旧占有重要地位。明初朱元璋用兵西北,当地许多官员、富户等纷纷向明军进献马匹,《明实录》对此多有记载,足可见元代河西地区畜牧业的发达程度。

三、明朝对河西的治理

元朝中后期,统治集团内部争权夺利,朝政混乱,政治腐败,社会发展缓慢,民族矛盾与阶级矛盾日益加剧,终于导致元末大规模农民起义爆发。

公元1368年,朱元璋在应天府称帝,国号"大明",年号洪武,定都南京;同年攻占元朝都城大都,结束了元朝的统治,蒙古统治者率领残部退居漠北。明朝政府充分认识到河西地区战略地位的重要性,为了有效防御元朝残余势力对西北边疆的侵扰,特别在河西地区设置了陕西行都指挥使司,是为明朝五个行都指挥使司之一,用于统治河西地区诸卫所。甘州不仅是陕西行都指挥使司置所地,还是甘肃镇总兵、分巡西宁道、甘肃行太仆寺的驻节地,一度也是肃王朱楧的就藩地。

(一)卫所制下的拓荒垦田

明代河西地区在国家防御体系中的重要性并未减弱,为了保持河西地区驻防军队的战斗力,明朝依然在这里驻扎着数以万计的军队。明朝以军粮、军马的供应为中心,在河西地区形成了极为复杂的军需供给体系,对河西地区社会经济的发展产生了重要影响。明朝继承前代经验,对于河西地区的农业管理仍然以屯田为主,为了屯田发展的需要,政府组织大量汉人涌入河西地区。自西夏到元朝时期,河西地区长期为少数民族所统治,明朝组织大量汉人进入河西地区,不仅改变了该地区的民族结构,而且对当地的社会风俗产生了较大影响。

明朝移民屯田的举措对于饱受元末明初战争破坏的河西地区来说,犹如注射了一针强心剂,经济恢复效果十分显著。通过一系列有效举措的长期实施，河西地区的大量荒地重新获得了垦辟，可耕地的数量大幅度增长，与洪武末年相较，万历年间的耕地数量增长了近三倍。此数据中还不包括大量被权贵隐匿的耕地和"永不起科"的新垦荒地。值得一提的是，在大面积开垦荒地的过程中，明朝政府也关注到了河西地区生态环境的保护，并且执行了一些行之有效的举措。万历末年，镇番卫倡议在学生员积极植树，并且制定了每人每年的栽种树木指标，政府根据成活率高低予以相应等级的奖赏。如果有人盗窃种植的树木，还会被施以重罚。万历三十一年（1603年），三岔河岸边的柳树被人盗掘，经调查后发现是农民何毓芹与其侄何所信所为，何毓芹被杖责四十，何所信被杖责三十，各罚银二两五分，责令限期交付，倘若延期，则会加重处罚力度。通过推行这种赏罚分明的制度，在一定程度上促进了河西地区生态环境的恢复和保护。

河西地区素有"无河渠则无河西"的说法，为了保证河西农业生产的正常开展，明朝政府也进行了大量的沟渠建设。据《重刊甘镇志》记载，明代甘州五卫修建的水利设施超过了70处，仅山丹卫和高台守御千户所就分别修建了15处和21处水利设施。肃州卫城南有洞子坝，又分为东洞子和西洞子。乡人谚曰"有人修起西洞子，狗也不吃鼓刺子"，生动地描绘了当时粮食充足的景象。此外，曹斌还主持修建了黄草坝、沙子坝。众多水利设施的修建对于发展河西地区农业生产和改善民众生活水平发挥了重要作用。先进的水资源利用工具是明代水利事业发展的主要推动力，河西地区的水利设施主要有水车和水磨。水车和水磨均属水动力工具，前者属于生产工具，后者属于加工工具，二者的存在与发展都必须依靠良好的水力条件。水力依据形成条件大体可分为两种类型：一是天然的地势落差造就的丰富水力；二是在地势较为平缓的地区，人为修筑堰坝抬高水位，形成落差进而产生水力。明代河西地区充分利用水利资源条件，极大地提高了劳动生产率。

（二）恢复生机的农牧业

明代河西地区农作物种植类型丰富，有大麦、小麦、黍、粟、稷、谷、玉米、水稻、荞麦、燕麦、青稞、棉花等，豆类主要包括豌豆、扁豆、蚕豆、绿豆等。

稷又称糜，其品种有红、黑、白三种。稷喜光照、耐热、耐旱、不耐霜、不耐湿涝，一般在旱地播种。稷的生长周期短，根系发达且生长迅速，具有较好的养分吸收能力，少量施肥就能显著增产，因此适宜在较为干旱的河西地区耕种。谷与稷外表类似，大体可分为红谷和白谷。

水稻作为重要的粮食作物，对种植地区的温度与湿度有较高的要求，河西地区虽然气候干旱，雨量不足，但在甘州、高台、镇番、镇夷、肃州、凉州等水利灌溉条件比较便利的地区，均有零星种植。直到今日，张掖乌江镇出产的稻米仍然以个大粒长、颗粒饱满、品质优良而远近闻名。

玉米原产于美洲，万历年间，开始在肃州种植，清代乾隆年间以后开始在全国大规模推广种植。

青稞有紫色和白色两种，耐寒性强，生长期短，高产早熟，适应环境能力强，是青藏高原民众食用和酿酒的主要原料。

玉米

青稞

元末明初的战争不仅严重影响了农业的发展,对畜牧业的破坏也十分严重。明初河西地区战马缺乏,竟然一度需要从遥远的河南调拨,河西地区畜牧业的萧条于此可见一斑。为满足西北军马供应需求,明朝政府在河西地区大力发展畜牧业,特别设立了官办监苑系统。《明史》记载:"上苑牧马万匹,中苑七千匹,下苑四千匹。"除了官办畜牧业外,卫所军民之家经营畜牧业的情况也很普遍,明代中晚期的河西畜牧业逐渐得以恢复和发展。

明代中后期,明、蒙古之间时常发生军事冲突,蒙古军队在河西地区屡次获得数万马、骡、牛、羊作为战利品,这从侧面反映了河西地区畜牧业的发达程度。除此之外,明代河西地区北部的镇番卫的养驼业也十分兴盛。镇番卫地处荒漠半荒漠地区,在广袤的戈壁滩中生长着大量的骆驼刺等牧草,它们非常有利于骆驼的繁衍生息。骆驼耐饥渴,擅长

赛驼风俗

在沙漠中行走，对于干旱地区的农业、交通运输业发展作用突出。永乐十一年（1413年），镇番卫制定了《养驼例》，规定一个人养一峰以上的骆驼，按照规定给予奖励；五个人养五峰以上骆驼的，征粮全部免除；五个人养两峰骆驼的，地亩征粮减半。在《养驼例》的指导和鼓励下，镇番卫的养驼业获得了迅速发展。永乐十四年（1416年），镇番卫发生倒春寒，骆驼养殖受到重创，不足一月死亡数量高达一千四百余峰，足见镇番卫养驼业的规模之大。随着养驼业的发展，镇番卫更是出现了独具特色的赛驼风俗。

（三）再度繁荣的商品经济

驻扎军队的需求不仅促进了农业和畜牧业生产，也刺激了河西地区商品经济的发展。永乐年间，河西地区就有"土军多私出外境市马"及军民裁制衣服与回族人易马的情况。宣德年间，河西当地还出现了一批从事税粮运输服务的中间商。受高额利润的诱惑，晋商和徽商也在明代中晚期将业务发展到了河西地区，他们除了从事军需用品供应以外，还将民众日常所需的棉布、食盐、丝绸等物资纳入河西地区商贸经营范围之中。

来自河西周边地区以及寓居在河西地区的少数民族商人也积极投身于河西地区商品贸易之中，他们主要从事贩卖马匹、军粮供应等商贸活动，有些西域商人还将葡萄、瓜干等西域特产贩卖至河西地区。《肃镇华夷志》对明代酒泉地区的社会商品经济发展情况有以下一段论述：

> 肃州之地，远僻遐荒，舟楫少通，而番夷交集，宜若无所贸
> 易。然各省商旅，咸藏于此，西无所往，东无所阻，市之鬻贩不

拘时，黎明交易，日暮咸休，市法平价，众庶群集。以此极边之地，而有如此之富庶。

以上这段材料描述了明代肃州商贸繁荣的景象，如上文所述："肃州之地，远僻遐荒"，然而"各省商旅，咸藏于此"，市场贸易从早到晚都很繁盛。肃州尚且如此，想来河西其他地区的商贸活动也毫不逊色。

四、清朝重振河西地区

（一）明末清初备受战火摧残的河西地区

明朝收复河西地区后，建立了关西七卫（即安定、阿端、曲先、罕东、沙州、赤斤蒙古、哈密等七卫，后沙州卫内迁，在其故地又设罕东左卫），其性质类似于流动边防哨所。明朝末年边防松弛，关西七卫逐渐东迁，明朝政府在河西地区分置了甘肃巡抚，置所设在甘州。明亡之后，李自成所属起义军将领贺锦率军西征，占领了河西走廊，旋即被清军击败。清顺治二年（1645年），清军进入河西走廊，"郡、县、卫、所，望风归附"。此后不久，清王朝取得了对河西走廊的完全控制权，并在河西地区设立凉州府和甘州府，肃州和安西两个直隶州，下设县、厅，并派兵进驻。安西州的治所在今甘肃省酒泉市瓜州县，明朝末年政府退守嘉峪关，对嘉峪关以西的沙州卫、安定卫等地弃而不治，直到康熙时期才将嘉峪关以西的瓜、沙等地重新纳入中原王朝的统治版图。

尽管清朝实现了全国的统一，但河西地区的生产发展情况仍然不容乐观。河西地区自古以来就是一个民族杂居的区域，长期以来的主旋律就是民族交往交流交融，然而清朝统治者为了更有效地统治河西地区，曾经残酷镇压居住在河西地区的汉、蒙古、回、藏等各族人民的反抗运动，使得河西地区民不聊生。直到康熙晚期，准噶尔回部叛乱被平息，肃北蒙古族入侵被击退，河西社会秩序才渐趋稳定，河西地区的生产生活也逐渐步入正轨。

（二）清代河西地区农牧业的回暖

通过移民屯田发展农业，借以加强河西地区边疆稳定的政策为历代统治者所青睐，清朝统治者也不例外。顺治元年（1644年），清政府规定：各处逃亡人民，不论原籍何处，都要广加招徕，编入保甲。同时，将无主荒地拨与民户耕种，官府给予印信执照，将其批准为永久产业。对于这些田地，政府前期不予征税，待耕垦至六年后，方由巡抚、布政使等官员亲自勘察核实成熟亩数，奏请朝廷批准，然后才能征收钱粮。清初在河西地区推行屯田垦荒政策，主要分为国营和民营两种形式。相较于政府大力组织的国营屯田，民营农业发展相对缓慢，个体农民的耕种积极性不高，许多地方的田地处于荒芜状态。康熙末年，清政府的农业政策由此前的横征暴敛改为减免赋税、赈济灾荒等，农民的负担得以减轻，劳动人口逐渐增加，田赋数额也逐渐上升，民众的生产生活逐渐恢复正常。

清朝前期河西地区农业生产的恢复和发展，还体现在农作物种类的繁多。据文献记载，清代河西的农作物品种有几十种，其中粮食作物主要有大麦、小麦、荞麦、糜、谷、青稞、高粱、玉米、蚕豆、豌豆、黄豆、脑核豆、扁豆、豇豆、绿豆、水稻、洋芋等；经济作物有棉花、胡麻、菜籽、芝麻、甜茶、大麻、烟草等；蔬菜类主要有葱、韭、蒜、白菜、莲花菜、菠菜、萝卜、茄莲、芹菜、茄子、辣椒、苜蓿、南瓜、黄瓜、番瓜、莴苣等；瓜果类有西瓜、甜瓜、石榴、哈密瓜、桃、杏、苹果、梨、楸子、红枣、沙枣、葡萄、桑葚、李子、樱桃、墨梨、山楂等。

《甘州府志》卷六《食货·物产》对清代河西地区的农作物有所记述，

桑椹

冬柰（俗名"楸子"）

其中对瓜果中的楸子有这样的记载："冬柰，俗名楸子，色赤，味甘酸。"甘州冬柰在元代被列为甘肃行省的贡品，实际上就是这种赤色楸子的加工品，应为一种果脯，该果脯制作精细，保存期较长。在河西史志中，柰还被称作林檎、花红。柰分为青、白、赤三种，武威、张掖有白柰，酒泉有赤柰。

哈密瓜

《肃州新志·地理·物产》记载："《汉书·地理志》云：敦煌，古瓜州地，出美瓜。狐入其中，不露首尾。"康熙年徙吐鲁番回族于哈密，雍正年又徙鲁谷庆回族于瓜州，皆种佳瓜入贡，总称哈密瓜。如今，河西地区的哈密瓜仍然畅销全国。

较之前代，清代农具发展缓慢，甚至有学者认为其没有发展。清代河西走廊的农具大致包括刨锄、木犁、铁铧、箩、筛、簸箕、镰刀、水桶、柳斗、旱磨、石碌、木碌、绳索等物。

清朝河西走廊农业生产条件较差，许多地方土地沙漠化程度严重，土壤肥力有所下降，土地的休耕与换茬现象较为普遍，尽管农民辛苦劳作，却仍免不了受饥寒之苦。

清代前期在西北地区的主要政治军事活动是平定准噶尔叛乱，为了满足转输军需物资、传递军情文报的需要以便最终取得战争胜利，中央王朝在河西地区大力发展牧马业。在这样特殊的时代背景下，河西地区官营牧马业逐渐发展壮大。乾隆元年（1736年），在甘州提标和凉州、肃州、西宁三镇标各设马厂一处。由于马厂皆在水草丰美之地，同时又都是历代牧养马匹的好地方，加之孳生分牧，措施得当，管理有方，至道光年间，马匹繁殖至两万匹。光绪十八年（1892年），陕甘总督杨昌浚上奏朝廷，希望广泛推广河西地区马厂的培育经验。由此可见，清代河西地区马政成熟完善，畜牧业发展成效显著。

无论是农业还是畜牧业，其发展都离不开水利设施的完善。清朝前期，河西民众在原有水利条件基础之上，大力兴修水利设施，完善用水条例。河西地区的武威、庄浪、古浪、永昌、民勤、张掖、民乐、山丹、临泽、酒泉、高台、安西等地都兴修了很多干渠，干渠套支渠，支渠套毛渠，逐渐形成一套发达的灌溉系统。清代河西地方政府特别重视水利管理，各级政府官员都负有兴修和管理水利的责任。在屯垦地集中的地方，设有"州同""县丞"之类佐治官员，"专司水利"；在这些官员下面，有农官、渠正（长）、管水乡老（水老、水利乡老、水利老人）、水利把总等吏目，专管具体事务。当然，作为农村基层行政组织头目的乡约、总甲、牌头等也都负有水利管理的任务。清代的水利管理主要有以下几个特点：水法严明、水规具体、按粮出夫、不得优免、奖惩有据，这些水利管理措施和规定为清代河西地区农牧业的发展提供了有力保障。

五、神秘的黑水城

不管是在当地口耳相传的故事中,还是在影视剧的演绎中,黑水城始终给人一种神秘感。那么,现实中的黑水城到底是什么样的呢?下面就让我们对其历史脉络和文化内涵作一解读。

黑水城是西夏政权建立的军事重镇,黑水城遗址位于今内蒙古自治区额济纳旗达来呼布镇东南方向25千米处,这里属于广义上的河西地区。元代以前,黑水河流经此地,最终形成内陆湖"居延海",黑水城因此得名。西夏统治者曾在此设黑水镇燕军司,统管河西地区的边防要塞和农牧业生产。鉴于黑水城的重要战略地位,元世祖忽必烈在西夏黑水城基础上对其予以扩建,并在此地设立亦集乃路总管府,用于管辖居延地区及西宁、山丹两州。

▌黑水城遗址一角

黑水城修建之初的主要职能是军事防御，待到夏、元繁盛时期，其在经济、文化等方面的作用与影响亦是举足轻重。通过黑水城遗址出土的大量军用文书、钱粮文书、书籍及艺术品等材料可知，夏、元时期的黑水城已经是当时西北地区一座集人员往来、物资集散和文化交流于一体的综合性城镇，是一处多民族和多元文化的汇聚、融合之地。

（一）黑水城的地理位置

西夏时期，黑水城既是通往漠北的必经之路，也是防御辽国和蒙古国军队南下的边防军事重镇。黑水城的地理位置决定了其在四方人员流动、经贸往来和文化传播等方面会产生巨大的影响。

从西夏都城兴庆府可以直通黑水城，其大致线路为：兴庆府—贺兰山—麦阿罗磨—井阿罗磨祖—阿罗磨娘—鄸麻龙瓦—碧罗山—黑水镇燕军司。元帝国统治疆域辽阔，在全国设置了以驿站为基础的交通体系，驿站以大都为中心，向四方辖区广泛延伸。其中，纳怜驿是设置在甘肃行省用以"专备军情急务"的北方诸站之一，是元大都通向岭北和林的重要中转站。亦集乃路总管府所在的黑水城正是位于纳怜驿上的枢纽城市，其与蒙古肇兴之地和林、河西走廊诸州、察合台汗国、东胜州、大都等地区道路相通，元代黑水城真可谓是四通八达。

（二）居延绿洲中的重要粮仓

1. 农产品的中转站

位于居延绿洲的黑水城，水热条件都适合农业种植，其农作物种类与夏、元时期的河西走廊具有相似性。但是，此地受自然环境影响较大，旱灾、蝗灾、雪灾等自然灾害频繁发生，导致当地军民生活时常处于青黄不

黑水城复原图

接的状态。既然依靠本地的农业生产难以满足实际生活需求，那就不得不从其他地方输入必需的粮食物资。

元朝时期，黑水城作为东西往来和南北交通的中转站作用更为突出。西夏时期就从宁夏运粮至黑水城，黑水城出土文书中的《元大德十一年至至大四年黑水城屯戍支用官粮册》和《军用钱粮文书残件》两件文书都反映了亦集乃路的主要粮食来源地是宁夏地区。除了宁夏以外，甘州和河东地区也是向亦集乃路运粮的主要地区。《大德四年军用钱粮文卷》中记载元大德四年（1300年）负责平定海都之乱的术伯大军行经亦集乃路，甘肃行省下达命令，要求亦集乃路为行进军队筹集军粮；《续借白米》是亦集乃路某仓因承揽甘州仓粮白米事宜向总管府的呈文。河东地区（泛指今山西地区）特别是大同的粮食除了运往其他地方之外，主要是向漠北地区提供军粮，用以作为必要的补充和军用储备。根据党宝海先生的研究，大同通往亦集乃路的交通路线为：大同—东胜州—宁夏府—亦集乃路。

2. 牧场管理的规范化

西夏时期，黑水城及其邻近地区是官方牧场所在地。据黑水城出土文书记载，当地牲畜种类主要有马、骆驼、牛、羊、骡等，且牧养规模很大，牲畜数量众多。西夏法典《天盛律令》中就专门有"黑水验畜法""黑水畜患病"两个条目，它们是针对居延地区的官牧专门设置的管理条规。

元朝继承西夏时期黑水城的官牧传统，这一时期的亦集乃路继续作为元帝国的主要牧场之一而存在。据黑水城出土文书记载，亦集乃路的畜牧业可以分为民牧和官牧两种形式。亦集乃路牲畜饲养主要采取夏秋散放、冬春圈养的方式；在圈养季节，官府要给官营牲畜饲养者发放一定数量的饲料。亦集乃路的牲畜饲养分工细致，在官营畜牧业中已经出现了专门放牧官羊、官马的人员。

六、宋元明清时期的边疆制衡经略

河西地区对于中原王朝的重要性,犹如唇之于齿。位于中原和西北连接之处的河西,不仅是中原同西域往来的咽喉要道,也是戍边士卒的重要补给地。历朝各代对于河西的经营涉及政治、经济、军事、文化等各个方面。政治方面主要表现为在地方设立行政机关,在少数民族聚居地区实行羁縻统治政策;经济方面主要表现为推行移民屯田举措,兴修水利,大力发展农牧业生产;军事方面则表现为修建长城、营帐等军事要塞,抵御外族入侵,镇压地方叛乱;文化方面主要表现在尊重多元民族文化,推崇宗教并加强传播,促进文明交流互鉴。此前篇章已经就历朝各代对于河西地区的政治、经济发展举措有所论述,兹不赘述;后文将就历代政府在河西地区促进宗教传播和修建长城两个方面内容,对帝国的边疆制衡经略作一简要论述。

(一)宗教的政治辅助作用

宗教作为一种精神意念,对人的行为有很大的影响力。统治者往往借助宗教的力量来影响民众,促使民众安贫乐道、安分守己,以便更好地对民众加强管理和统治。

1. 西夏"圆融"的宗教思想

西夏建立之前,距河西地区被吐蕃占领时间仅200余年,而吐蕃文化却深刻影响了河西地区长达数百年。吐蕃人普遍信佛,吐蕃文化的重要体现就是佛教文化。党项族建立西夏政权后,受吐蕃文化影响,在其统治区域内继续推崇佛教,并且尊佛教为国教。此时西夏的佛教不仅仅是藏传佛教，而是汉传佛教和藏传佛教的融合体，其主体是中国化的汉传佛教，这与西夏统治者积极学习中原文化有密切关系。中原大乘佛教的华严学成为西夏佛教思想的突出代表，华严学的主要思想为"法界圆融"，谓一切之存在均无缺陷，圆满而完全地融为一体，即法界的一切法都是互相融通的。这种圆融的思想超越了民族、政治的界限，为西夏统治的合理性提供了理论依据。

佛教对西夏人的影响是多方面的，这在许多西夏文献中都有体现。在《圣立义海》中，作者运用佛性思想和十界说来解释人的"九品才性"等。政府则运用佛教的传播形式，将中原地区的儒学思想引入西北地区，借以教化民众。在社会风俗方面，佛教的影响也不容忽视。黑水城文书中有对西夏时期佛教节日的记载，如《圣立义海》"九月之名义"中记载："月中宣善：九月十五，神圣聚日，兴禅事日，君德民孝，敬奉皇王。"九月是丰收的季节，"蓄水结果：粳稻、大麦，春播灌水，九月收也""杂宝丰盛：九月草籽结果，兽畜满运"。以上《圣立义海》的记载表明，在九月丰收的时候，国家会举行与佛教活动有关的"禅事日"，并借此向百姓宣扬"君德民孝，敬奉皇王"的忠孝思想。早在西夏建立政权之初，元昊就规定：以春夏秋冬四季首月的初一为礼佛"圣节"，将佛教节日作为全西夏社会的节俗。西夏政府对于佛教的大力支持，使得在河西修行传法的佛教僧众数不胜数，塔寺、石窟寺的数量也快速增加。现存的西夏时期佛教寺庙建筑有凉州护国寺、肃南马蹄寺、敦煌莫高窟、瓜州榆林窟等。

西夏人外出活动的一项重要任务就是去佛教寺庙烧香拜佛，在莫高窟和榆林窟中都留下了许多西夏人的题记。莫高窟第285窟北壁西侧第一个禅洞内有墨书西夏文十行，墨书上画一浮屠，旁画一列五人，手持供养花对浮屠朝拜。这一壁画场景生动反映了西夏人的佛教信仰，说明参与佛

莫高窟第285窟　五百强盗成佛故事（局部）

活动是他们日常生活中很平常但又非常重要的事情。

为了有效促进佛教的发展与兴盛，西夏政府还制定了相关法律来规范佛教组织。《天盛改旧新定律令》中设立了"僧人功德司""出家功德司""在家功德司"等机构，还规定了对盗掘、损毁佛像的处罚措施。能够在国家法律典籍中对佛教组织规范、僧侣和信众行为准则等情况作出详细规定，足见佛教在西夏政治、文化生活中占有极其重要的地位，发挥着广泛而深远的社会影响。

2. 元帝国"兼容并包"的宗教政策

西夏灭亡之后，河西地区的佛教并没有随之衰落下去，而是继续发扬光大。蒙古统治者占领河西之后，窝阔台把河西地区分给了他的儿子阔端，阔端王子驻守凉州期间，于公元1247年与西藏萨迦派高僧萨迦班智达·贡噶坚赞举行了著名的"凉州会谈"。萨班在赶赴凉州时还带着两个侄子八思巴和恰那多吉，他们后来得到忽必烈的召唤并留在忽必烈身边辅佐国政，藏传佛教被立为国教，八思巴被封为帝师，八思巴还为蒙古人创制了八思巴文。经过蒙古统治者坚持不懈的努力，极大地推动了藏传佛教在河西境内的传播和发展，更是促进了西藏与中原的连通和汉藏文化的交流，对西藏的历史产生了深远的影响，对中华民族的交往交流交融发挥了重要作用并作出了突出贡献。忽必烈统一中国后，政治相对稳定，丝绸之路通畅，西方的基督教、伊斯兰教也在河西地区得以广泛传播，于是便形成了河西地区佛教、道教、伊斯兰教、基督教等多种宗教并立共存的局面。

对于众多的宗教，元朝政府采取"兼容并包"的政策。河西地区佛教基础深厚，元朝对河西佛教的支持力度比较大，设置了一套较为系统的管理条例。首先，元世祖忽必烈下令设置中央直辖的管理全国佛教事宜和藏地军政事务的机构——总制院（后改称宣政院）；元文宗时又设立广教总管府十六所，掌管各地僧尼事务，河西地区就是其管辖区域的重要组成部分。其次，元朝对职业宗教人士十分优待，不仅重用帝师八思巴这样的大师，而且还允许僧侣娶妻生子，僧侣不仅掌控部分人口和土地，而且还享有免缴赋税的特权，这使得元朝河西地区出现了大量的僧侣、僧舍、寺庙及其产业。西夏人热衷于佛事活动，元朝也普遍存在内地僧侣前往敦煌莫高窟朝拜、礼佛的活动。莫高窟第98窟甬道南壁有"甘州路行人"，主室南壁有"四川成都府总都（督）名花户"，主室东壁南侧有"安西府""西凉州普寿寺僧森大千计（记）"等后人题记，这说明前往敦煌莫高窟朝拜的官、民、僧等人数众多。莫高窟第108窟题记"至元四年闰八月十五日郭良甫到此烧香"，莫高窟第158窟题记"至正廿八年二月十五日平凉府住人刘善童到此"。从以上两处题记的时间可以看出，这种礼佛朝拜活动从元世祖建立大元政权的至元年间开始，一直持续到了元朝政权覆灭的元顺帝时期，几乎贯穿了元朝整个统治时期。

意大利著名旅行家马可·波罗于公元1271年前后游历到河西等地，在其游记中写道：

> （沙州）全州名唐古忒。居民多是偶像教徒，然亦稍有聂思脱里派之基督教徒若干，并有回教徒。其偶像教徒自有其语言。城在东方及东北方间。居民恃土产之麦为食。境内有庙寺不少，其中满布种种偶像，居民虔诚大礼供奉。例如凡有子女者，为偶像蓄养一羊。年终或偶像节庆之日，蓄养者挈其子女携羊至偶像前礼拜。拜后，烤煮羊肉使熟，复礼奉之于偶像前陈之。礼拜祈祷，求神降福于其子女。据云，偶像食肉。供奉既毕，取肉还家，延亲属共食。食后谨藏余骨于匣中。

除此之外，马可·波罗还在游记中描绘了甘州寺院的景象：

> 甘州是一座大城……偶像教徒依俗有庙宇甚多，内奉偶像不少，最大者高有十步，余像较小，有木雕者，有泥塑者，有石刻者，制作皆佳，外傅以金，诸像周围有数像极大，其势似向诸像作礼。

由以上马可·波罗的记述，我们依稀可见元代河西地区佛教的兴盛景象。

蒙古政权统治期间，伊斯兰教在河西地区也非常盛行。蒙古军在西征途中，俘虏吸纳了大量信仰伊斯兰教的域外人士，并将他们安置在河西、宁夏等地。《明史》卷三三二《西域传》记载，元朝时回族遍天下，"乃是居甘肃者尚多"。元朝官员中也有许多回族官员，甚至在蒙古宗王中，也有伊斯兰教的虔诚信奉者。现存瓜州的锁阳城遗址就是元代河西伊斯兰文化发展的有力证据。元朝对宗教的包容政策有利于加强政府对西北及中亚地区的统治，促进了农业、牧业和工商业的发展，助推了各民族的交往交流交融。

明帝国建立以后，佛教在河西地区的宗教体系中仍然占有重要的位置。明朝政府充分认识到历代政权利用宗教强化统治和稳定社会秩序的突出作用，继续推行对佛教推崇和扶持的政策，试图借助佛教的教化力量来巩固和加强自身统治。

3. 明朝用防并举的宗教政策

针对元朝后期僧人把持大量土地和财产的现象，明朝政府全力打造了一套僧官体系，用以规范和管理日渐壮大的佛教僧团，并借以有效传达中央的佛教政策。鉴于藏传佛教在河西地区的宗教信仰体系中占据主导地位，明廷特别任命"番僧"担任河西诸卫的僧官，借以加强政府对边疆少数民族的管理。明初，政府为加强对佛教的管理和掌控，一方面重修和扩建古旧寺刹，另一方面又新建了众多佛教寺庙，并且为其中一些深具社会影响力的寺庙赐予匾额。明朝政府通过征召、封授、朝贡等多种方式笼络僧侣上层人士，借以加强僧团与政府的联系。通过这些措施，政府既可以有效控制佛教僧侣及其财产，又可以借助僧人的社会影响力来强化对民众的管控。

明朝时期的道教虽然也有所发展，但是与佛教相比还是存在很大差距，河西地区的道教宫观数量和规模远不及佛教寺庙。从现有材料看，明廷仅在甘州设置过道纪司，其管控范围和社会影响力都极为有限。对于道教的发展，明朝政府秉持张弛有度的政策，一方面允许其发展，借以牵制佛教和伊斯兰教的社会影响力，同时也想利用道教教义加强对民众的教化；另一方面又要限制道教力量发展过度，以免其在民众心目中的地位和影响力超出政府的控制范围。

明朝击败元朝统治势力统一全国后，回族仍然在河西地区有着广泛的分布。由于众多回族人口的存在，伊斯兰教在河西地区有着一定的社会基础。明朝政府虽然对伊斯兰教也采取较为宽松的政策，但是鉴于其在宗教内涵、生活习俗、社会组织等方面与其他宗教派别存在较大差异，出于对国家安全的考虑，明廷对伊斯兰教的发展并不支持。

总而言之，针对河西地区具有一定社会影响力的佛教、道教以及伊斯兰教，明朝政府基本采取了包容、利用和控制的方针政策，这使得三教获得了相对宽松的发展空间，促进了河西地区多元文化和谐共生局面的形成。

4. 清朝"儒佛道合一"的宗教主旨

到了清代，佛教仍然是河西地区宗教发展的重要部分。清政府对于河西地区的佛教政策多承自明代，从中央到地方都仿照明朝设置了僧官体系以掌管佛教事宜。清王朝建立不久，即沿用唐宋以来的惯例，在中央设立僧录司来管理全国佛教事务。然后又在各级地方政府设立管理佛教事务的机构，府一级设僧纲二人，州一级设僧正一人，县一级设僧会一人。与前代有所不同，清朝对西北地区实施的并非羁縻政策，而是直接的统治管理，因此各级政府对于僧人和寺庙的规范和管理也较为严格。对于民众出家、修建寺庙、僧人犯戒和违法的处罚措施，都有严格明确的法律规定。通过系统的管理和制定严明的法规，清政府既有效控制了僧团的数量和力量，又在很大程度上保证了僧侣队伍的质量。

"儒释道合一"始终是清朝统治思想的重要组成部分，其根本目的就是利用儒学和宗教的道德教化作用来加强政府对各族民众的控制。雍正皇帝为了融通儒释道，更是在御选的佛教语录中收入了北宋时期著名高道张伯端的道教思想，并敕封张伯端为"大慈圆通禅仙紫阳真人"。

明末清初，随着基督教传教士的大量来华传教，基督教在中国的传播一度达到高潮，河西地区在此期间也受到了基督教一定程度的影响。基督教传教士主要通过救治疾疫、救养弃婴、赈济灾民等方式来获取部分民众的信任，尤其是通过救济社会底层群体的方式来传播其宗教信仰。面对封建统治者的重重盘剥和压迫，底层民众生活艰辛，部分上层人士的传统信仰亦发生动摇，各种社会矛盾日益复杂和尖锐，包括基督教在内的宗教教义在一定意义上可以起到精神寄托的作用，广大民众可以借此得到心灵的些许慰藉，社会矛盾因之可以得到一定程度的缓解。但是，基督教作为西方宗教，与传统的儒释道思想相比，其教义难以被帝制时代的中国人所接受，所以其传播并不顺利，在河西地区更是缺乏生存土壤和发展空间。

（二）河西地区的长城护卫

河西地区对于西北边防具有重要意义，自汉代以来，历代中央王朝和地方政权都特别重视河西地区防御工事的修建，长城就是其中最雄伟的塞防工程。汉武帝时期占领河西地区以后，便着手修建被后世称为"河西汉塞"的长城设施，以期更好地实现"隔绝羌胡，使南北不得交关"的目的。汉代以后的历代王朝和地方割据政权也大都继续在河西地区维修长城防御工事，但基本上都是在汉塞的基础上进行修补完善，直到明朝建立以后，才重新在河西地区大规模修筑了新长城及其附属设施。

明灭元后，元朝统治者退居漠北，与明朝形成长期对峙之势，时常派军队南下侵扰明朝边境地区，甚至一度兵临北京城下。为了有效抵御元朝残余势力南下袭扰，明王朝着手在北方山区修建了西起嘉峪关、东至山海关、全长6350余千米的长城（又称"边墙"）。明孝宗弘治年间（1488—1505年），在长城沿线设置了九边重镇来负责管理屯戍军队以及修缮长城及其附属设施，主要目的是防范蒙古人的滋扰，他们是明王朝与元朝残余势力作战的前线重要军事基地。甘肃镇是九边重镇之一，管辖长城东南起自今兰州黄河北岸，西北至嘉峪关，全长大约800千米，甘肃镇总兵驻守地在甘州卫（今甘肃张掖）。

甘肃镇管辖区域主要在河西地区，这里战略地位重要，地广人稀，紧邻长城防御工事，虽然远离京师，但它仍然与京师的稳定与安危息息相关，所以明王朝对于甘肃镇的设施和人员配备也更为充足。甘肃镇是明朝重要且特殊的边防前线，既是明王朝的边防前哨，又是对外交往的窗口，在明王朝的国防体系和对外贸易中发挥的作用举足轻重，对于明王朝西通西域、北拒蒙古、南捍诸番都作出了突出贡献。

1. 山丹明长城

河西地区的明长城保存较为完整，尤其以山丹明长城比较著名。山丹明长城类型多样，有黄土夯筑墙、石块砌筑墙、劈山斩崖的山险墙，有利用自然险峰的山险、因河置塞的水险、挖壕堆垄的壕堑，其修筑方法和所用材料因所处自然地理环境不同而各有特点。夯土城墙均建在平川地带，由下向上逐层夯实，分段版筑，版长3～6米，夯层厚0.15～0.22米。城墙顶部外侧通常筑有女墙（裙墙），墙体底部比顶部更宽一些。夯土以就近挖取的黄土为主，内部夹有木楔、草绳等夯筑时遗留的辅助材料，部分地段因土质的变化，夯土中夹杂有碎石及沙土。

山丹境内现存明长城沿线堡城8座，均建在长城内侧，主要用于屯兵驻防，也有百姓居住。明代中期，山丹卫有高家寨、铺家寨、石硖口堡等"寨五，堡

山丹羊虎沟明长城（采自刘晔海《甘肃山丹明代长城调查研究》，《中国国家博物馆馆刊》2020年第11期。）

山丹县烽火台与明代古长城

二十有三"。山丹明代堡寨平面均为矩形，黄土夯筑，夯层厚0.13~0.25米。较大的堡城周长达两千米，城门由条石和城砖修筑，堡城设施有堡墙、城门、瓮城、城壕、城楼、角楼、马面、衙署、粮仓、库房、营房等；较小的堡城周长只有数百米，相关设施也比较简单。

2. 嘉峪关长城

明成祖永乐年间（1403—1424年），伴随着西北疆界的向西扩展，明王朝在嘉峪关以西、哈密以东的区域内先后设置了安定卫、阿端卫、曲先卫、罕东卫、沙州卫、赤斤蒙古卫、哈密卫等七个羁縻统治卫所，史称"关西七卫"，又被称为"西北七卫"或"蒙古七卫"（因其统治者多为蒙古族）。关西七卫是明朝中央政府在嘉峪关以西的西北地区设置的重要军事防护区域，对于西北边防、商贸往来、文化交流、民族融合等发挥了重要作用。然而伴随着中央与地方矛盾、关西七卫内部矛盾的日趋严重，尤其是在吐鲁番地方势力的大肆进攻下，关西七卫在嘉靖年间被迫东迁直至废弃，致使嘉峪关成为明王朝抵御西北和西南各少数民族政权进犯边疆的第一道防线。

伴随着吐鲁番的继续东扩,"关西七卫"陆续东迁或者被废弃,始建于洪武五年(1372年)的嘉峪关的战略重要性彻底凸显出来,同时原有嘉峪关也面临巨大的压力,迫切需要修建新的大型防御工事来全力保障明王朝西北边疆安全。嘉峪关地势险要,建筑雄伟,号称"天下第一雄关",既是西域贡使前往明代中原地区的必经之地,也是明长城最西端的关口,有"河西咽喉""边陲锁钥"的称号。针对吐鲁番的东侵威胁,明孝宗弘治年间(1488—1505年)曾多次关闭嘉峪关,断绝朝贡贸易,借以加强西北边防并对吐鲁番及其周边政权形成震慑效应。弘治十六年(1503年),甘肃镇总兵官都督刘胜鉴于甘肃镇边防形势,向朝廷奏报加强西北边防的几项提案,其中特别强调了维修和扩建嘉峪关防御设施的重要性以及具体可行性举措,最终获得朝廷肯定性批复,由此启动了对嘉峪关长城以关城为中心,进而向南北两翼进行大规模扩建的伟大工程。

嘉峪关城墙

嘉峪关全貌

西北粮仓——河西走廊

今嘉峪关市境内明长城主要残存三段,分别是西长城、东长城和北长城,全长约70千米。西长城是嘉峪关南北两翼之间的长城,南到讨赖河,北至黑山石关峡东口石关儿,全长15千米,分为明墙和暗壁两段。明墙南起祁连山的讨赖河岸,北与嘉峪关外城相接。明墙南端有讨赖河墩,又被称为"天下长城第一墩",是明长城最西端的第一个墩台。关城以北的长城南起关城的嘉峪关墩,向北延伸筑于嘉峪山坡下,因其以山为屏障,隐蔽了长城墙体,所以被称为"暗壁"。石关峡是处于南面祁连山和北面黑山之间的狭窄峡谷,作为嘉峪关西长城重要组成部分的断壁长城和悬壁长城就

▎悬壁长城

位于石关峡北面黑山峡口处，它们由肃州兵备道李涵于嘉靖十九年（1540年）监筑而成。断壁长城居于黑山峡口之南，为东西走向；悬壁长城位于黑山峡口北面，为南北走向，城墙陡峭直长，气势雄伟，因其垂若悬壁，故名"悬壁长城"，也有人称之为"西部八达岭"。断壁长城和悬壁长城形成拱卫之势，共同扼守黑山峡口。东长城自新城起，至嘉峪关北暗壁的新腰墩止。东长城原设城台12座，现存9座，城台间距1700米。城台内侧置有烽燧，多者七八个，少者五六个，遇到紧急军情，这些烽燧能够迅速、准确地传递信息。北长城西起新城堡，东至下古城，残高1.5～3米不等，对于防御嘉峪关东北之敌、维护关城安全作用突出。

总体来看，明朝经营嘉峪关长城防线200余年，最终形成了以嘉峪关为核心据点，以60千米长城边墙为依托，以多座军事营堡、70余座墩台、上百处烽燧为前线岗哨的综合防御工程。嘉峪关长城犹如明朝中央政府向西北地区伸出的一条钢铁链条，关隘、营堡、墩台、烽燧就如同链条上的锁扣和铆钉，它们环环相扣，极大地方便了明朝中央王朝对西北边防、族群互动和四方商贸往来的牢固管控。

七、结语

宋元明清时期的河西地区，总体呈现出民族杂居、彼此和谐共处、商业贸易相对繁荣的景象。生活在河西这片土地上的游牧民族，无一例外均经历了从以游牧为主向农牧并重转变的过程。在这一过程中，农作物种类逐渐增多，农业生产水平不断提升，马匹和其他牲畜的养殖规模逐渐扩大，畜牧业发展水平再上新台阶。尽管宋元明清时期的河西地区也时常遭受战乱的冲击和影响，但是该时期河西地区的农牧业整体上仍然呈现出不断发展的良好势头。

  宋元明清时期的河西地区农牧业发展态势总体向好，这与历代统治者积极推行移民垦荒、兴修水利、支持商贸发展、制定法规保障农牧业生产、实行较为宽松的民族和宗教政策等举措有着密不可分的联系。同时，中原统治者重视西北边防事业，充分认识到河西地区的重要战略地位，积极修建以长城及其附属设施为代表的防御工事，这对于抵御侵扰、保卫边疆、保护商贸、促进文化交流、推进民族融合等发挥了重要作用。正是由于政治、经济、军事等方面的综合发展和有效保障，河西地区因之成为名副其实的"西北粮仓"，也因之才能呈现出长期繁荣昌盛的局面。

玖 继往开来的新时代河西粮仓

在数千年的历史长河中,位于东西交通要道上的河西走廊,在各族人民的共同努力下,农牧业发展水平长期处于全国前列,促进了丝路贸易的繁荣昌盛,创造了以敦煌文化为代表的河西文化,在很大程度上保留传承并发扬光大了中华文明。迈入新时代的河西地区,区位优势得天独厚,经济结构合理,发展潜力巨大,依然延续并发挥着"西北粮仓"的重要作用。河西走廊处于甘肃省西部,这里光热资源优势突出,改革开放初期的耕地面积已经相当于新中国成立初期的三倍,早在1977年便被中共中央批准为全国重点建设的十大商品粮基地之一。河西走廊所占耕地不足全甘肃省耕地面积的20%,但生产的商品粮产量却接近全省的40%,商品油产量接近全省的50%,甜菜、棉花、葡萄等农产品产量均接近全省的100%。河西地区已经成为甘肃省综合性农产品生产基地,形成了多个独具特色且规模相当的农业区域。中新网2023年统计数据显示,甘肃省羊存栏量位居全国第三,牛存栏量位居全国第九,畜牧业产值达到658亿元,其中贡献率最大的便是拥有众多"牛羊大县"的河西地区。

一、新时代河西水资源的保护与利用

河西地区虽总体干旱少雨,然而却是中国历史上重要的农牧业发展中心区域之一,并因之成为中华文明的重要传承创新区域之一,这主要得益于自东向西依次分布的由50多条内流河构成的石羊河、黑河和疏勒河三大水系。河西地区的三大水系均发源于祁连山,依靠祁连山的冰川融水和季节性降水补给河流水量。这50余条河流的中下游逐渐形成了大小各异的绿洲,它们犹如镶嵌在茫茫戈壁滩之上的璀璨明珠般光彩耀人,千百年来的河西人就是在这大大小小的绿洲上生产生活,并创造了独具魅力的河西文化,河西地区因此成为丝绸之路上东西方文明互鉴交融的黄金地带。

(一)河西水资源的基本概况

河西地区降水稀少,且在时间、空间上分布极不均匀,平均降雨量大约在30～400毫米之间。河西地区不同地区的降水量有显著差异,南部山区降水量明显高于北部戈壁荒漠区,全年降水量呈现出自东南向西北逐渐递减的趋势。即使在同一区域,降雨时间也呈单峰状分布。河西地区通常自七月份以后,降水量逐渐增加,到八月份达到顶峰,九月又开始逐渐减少;一半以上的降水都集中在七到九月,四到六月的降水量仅占全年降水

▎酒泉水资源

量的20%。河西地区降水量总体稀少,且在时间、空间上分布明显不均衡,这一自然特征对河西地区农牧业发展有着巨大影响。

受独特自然地理环境和季节变换的影响,河西地区的内流河在有些地方和枯水季节会形成地下潜流,形成地下河;在中下游区域和雨季往往又会浮出地面,形成地上河,并在河流和湖泊周边形成片片绿洲。

(二)河西水资源的保护与利用措施

河西地区的主要河流缺乏调蓄水资源的能力,对地表径流水量的调控能力相对较差。针对这一情况,河西地区相关部门特别重视对流域内水资源调控工程的建设,重点解决干、支渠的渗水、漏水问题,改造或者更换当前有问题的蓄水、输水设施,完善相关的渠系、水道,提高总体工程设施的运营效率。在输水过程中,尽可能减少水资源浪费现象,努力建成了一批高标准、高质量的输水与供水系统。

1. 推广先进的节水灌溉技术

河西地区用水以农业用水为主,针对水资源缺乏状况,发展节水农业和生态农业是河西地区农业发展的必由之路。河西各地努力推广使用节水灌溉技术,这样既能使作物得到适时、适量的灌溉,也能够最大程度地节约用水,从而实现节水与高产的双重效果。发展节水灌溉的一项措施便是使用管道输水,与渠道输水相比,管道输水可以人为控制灌溉时间和灌水量,具有输水迅速、节水、省地、增产等众多优点。使用管道输水方式,可以使水资源的利用率达到95%以上。具体可以因地制宜采用低压管道输水、喷灌等节水灌溉技术。

管道输水

在不同的地区应该选择合适的方法进行灌溉，例如在井灌地区、在有严重渗水漏水的地区、在经济条件相对较好的地区，应该对原有的土渠输水进行更改，可以使用低压管道输水方式对农作物进行灌溉，以保证农作物的适时生长需要。低压管道输水灌溉有许多好处，包括适应性强、水流速度快、技术简单、沿途水损失少等方面。今后相关部门要进一步做好规划，有计划地建设输水管道系统，为未来的节水农业规模化经营创造先决条件。

喷灌是利用有压喷头将水分散成细小水滴，定时定量喷洒到田间灌溉作物，水的利用率可达80%以上。采用喷灌方式能够均匀灌水，疏松土壤，有利于改善农业生态环境，并且有助于作物增产，最终达到减少灌溉费用和增加收入的效果。

▎喷灌农业

2. 重视节水农业措施的推广应用

发展节水农业是一项浩大的系统性工程,需要不断提升农业、水利、生物和工程的协调配合能力,需要不断加大投入,最终建立起高度集约化的节水技术体系,以实现节水农业措施在更广大范围内得到推广与应用。许多节水农业措施做到了节水不减产,改变了以往通过大水漫灌提高农作物产量的传统观念。比如在河西地区广泛使用的地膜覆盖法,使用简单方便,保温保湿保墒效果显著。用塑料薄膜覆盖地表,不但可以降低雨水打击和冲刷对土壤造成的破坏,防

地膜覆盖

止水土流失;而且还能够有效减少土壤中水分的蒸发,有效促进农作物对水分的吸收,从而优化农作物生长环境,提高单位面积农作物产量。

3. 强化节水意识,加强水资源管理

河西地区充分利用各种方式和手段加强节水宣传工作,以期让民众充分认识到当地水资源缺乏的现实严峻性,从而提升全社会的节水意识。水资源是河西地区十分宝贵的稀缺资源,同时也是一种有价值的商品,需要公平定价、付费使用。河西地区采用行政、法律和经济等一系列手段,对各行业、各部门的用水情况进行科学规划。在工农业用水方面,实行定时定量供水,鼓励高效益用水,努力做到节约用水,对违规用水行为限令整改并进行必要处罚,根本目的是让有限的水资源得到最大程度的合理高效利用。

二、独树一帜的河西特色农业

河西走廊地跨嘉峪关、酒泉、张掖、武威和金昌等5市,下辖32个县市区。当前,河西各县区根据自身条件,因地制宜地进行农作物种植,形成了诸多各具特色且颇具规模的农业生产区域。

(一)制种产业区

种子是现代农业的"芯片",是农业提质增效、农民增产增收的核心,对确保粮食和重要农产品稳定供给发挥着至关重要的作用。河西走廊有着发达的制种业,这里生产的玉米种子占据全国玉米种子的60%以上,撑起了中国玉米制种业的"半壁江山";这里还是全国最大的蔬菜、瓜类、花卉等对外制种产业基地,占全国种子出口量的75%。如今的河西走廊虽然干旱少雨,可耕地面积有限,但是已然成为新时代中国种子繁育的"黄金走廊",目前已经成为全国种业的三大核心基地之一。

玉米是一种亩产量较高的粮食作物,传入我国后迅速跻身三大粮食作物行列,其重要性与水稻、小麦并驾齐驱。甘肃省的玉米制种业起源可追溯至1975年,经过四十余年的不断发展,如今的甘肃玉米制种业已经成为全省基础雄厚、产业链完善、销售顺畅、市场广阔的高效产业之一。而河西地区则是全国最大的杂交玉米种

玉米

子生产基地，其产业模式多元化，包括"制种玉米—暖棚养牛与小康住宅—沼气—日光温室蔬菜"等生态农业发展模式，以及"小麦—双孢菇""小麦/玉米—大豆"等套种模式，它们为农业可持续发展树立了典范，更为我国粮食产业的蓬勃发展作出了巨大贡献。

玉米制种产业对于河西地区的农业产业结构调整、农民增收以及畜牧业发展发挥着至关重要的作用。张掖市是河西走廊玉米制种业的主要生产地，近些年的各项发展数据清晰地显示了玉米制种业为农民提供了稳定的经济收入来源，推动了农业结构的优化升级，也助推了第一产业的蓬勃发展。

河西地区的玉米制种产业在农业经营机制创新方面具有无可替代的典范作用，通过多年的不懈努力和成功实践，河西地区的制种产业已经初步形成了"企业＋基地＋农户"和"企业＋专业合作社＋农户"的制种产业化经营模式。借助土地流转或与农民专业合作社的密切协作，河西地区已经建立了相对集中并长期稳定的标准化、规模化、集约化和机械化的现代化玉米制种基地。这些基地的建立不仅显著提升了农村集体经济的实力，还使农民的科学文化水平得到了显著提升，为农村经济的现代化转型提供了坚实的支持。

河西地区的玉米制种业在加快农村劳动力转移和推进城乡一体化进程方面也发挥了重要的推动作用。在甘肃省，河西地区一直处于农村土地流转、农民合作社、家庭农场、集体经济以及农业社会化服务体系的前沿，而现代农业的水平也一直遥遥领先于全省其他地区。这些成就很大程度上要归功于玉米制种产业发展模式的引领和示范作用。可以说，河西地区玉米制种业的蓬勃发展对于该地区的农业经营机制创新和城乡一体化发展具有举足轻重的作用。

玉米制种业的蓬勃发展催生了一批经济和技术实力强大的制种业公

▎河西农田

司，它们为河西地区农民就业提供了诸多机会，并为物流、包装等服务业的壮大作出了积极贡献。与此同时，这一发展也吸引了一批国际知名的制种业巨头和国内著名的制种企业纷纷在河西制种基地投资兴业。这些大型种业公司的进驻显著提升了河西制种产业的现代化生产水平，延伸了产业链条，也推动了河西地区经济社会的可持续发展。

（二）酿制原料和瓜果生产区

1. 酿制原料生产区

河西地区以其丰富的光热资源，为全国各地生产出大量高品质的啤酒大麦和酿酒葡萄。

河西地区的啤酒花产量占据我国市场份额的一半以上，主要产地分布在酒泉、张掖、武威等地。啤酒花，又被称为酒花、蛇麻花、酵母花、唐花草、忽布等，富含芳香油、苦味质、果胶、鞣质、黄酮、多酚等多种化合物，具有明显的药理活性。在啤酒工业中，啤酒花被视为不可或缺的原材料，它赋予了啤酒独特的芳香和爽口的苦味，同时在酿制过程中具有防腐、澄清和促进发酵等重要的生物化学功能，被誉为"啤酒之魂"。

甘肃省玉门市位于河西走廊西部，是古丝绸之路上的商贸重镇，这里的气候和生态环境条件十分适宜啤酒花的生长。玉门的啤酒花产量高，品质出色，被誉为"陇上特优产品"，玉门也因此成为我国重要的啤酒花生产基地。自1981年开始

啤酒花

种植啤酒花以来，玉门地区的啤酒花种植面积近年来已经占据全国的30%左右，啤酒花产业崭露头角，成为当地调整农业结构和增加农民收入的重要支柱产业。

在葡萄产业方面，河西走廊的葡萄种植规模也在逐渐壮大，葡萄基地的建设成果显著，酿酒葡萄的种植面积已超过2万公顷，栽培品种众多，其中以美乐、赤霞珠、黑比诺、蛇龙珠等葡萄新品种占据主导地位。近年来，河西地区已经涌现出多家大型葡萄酒生产企业，年产能超过10万吨，已经成为国内重要的葡萄

张掖葡萄

酒生产基地。

张掖地区拥有悠久的葡萄种植历史,最早可以追溯到汉武帝时期。当地的葡萄色泽艳丽,受益于独特的沙质土壤和良好的水源条件。早在2015年时,全市葡萄种植面积就已经达到3500公顷,年产葡萄超过5万吨,因此张掖被誉为"中国设施延后葡萄第一市"。

2. 瓜果生产区

河西地区拥有日照时间长、昼夜温差大的气候条件,这使得当地生产的水果糖分含量高,香甜可口。河西地区的瓜果种植历史悠久,其中武威的软儿梨、香瓜、皇冠梨、人参果,金昌的双湾西瓜以及张掖的葡萄都享有盛誉。

武威市古浪县的软儿梨,以其独特的酒香而闻名,冬季上市的时候清润甘甜、鲜美多汁;古浪县还以盛产香瓜著称,古浪香瓜栽培历史悠久,充足的日照和昼夜温差大使得它们个大汁甜;古浪的金冠苹果主要生长在平川地区,苹果个头大,表面金黄,品质出众。武威市凉州区的皇冠梨因其历史悠久、品质卓越和独特风味而著名。张掖的红提葡萄色泽艳丽,含糖量高达24%,富含丰富的营养成分。武威市民勤县的人参果果皮黄中泛紫,色泽诱人,果汁丰富,果肉温润,富含维生素C和其他营养元素,广受民众喜爱。

人参果

金昌市双湾镇西瓜品质优良,是金昌市金川区的特色农产品,属于全国农产品地理标志登记保护产品,民间有"不吃双湾西瓜,不知天下瓜甜"的俗语。双湾西瓜椭圆端正,外形美观,果肉鲜红,肉质脆沙,汁多味甜,籽少粒小，品质优良，耐储藏且易运输，深受甘肃省内外人们喜爱。

张掖市临泽县的小枣种植历史悠久，属于全国农产品地理标志登记保护产品，目前已经正式入选农业农村部农产品质量安全中心公布的2023年第二批全国名特优新农产

红枣

品名录。临泽小枣核小味甜，肉质细腻，富含丰富的营养成分，适宜于长时间保存。临泽小枣种植面积大约14万亩，年产量大约3万吨，除了食用鲜枣和干枣外，当地还开发出了红枣饮料、红枣保健醋、枣酒、枣蜜等众多红枣产品，远销省内外，年产值达1.5亿元。

（三）蔬菜产业区和中药材产业

1. 蔬菜产业区

河西地区在我国"高原夏菜"生产和"西菜东运"战略中扮演着重要角色，产地主要集中在凉州区、甘州区和肃州区。这些地区形成了多种生态农业发展模式，如"设施蔬菜—畜牧养殖—特色林果业"模式、"马铃薯种植—牧草种植—食用菌栽培—圈养家畜—沼气"模式、"小麦—双孢菇"以及"小麦/玉米—大豆"模式等。

武威市凉州区是重要的蔬菜产地，除了大田种植外，日光温室的建设速度也很快，凉州区的蔬菜种植面积不断扩大，总产量逐年增加。由于凉州区的蔬菜品质好，所产蔬菜的一半以上都用于外销，从而为当地带来了丰厚的利润，年总产值超过20亿元。武威市的蔬菜种类繁多，包括芹菜、荷兰豆、蒜苗、菜用蚕豆、豆苗、花椰菜等高原夏菜；除此之外，还有日

高原夏菜

光温室里的双孢蘑菇,以及各乡镇生产的精细蔬菜、干辣椒、洋葱等。武威蔬菜生产占据了当地农田面积的15%,贡献率却在农业总产值的40%以上,蔬菜产业在农村经济发展比重中占有很大份额。

金昌市的无公害蔬菜基地已经获得国家级认证,目前全市已有30万亩左右的蔬菜播种面积,无公害蔬菜种植面积已经初具规模。金昌市蔬菜种植地主要集中在永昌县的城关镇、焦家庄镇、朱王堡镇以及金川区的宁远堡镇,这些地区实施无公害高原夏菜生产,并在秋季进行复种蔬菜生产,其中永昌县的朱王堡镇、水源镇和金川区的双湾镇增加了复种蔬菜的生产规模,使复种蔬菜的生产面积稳定在6万亩左右。此外,金昌市还建设了日光温室、塑料大棚等反季节设施蔬菜生产基地,以增强反季节蔬菜生产的稳定性。仅就日光温室等反季节蔬菜而言,种植面积就已经超过40公顷。此外,金昌市还创建了10多个省级蔬菜标准园,这些园区以新品种、新技术示范和推广为主要目标,同时认定了多个无公害蔬菜生产基地。这些措

蔬菜大棚基地

施有助于提升蔬菜生产的品质、规模和水平,从而为促进当地农产品的深度发展和提升市场竞争力提供了重要支持。

张掖市的蔬菜种植面积近100万亩,年产量超过200万吨,总产值大约40亿元。该市累计建设了多个蔬菜标准化园区和育苗基地,获得认证的蔬菜产品达到百余种,蔬菜产业品牌化趋势日益明显。张掖市目前有800多家企业从事蔬菜的种植、配送和营销,已经催生出了一批优秀的龙头企业,它们在蔬菜产销中发挥着重要作用。张掖市蔬菜营销网络也在不断完善,大量蔬菜不仅销往国内多个省市,还有许多得以出口到国外。

嘉峪关市的洋葱种植业起步较早,随着产业升级和规模扩大,洋葱种植业已经成为当地农业发展主导产业。嘉峪关市广泛采用无公害

优质洋葱

栽培技术，使洋葱种植技术规范化，商品率达到八成以上，生产水平处于领先地位。目前，嘉峪关市洋葱种植业保持稳定发展势头，已经建立了多个专业的洋葱种植基地，年产洋葱超过10万吨。

酒泉市也是河西地区重要的蔬菜生产基地，全市蔬菜年产量约200万吨，总产值约40亿元。酒泉市大力发展戈壁农业，已经建成了多个万亩园区、千亩园区，培育了一批龙头企业和专业合作社，全市致力于建设戈壁生态农业示范区和有机无土栽培示范基地。

2.中药材产业区

河西地区的中药材种类丰富，品质卓越。武威市的祁连山区拥有极其丰富的中药资源，包括黄芪、锁阳、甘草、肉苁蓉、瑞香、芍药、赤芍、防风、黄芩等200多种中药材，另外还有来自藏药的600多种药材资源，其中有上百种属于全国重点中药材品种。金昌市也是河西地区重要的中药材生产基地，生产甘草、黄芪、黄芩、板蓝根、防风、枸杞、独活等20多种中药材，而且种植面积逐年增加，其中9个品种的中药材种植总面积已经超过70公顷。

黄芪开花

近些年来，张掖市的中药材种植产业规模不断扩大，民乐县在其中发挥着重要作用。民乐县药材种植面积占全市总面积的80%，中药材已经成为民乐县重点发展的特色产业。民乐县中药材种植品种多样，数量超过70种，其中不乏诸多名贵药材，这对于该地中药材产业的发展具有重要意义。

嘉峪关市面积不大，但是境内种植的甘草、草红花、锁阳、五灵脂等中药材品质很高，市场需求量也很大。

酒泉市的中药材种类繁多，生产区域主要分布在敦煌市、瓜州县、肃北县、阿克塞、玉门市、肃州区、金塔县等地。酒泉市的中药材品种主要包括甘草、锁阳、肉苁蓉、雪莲、鹿角、龙骨等，种类丰富的中药材极大地促进了中药材产业的多样化发展。

甘草切片

二、新时代的河西畜牧业

河西绿洲数量众多，面积广阔，水草丰茂，非常适宜于畜牧业发展。早在先秦时期，河西地区就已经发展出了较为发达的畜牧业，后世中原王朝和地方政权都长期重视河西地区畜牧业发展，生活于此的各族民众长期保持着从事畜牧业的传统。发展至今，河西人民在继承深厚悠久历史传统的同时，充分学习并广泛推广现代科学养殖技术，从而将新时代的河西畜牧业推向了更高的发展水平。

（一）成群结队的牛羊

武威市拥有广阔的草场资源，可用于放牧的草场总面积超过2000万亩，占全市土地总面积的一半。武威市的天然草原覆盖度占总体草场面积的40%以上，这些天然草原可以为畜群提供大量低成本的青草和干草资源。另外，武威市农业发展基础雄厚，全市农作物总播种面积大约400万亩，生产的粮食在满足商品粮供应的基础上，又可以用作动物饲料，尤其

■ 祁连山下的羊群

是产生的大量秸秆更可以弥补天然牧草供应量的不足。正是因为拥有这些有利条件，牲畜养殖业在武威地区得以蓬勃发展，全市共养殖牛、羊、猪、鸡等家畜家禽总数达到近3000万头（只）。

武威市天祝藏族自治县拥有近600万亩的草场面积，而且大多数都属于天然草原，天祝县已经基本实现了草畜平衡，载畜量达到70余万头。天祝县以盛产白牦牛而闻名，为了将生态效益和经济效益有效结合，当地逐渐摸索出了"牧区繁育、农区育肥"的农牧业结合养殖模式。"牧区繁育"指通过加强妊娠期补饲、围产期补饲和犊牛早期断奶等措施，提高白牦牛的繁殖率；"农区育肥"就是把牧区的犊牛、架子牛转移到农区进行圈舍饲料养殖。"牧区繁育、农区育肥"养殖模式的采用和推广，一

■ 白牦牛

方面缓解了牧区天然草场的压力,起到了改善草原生态环境的作用;另一方面又有效缩短了饲养周期,提高了出栏率,农牧民收入也得到显著提高。经过多年不间断的发展和转型,天祝县牦牛养殖在基础设施、经营体系及繁育体系等多方面得到了长足的发展,目前已累计建成白牦牛养殖暖棚5000多座,全县建成牦牛规模育肥示范场30余个,每年上市育肥牦牛3万头以上,年产值达4亿元。

畜牧业是金昌市的重要产业,"永昌肉羊"已经被认证为国家地理标志产品,金昌市永昌县也被认定为甘肃省养羊大县。金昌市地处北纬38°的地球黄金分割线上,域内干燥少雨、昼夜温差大、日照时间长,特别适宜号称"牧草之王"的苜蓿种植。金昌市大力发展饲草产业,全市每年生产优质苜蓿干草达20万吨,已经成为全国商品草核心种植区,享有"中国苜蓿看甘肃,甘肃苜蓿看金昌"的美誉。金昌市充分发挥优质牧草的生产优势,努力推进"草畜一体、农牧互补"的发展格局,建立了一

苜蓿

批大型生态牧场,草畜一体化模式有效促进了全市畜牧业稳步健康发展。目前,全市已建成畜牧产业园1个、肉羊养殖龙头企业3家、肉羊规模养殖场20家,肉羊饲养量达165万只,基本形成了常年育肥出栏、四季均衡上市的产业发展态势。金昌市每年向省内外供应肉、蛋、奶产品总量超过20万吨,畜牧业总产值超过30亿元。

嘉峪关市努力将畜牧业打造为支柱性产业之一,畜牧业生产总体运行态势良好,总产值呈连年增长态势。目前,全市生猪产业发展突出,蛋鸡、奶业生产平稳有序,肉牛、肉羊养殖成效显著,每年供应奶产量近3万吨,

禽蛋产量近2000吨，生猪存栏近4万头，生猪出栏近6万头，羊存栏近9万只，羊出栏近6万只。

酒泉市努力推进畜牧产业化经营，逐渐形成了肉牛、肉羊、牧草、乳品四大产业体系，建立了一批现代化牲畜养殖基地，组建了数十家集屠宰、分割包装、冷藏保鲜、外销为一体的畜产品流通加工企业。在畜牧业发展方面，酒泉市坚持数量与质量并重、质量优先发展原则，以牛羊产业绿色有机化、鸡猪产业标准化规模化、农作物秸秆饲料化和畜禽粪污资源化为方向，积极构建绿色畜牧产业、生产、经营、良繁、循环五大体系，着力打造百亿级产业集群，全市畜牧业综合生产能力显著增强，呈现转型升级、快速发展的良好态势。最新数据显示，酒泉市畜禽饲养总量已经超过2000万头（只），其中，肉羊饲养量近800万只，牛饲养量超过30万头，生猪饲养量超过60万头，鸡饲养量近1200万只。

（二）现代化农场

山丹马场，这片扬名河西、享誉全国的国营农场，不仅是全球最大的马场，更是河西走廊悠久历史的见证者。如今，它已经发展为一处集农业、畜牧业、旅游业于一体的超大型现代化农场。来到这片广袤美丽的土地上，人们不仅可以感受到浓厚的历史气息，还可以领略到河西地区现代农业和畜牧业的深厚魅力和远大前景。

早在先秦时期，山丹马场所在地就是河西重要的放牧区域，而作为皇家牧马基地，则可以追溯到汉武帝元狩二年（前121年）。通常认为，山丹马场是西汉骠骑将军霍去病发动河西战役之时创办的，至今已有两千多年的光辉历程。山丹马场核心部分位于河西走廊中部祁连山冷龙岭北麓的大马营草原，大部分地方位于甘肃省张掖市西北部，局部地方伸入青海省境内。它的地理位置得天独厚，南依祁连山，北靠巴丹吉林沙漠，是一片广袤富饶而又风光无限的土地。山丹马场辖区总面积2192平方千米，折合市制土地面积大约330万亩，其中草原面积大约185万亩，耕地面积大约46万亩，林地覆盖面积大约80万亩，其他区域面积大约20万亩。山丹马场地形地貌复杂多样，各地海拔相差较大，大体介于2400米到5000米之间。

自西汉中期以来，山丹马场长期作为历代政府的优质马匹培育基地而存在，受到历朝各代中央政府和地方政权的充分重视，作为古代的大型重要军马场，它曾为相关政权军事力量强盛和政治局势稳定作出了巨大的贡献。历史上的山丹马场以当地马种为基础，又引进了各种西域良马，曾经培育出许多优质马种；新中国

山丹马匹

成立后，更是杂交培育出了驰名中外的军马新品种——山丹马，成为中国历代各地所培育骏马中的佼佼者。

为了更好地适应时代发展和生态保护需要，21世纪初，山丹马场实现了由军队保障性企业向社会化企业的转变，现归中国农业发展集团有限公司直接管理，为张掖市境内规模最大的中央驻地方企业，主要从事现代化规模种植业、特色养殖业、高原食品加工业和生态旅游业等生产经营活动。

山丹马场除了养马出名外，种植业也是支柱产业之一。现有46.06万亩耕地中，千亩以上连片耕地约占耕地面积的一半，建成喷灌、滴灌节水农田4.1万亩，规模种植和机械化程度均处于国内前列。山丹马场以前主

山丹马场

要种植油菜籽、啤酒大麦、青稞等"老三样",如今则调整种植业结构,采用最新农艺技术广泛种植青割燕麦草、脱毒马铃薯种薯、高原夏菜等农产品和中药材。与此同时,山丹马场扎实推进绿色有机基地认证工作,2万亩有机作物生产基地获得"有机产品认证证书",已经成为甘肃省面积最大的粮食、饲草类作物有机生产基地。山丹马场以品质优良的农畜产品为依托,着力发展菜籽油加工、青稞酒酿造等农副产业,"丹马"品牌被评为甘肃省著名商标,所生产的"丹马"牌菜籽油通过有机食品认证,并荣获第十五届中国国际有机食品博览会金奖。

作为山丹马场传统产业的养殖业,如今也不断推陈出新,依然焕发着蓬勃生机。山丹马场一方面对"山丹马"努力采取保种措施,另一方面又尽力培育新品种速力马。山丹马场注重肉牛、肉羊和种驴繁育工作,逐渐形成了马牛羊驴并举、草原自然放牧与舍饲养殖相结合的畜牧业发展新格局。凭借

▎山丹马场油菜花

肥美的高原牧场等优势自然条件，山丹马场养殖的畜产品具备高蛋白、低脂肪、无污染等众多优良品质，生产的牦牛肉、藏羊肉通过了绿色食品认证。在此基础上，山丹马场大力发展以牛羊肉分割包装和牦牛肉酱加工为主的特色高原食品加工业，已经打造出一批甘肃省特色名优产品。

三、结语

习近平总书记在党的二十大报告中指出："全方位夯实粮食安全根基，全面落实粮食安全党政同责，牢牢守住十八亿亩耕地红线，逐步把永久基本农田全部建成高标准农田，深入实施种业振兴行动，强化农业科技和装备支撑，健全种粮农民收益保障机制和主产区利益补偿机制，确保中国人的饭碗牢牢端在自己手中。树立大食物观，发展设施农业，构建多元化食物供给体系。"这是全国各族人民在2020年全面建成小康社会、实现第一个百年奋斗目标的基础上，继续奋斗15年，基本实现社会主义现代化，进而到本世纪中叶新中国成立100年时，实现把我国建成富强、民主、文明、和谐、美丽的社会主义现代化强国的第二个百年奋斗目标的纲领性指示，是党中央在面临百年未有之大变局的机遇与挑战并存形势下，居安思危的长远考虑，是党和国家领导人在对国内外复杂局势深刻洞察后的远见卓识，体现了中国共产党领导下的中华人民共和国这样一个大党大国为实现中华民族伟大复兴所作出的深远谋划。

河西地区有着适宜农牧业发展的优越自然条件，有着悠久深厚的农牧业发展传统。迈入新时代的河西地区在历史时期农牧业发展的基础上继续迸发出新的活力，在中国共产党的英明领导下，勤劳质朴的河西人民正在以勇往直前的奋斗拼搏精神建设生机盎然、奋发向前的新河西。河西各地充分利用自身发展优势条件，因地制宜地发展新时代特色农牧业，逐渐形成了特色化、规模化、现代化、模范化、环保性、可持续性的农牧互补共进和产销一体化的新兴发展格局。

民以食为天，民为邦本，本固邦宁。新中国成立以来，党中央始终把解决人民吃饭问题作为治国安邦的首要任务。粮食问题事关国运民生，粮食安全是"国之大者"，是国家安全的重要基础，中国人的饭碗要牢牢端在自己手中。解决粮食生产问题，就是解决经济发展中的基础核心问题。河西地区在古代社会长期作为"西北粮仓"而存在，进入新时代以来，河西地区依然是我国重要的商品粮生产基地之一。努力推进河西地区农牧业发展，重振河西地区"西北粮仓"之雄风，不仅对于西北地区经济社会发展有着重要意义，而且对于落实国家粮食安全战略有着重要的引领示范价值。

参考文献

一、基本古籍

（汉）司马迁《史记》（修订增补本），北京：中华书局，2014年。

（汉）班固《汉书》，北京：中华书局，1962年。

（晋）陈寿《三国志》，北京：中华书局，2008年。

（晋）郭璞注，王贻樑、陈建敏校释《穆天子传汇校集释》，北京：中华书局，2019年。

（南朝·宋）范晔《后汉书》，北京：中华书局，1965年。

（北魏）崔鸿《十六国春秋》，北京：商务印书馆，1937年。

（北魏）郦道元著，陈桥驿校证《水经注校证》，北京：中华书局，2007年。

（北齐）魏收《魏书》，北京：中华书局，1974年。

（唐）魏征《隋书》，北京：中华书局，1973年。

（唐）房玄龄《晋书》，北京：中华书局，1974年。

（唐）李延寿《北史》，北京：中华书局，1974年。

（唐）杜佑《通典》，北京：中华书局，1988年。

（后晋）刘昫《旧唐书》，北京：中华书局，1975年。

（宋）李昉等《太平广记》，北京：中华书局，1961年。

（宋）欧阳修《新五代史》，北京：中华书局，1974年。

（宋）欧阳修《新唐书》，北京：中华书局，1975年。

（宋）司马光《资治通鉴》，北京：中华书局，1979年。

（宋）李焘《续资治通鉴长编》，北京：中华书局，1995年。

（清）汤球《十六国春秋辑补》，北京，商务印书馆，1958年。

（清）彭定求等《全唐诗》，北京：中华书局，1960年。

（清）张廷玉《明史》，北京：中华书局，1974年。

（清）孙星衍《尚书今古文注疏》，北京：中华书局，1986年。

（清）顾祖禹《读史方舆纪要》，北京：中华书局，2005年。

（清）钟赓起著，张志纯校点《甘州府志校注》，兰州：甘肃文化出版社，2008年。

（清）阮元（校刻）《十三经注疏》，北京：中华书局，2009年。

二、考古报告

甘肃省博物馆《甘肃古文化遗存》，《考古学报》1960年第2期。

甘肃省博物馆文物工作队、武威地区文物普查队《永昌鸳鸯池新石器时代墓地的发掘》，《考古》1974年第5期。

甘肃省博物馆《甘肃省文物考古工作三十年》，文物编辑委员会《文物考古工作三十年》，北京：文物出版社，1981年。

甘肃省文物队、甘肃省博物馆、嘉峪关市文物管理所《嘉峪关壁画墓发掘报告》，北京：文物出版社，1985年。

蒲朝绂、赵建龙《甘肃永昌三角城沙井文化遗址调查》，《考古》1984年第7期。

李璠、李敬仪、卢晔等《甘肃省民乐县东灰山新石器遗址古农业遗存新发现》，《农业考古》1989年第1期。

蒲朝绂、庞跃先《永昌三角城与蛤蟆墩沙井文化遗存》，《考古学报》1990年第2期。

甘肃省文物考古研究所、吉林大学北方考古研究室《民乐东灰山考古——四坝文化墓地的揭示与研究》，北京：科学出版社，1998年。

甘肃省文物考古研究所《永昌西岗柴湾岗：沙井文化墓葬发掘报告》，兰州：甘肃人民出版社，2001年。

甘肃省文物考古研究所《酒泉西河滩新石器时代晚期—青铜时代遗址》，国家文物局《2004中国重要考古发现》，北京：文物出版社，2005年。

甘肃省文物考古研究所、北京大学考古文博学院《河西走廊史前考古调查报告》，北京：文物出版社，2011年。

张雪莲、张君、李志鹏等《甘肃张掖市西城驿遗址先民食物状况的初步分析》，《考古》2015年第7期。

甘肃省文物考古研究所等《甘肃张掖市西城驿遗址2010年发掘简报》，《考古》2015年第10期。

蒋宇超、陈国科、李水城《甘肃张掖西城驿遗址2010年浮选结果分析》，《华夏考古》2017年第1期。

甘肃省文物考古研究所《甘肃武威海藏新石器时代遗址发掘简报》，《文物》2023年第11期。

三、学人著作

范文澜《中国通史简编》（修订本）第二编，北京：人民出版社，1949年。

周伟洲《中国中世西北民族关系研究》，西安：西北大学出版社，1962年。

袁珂《山海经校注》，上海：上海古籍出版社，1980年。

敦煌文物研究所《中国石窟·敦煌莫高窟》，北京：文物出版社，1981年。

陈寅恪《隋唐制度渊源略论稿》，上海：上海古籍出版社，1982年。

吴慧《中国历代粮食亩产研究》，北京：农业出版社，1985年。

鲜肖威、陈莉军《西北干旱地区农业地理》，北京：农业出版社，1986年。

贺新民《中国骆驼发展史》，北京：科学出版社，1986年。

黄烈《中国古代民族史研究》，北京：人民出版社，1987年。

甘肃省文物考古研究所编，薛英群注《居延新简释粹》，兰州：兰州大学出版社，1988年。

王尧、陈践《敦煌吐蕃文书论文集》，成都：四川民族出版社，1988年。

齐陈骏《河西史研究》，兰州：甘肃教育出版社，1989年。

张波《西北农牧史》，西安：陕西科学技术出版社，1989年。

赵以武《五凉文化述论》，兰州：甘肃人民出版社，1989年。

甘肃省民族事务委员会、甘肃省民族研究所《甘肃少数民族》，兰州：甘肃人民出版社，1989年。

唐耕耦、陆宏基《敦煌社会经济文献真迹释录》（第二、三辑），北京：全国图书馆文献缩微复制中心，1990年。

谷苞《民族研究文选》，乌鲁木齐：新疆人民出版社，1991年。

谭蝉雪《敦煌婚姻文化》，兰州：甘肃人民出版社，1993年。

中共中央马克思恩格斯列宁斯大林著作编译局《马克思恩格斯选集》，北京：人民出版社，1995年。

李并成《河西走廊历史地理》，兰州：甘肃人民出版社，1995年。

吴廷桢、郭厚安《河西开发史研究》，兰州：甘肃教育出版社，1996年。

赵予征《丝绸之路屯垦研究》，乌鲁木齐：新疆人民出版社，1996年。

王仁湘《中国史前饮食史》，青岛：青岛出版社，1997年。

李清凌《西北经济史》，北京：人民出版社，1997年。

吴正科《黑水国古城》，兰州：甘肃人民出版社，1998年。

姜亮夫《敦煌：伟大的文化宝藏》，昆明：云南人民出版社，1999年。

李宝通《唐代屯田研究》，兰州：甘肃人民出版社，2001年。

梁启超《佛学研究十八篇》，上海：上海古籍出版社，2001年。

荣新江《敦煌学十八讲》，北京：北京大学出版社，2001年。

谢端琚《甘青地区史前考古》，北京：文物出版社，2002年。

钟进文《中国裕固族研究集成》，北京：民族出版社，2002年。

杨建新《中国西北少数民族史》，北京：民族出版社，2003年。

洲塔、乔高才让《甘肃藏族通史》，西宁：青海人民出版社，2004年。

吴礽骧《河西汉塞调查与研究》，北京：文物出版社，2005年。

高荣《先秦汉魏河西史略》，天津：天津古籍出版社，2007年。

韩建业《中国西北地区先秦时期自然环境与文化发展》，北京：文物出版社，2008年。

李水城《东风西渐：中国西北史前文化之进程》，北京：文物出版社，2009年。

杨建新《中国西北少数民族通史》，北京：民族出版社，2009年。

切排《河西走廊多民族和平杂居与发展态势研究》，北京：民族出版社，2009年。

赵志军《小麦东传与欧亚草原通道》，中国社会科学院考古研究所夏商周考古研究室《三代考古》（三），北京：科学出版社，2009年。

李清凌、钱国权《中国西北政治史》，北京：人民出版社，2009年。

祝中熹《甘肃通史·先秦卷》，兰州：甘肃人民出版社，2009年。

汪受宽《甘肃通史·秦汉卷》，兰州：甘肃人民出版社，2009年。

赵向群《甘肃通史·魏晋南北朝卷》，兰州：甘肃人民出版社，2009年。

尹伟先等《甘肃通史·隋唐五代卷》，兰州：甘肃人民出版社，2009年。

刘建丽《甘肃通史·宋夏金元卷》，兰州：甘肃人民出版社，2009年。

武沐《甘肃通史·明清卷》，兰州：甘肃人民出版社，2009年。

陈成军《文物里的古代中国》，北京：中国社会科学出版社，2010年。

赵贞《归义军史事考论》，北京：北京师范大学出版社，2010年。

朱宏斌《秦汉时期区域农业开发研究》，北京：中国农业出版社，2010年。

李并成、张力仁《河西走廊人地关系演变研究》，西安：三秦出版社，2011年。

余太山《两汉魏晋南北朝与西域关系史研究》，北京：商务印书馆，2011年。

边强《甘肃关隘史》，北京：科学出版社，2011年。

贾小军《魏晋十六国河西墓葬壁画中的"夫妇劳作图"——兼论小家庭在魏晋十六国河西社会中的作用》，中国魏晋南北朝史学会、山西大学历史文化学院《中国魏晋南北朝史学会第十届年会暨国际学术研讨会论文集》，太原：北岳文艺出版社，2011年。

韩茂莉《中国历史农业地理》，北京：北京大学出版社，2012年。

邵如林、（美）吴梅萍《中国河西走廊：历史·文化·艺术》，北京：中国旅游出版社，2013年。

徐日辉《中国饮食文化史·西北地区卷》，北京：中国轻工业出版社，2013年。

杨铭《吐蕃统治敦煌西域研究》，北京：商务印书馆，2014年。

赵向群《史不绝书的五凉文化》，兰州：甘肃教育出版社，2014年。

蒋见元、程俊英《诗经注析》，北京：中华书局，2017年。

卢冬《地下画廊：河西走廊出土壁画彩绘砖》，兰州：甘肃人民美术出版社，2017年。

马玉华、赵吴成《河西画像砖艺术》，兰州：甘肃人民出版社，2017年。

姚磊《肩水金关汉简编连五则》，《出土文献》（第十三辑），上海：中西书局，2018年。

甘肃省文物考古研究所《甘肃重要考古发现（2000—2019）》，北京：文物出版社，2020年。

颉耀文、汪桂生、张自强《黑河流域历史时期的人类活动与绿洲变迁》，北京：科学出版社，2020年。

《中国石窟走廊》摄制组《中国石窟走廊》，兰州：甘肃教育出版社，2020年。

陈胜前《史前的现代化：从狩猎采集到农业起源》，北京：生活·读书·新知三联书店，2020年。

王璞《疏勒河及内陆河历史文明考察》，兰州：甘肃文化出版社，2021年。

陕西师范大学历史文化学院等《丝绸之路研究集刊》（第九辑），北京：社会科学文献出版社，2023年。

贾小军《汉唐时期河西走廊墓葬壁画整理研究》，北京：中国社会科学出版社，2023年。

徐旭生《中国古史的传说时代》，北京：商务印书馆，2023年。

郑炳林《敦煌通史》，兰州：甘肃教育出版社，2023年。

《河西走廊》摄制组《河西走廊》，兰州：甘肃教育出版社，2023年。

四、期刊论文

鲜肖威《甘肃境内的丝绸之路》，《兰州大学学报》（社会科学版）1980年第2期。

汪泛舟《敦煌曲子词中民族、爱国词篇考析》，《敦煌研究》1985年第2期。

赵以武《略论五凉文学》，《兰州学刊》1985年第1期。

黎尚诚《五凉时期的河西文化》，《西北师大学报》（社会科学版）1985年第3期。

张军武《河西畜牧天下绕》，《兰州学刊》1986年第1期。

田尚《古代河西走廊的农田水利》，《中国农史》1986年第2期。

季羡林《敦煌学、吐鲁番学在中国文化史上的地位和作用》，《红旗》1986年第3期。

宿白《凉州石窟遗迹和"凉州模式"》，《考古学报》1986年第4期。

陈振中《先秦时代的主要粮食作物》，《古今农业》1988年第1期。

史念海《河西与敦煌》（上篇），《中国历史地理论丛》1988年第4期。

史念海《河西与敦煌》（下篇），《中国历史地理论丛》1989年第1期。

马淑琴《西夏与北宋的青白盐贸易》，《宁夏社会科学》1989年第2期。

蒲朝绂《试论沙井文化》，《西北史地》1989年第4期。

李并成《元代河西走廊的农业开发》，《西北师大学报》（社会科学版）1990年第3期。

赵向群《汉晋之际河西经济区的变迁》，《西北师大学报》（社会科学版）1990年第5期。

魏明孔《隋代河西地区的畜牧业》，《西北师大学报》（社会科学版）1991年第6期。

魏明孔《隋代河西地区的民族贸易与"张掖互市"》，《社科纵横》1991年第4期。

赵以武《简析十六国时代河西成为北中国文化中心的原因》，《社科纵横》1991年第5期。

陆庆夫《略述五凉的民族分布及其融合途径》，《西北民族大学学报》（哲学社会科学版）1992年第1期。

李并成《〈魏书·食货志〉"河西"地望考辨》，《西北师大学报》（社会科学版）1993年第4期。

景爱《额济纳河下游环境变迁的考察》，《中国历史地理论丛》1994年第1期。

钱伯泉《乌孙和月氏在河西的故地及其西迁的经过》，《敦煌研究》1994年第4期。

邵如林《"河西文化"论》，《西北史地》1995年第2期。

郑炳林《唐五代敦煌畜牧业区域研究》，《敦煌学辑刊》1996年第2期。

赵向群《魏晋五凉时期河西民族融合中的羌化趋势》，《西北师大学报》（社会科学版）1996年第1期。

陆庆夫《论甘州回鹘与中原王朝的贡使关系》，《民族研究》1999年第3期。

张志斌等《绿洲型城镇体系的空间组织格局——以甘肃省酒泉地区为例》，《干旱区地理》1999年第4期。

张光直《中国饮食史上的几次突破》，《民俗研究》2000年第2期。

刘再聪《魏晋时期甘肃河西走廊的农业开发与技术推广》，《甘肃农业》2000年第2期。

王跃《敦煌宗教文化的地理学研究》，《干旱区资源与环境》2000年第2期。

党瑜《历史时期河西走廊农业开发及其对生态环境的影响》,《中国历史地理论丛》2001 年第 2 期。

魏静《唐前期河西社会经济发展探析》,《开发研究》2001 年第 4 期。

高荣《汉代河西文化述论》,《河西学院学报》2002 年第 1 期。

刘建丽《西夏河西经济的开发与历史局限》,《宁夏社会科学》2002 年第 4 期。

郑炳林、徐晓丽《论晚唐五代敦煌贸易市场的国际化程度》,《中国经济史研究》2003 年第 2 期。

蒋福亚《魏晋之际河西走廊经济主体的演变》,《许昌学院学报》2003 年第 4 期。

封玲《历史时期中国绿洲的农业开发与生态环境变迁》,《中国农史》2004 年第 3 期。

高荣《月氏、乌孙和匈奴在河西的活动》,《西北民族研究》2004 年第 3 期。

李志敏《赀虏史迹考述》,《西北民族研究》2004 年第 4 期。

高荣《古史所记的先秦河西》,《河西学院学报》2004 年第 6 期。

闵宗殿《试论清代农业的成就》,《中国农史》2005 年第 1 期。

郑炳林《晚唐五代敦煌地区的吐蕃居民初探》,《中国藏学》2005 年第 2 期。

张景明《试论北方游牧民族饮食文化的交流》,《饮食文化研究》2005 年第 3 期。

白贤《北魏儒风与河西文化之东渐》,《河西学院学报》2006 年第 1 期。

彭向前《西夏王朝对丝绸之路的经营》,《宁夏大学学报》(人文社会科学版)2006 年第 2 期。

张力仁《历史时期河西走廊多民族文化的交流与整合》,《中国历史地理论丛》2006 年第 3 期。

陈芳《西汉三十六牧苑考》,《人文杂志》2006 年第 3 期。

潘林、王勤礼、杨斌等《河西地区制种业实施农业标准化模式的调查》,《中国种业》2006 年第 4 期。

张雪莲《碳十三和氮十五分析与古代人类食物结构研究及其新进展》,《考古》2006 年第 7 期。

姜歆《西夏法典〈天盛律令〉盐铁法考》,《宁夏社会科学》2007 年第 2 期。

惠富平《中国古代西部农牧业开发史略》,《古今农业》2007 年第 3 期。

管彦波《论唐代内地与边疆的"互市"和"朝贡"贸易》,《黑龙江民族丛刊》2007 年第 4 期。

鲁清林《河西走廊种植冬小麦的可行性及关键技术》,《甘肃农业科技》2008 年第 1 期。

孙彦《试论魏晋十六国时期的农具与农业生产——以河西走廊墓葬壁画为例》,《农业考古》2008 年第 4 期。

高荣《汉代"传驿马名籍"简若干问题考述》,《鲁东大学学报》(哲学社会科学版)2008 年第 6 期。

汪受宽《两汉凉州畜牧业述论》,《敦煌学辑刊》2009 年第 4 期。

王旺多《关于河西走廊发展现代农业的思考》,《科学·经济·社会》2009 年第 3 期。

李晓青《甘肃地区先秦时期的文化交流与融合》,《文博》2010 年第 3 期。

孙彦《墓葬壁画所见魏晋十六国时期的畜牧业——以河西走廊为例》,《农业考古》2010 年第 4 期。

李文荟《两汉时期河西的开发管理》,《南昌教育学院学报》2010 年第 12 期。

李玉忠《河西走廊草原生态置换条件和潜力及对策研究》,《农业现代化研究》2011 年第 3 期。

许德庆《近十年来国内河西地区历史地理研究概述》,《河西学院学报》2011 年第 4 期。

刘雅琴、翟同宪《河西走廊加快发展现代农业的几点思考——以张掖市为例》,《山东省农业管理干部学院学报》2011 年第 6 期。

刘再聪《从"慕道"到"归化":唐正州内迁归化部众居住区的"村"制度——以粟特人"村"和新罗人"村"为中心》,《学术月刊》2011年第9期。

马海寿、陈文祥《试论河西走廊农牧业转换的历史变迁》《青海民族大学学报》(社会科学版)2012年第1期。

陈庆英、赵桐华《关于西北民族走廊的思考》,《西北民族大学学报》(哲学社会科学版)2012年第2期。

杨富学、张海娟《蒙古豳王家族与元代西北边防》,《中国边疆史地研究》2012年第2期。

侯宗辉《汉简所见两汉之交河西窦融集团的粮荒问题》,《甘肃社会科学》2012年第5期。

夏叶、李天成、张荣、唐伟杰《河西走廊荒漠区现代设施农业发展的思考与探讨》,《北方园艺》2012年第14期。

史金波《西夏的汉族和党项民族的汉化》,《中南民族大学学报》(人文社会科学版)2013年第1期。

韩建业《"彩陶之路"与早期中西文化交流》,《考古与文物》2013年第1期。

范香立《两汉曹魏时期河西地区的屯田与农田水利》,《衡阳师范学院学报》2013年第4期。

甘肃行政学院华夏文明传承创新课题组《华夏文明传承创新:抚今忆昔话河西》,《甘肃行政学院学报》2013年第6期。

刘再聪《甘肃历史文化资源与华夏文明》,《丝绸之路》2013年第6期。

高荣《汉代河西粮食作物考》,《中国农史》2014年第1期。

赵国智《金昌市畜牧业产业化发展现状及对策》,《中国畜牧业》2014年第3期。

陈士辉、蔺海明《河西地区玉米制种产业调研报告》,《甘肃农业》2014年第4期。

杨富学、彭晓静《丝绸之路与宗教文化的传播交融》,《中原文化研究》2014年第5期。

郭勤华《隋炀帝的开放政策与丝绸之路经济的开发》,《宁夏社会科学》2014年第6期。

孙占鳌、刘生平《论河西地区饮食文化的形成(上)》,《发展》2014年第9期。

孙占鳌、刘生平《论河西地区饮食文化的形成(下)》,《发展》2014年第10期。

杨富学、陈亚欣《河西史前畜牧业的发展与丝绸之路的孕育》,《新疆师范大学学报》(哲学社会科学版)2015年第3期。

韩华《由西北简看两汉河西地区的手工业》,《鲁东大学学报》(哲学社会科学版)2015年第4期。

景永时《西夏马政述论》,《北方民族大学学报》(哲学社会科学版)2015年第5期。

杨谊时、石乃玉、史志林《考古发现所见河西走廊史前的农业双向传播》,《敦煌学辑刊》2016年第1期。

白耀栋《甘肃河西走廊地区酿酒葡萄发展的优劣势分析》,《中外葡萄与葡萄酒》2016年第2期。

聂传平《宋蕃"茶马贸易"考论——兼论北宋时期西北吐蕃人饮茶习俗的形成及影响》,《西南边疆民族研究》2016年第2期。

许尔文等《特色农业视角下张掖设施葡萄区域优势产业发展路径研究》,《甘肃科技》2016年第4期。

李成、朱歌敏、凌雪《论两汉时期中国北方小麦种植的发展》,《西北大学学报》(人文社会科学版)2016年第6期。

杨富学、陈亚欣《河西史前畜牧业的生成及其特点》,《中国经济史研究》2016年第6期。

董知珍、冯小琴《史前到先秦时期甘肃地区的古人类与民族活动》,《陇东学院学报》2016年第6期。

申慧青《简论北宋对丝绸之路的经营与利用》,《宋史研究论丛》2017年第1期。

段小强、陈亚军《敦煌地区史前文化初步研究》,《敦煌学辑刊》2017年第4期。

陈国科《西城驿—齐家冶金共同体——河西走廊早期冶金人群及相关问题初探》,《考古与文物》2017年第5期。

董广辉、杨谊时等《农作物传播视角下的欧亚大陆史前东西方文化交流》,《中国科学：地球科学》2017年第5期。

钱述华《山丹马场燕麦干草产业发展现状及对策》,《现代农业科技》2017年第5期。

闫廷亮《河西古代的土贡——以史志资料为中心的考察》,《中国地方志》2017年第11期。

高荣《汉唐时期河西民族融合类型及其特点》,《河西学院学报》2018年第1期。

巩家楠《高台魏晋墓壁画农牧图研究》,《湖北广播电视大学学报》2018年第4期。

李建宗《走廊地带多重边界叠合与多民族共同体生成——兼论河西走廊区域研究范式与民族学意义》,《思想战线》2018年第4期。

张璇等《甘肃省河西走廊棉花产业现状及可持续发展策略》,《中国棉花》2018年第8期。

王子今《说"秦胡""秦虏"》,《中国边疆史地研究》2019年第1期。

王建新、关楠楠《河西走廊多民族交融发展的历史作用与现实意义》,《西北民族研究》2019年第2期。

董振华、毛曦《河西何在：政治地理变迁与河西范围演变》,《历史教学》2019年第6期。

伊秀玲等《河西戈壁生态农业品牌建设研究》,《甘肃农业》2020年第1期。

梁淑贞《唐至清代河西走廊中药材资源的开发利用研究》,《河西学院学报》2020年第2期。

田澍、胡睿《河西走廊：明朝成功管控西北边疆的锁钥》,《中国边疆史地研究》2020年第4期。

陈继宏《吐蕃统治时期敦煌畜牧业管窥》,《敦煌学辑刊》2020年第4期。

郭声波、苏阳《吐谷浑交通格局新论》,《黑龙江社会科学》2020年第5期。

刘晔海《甘肃山丹明代长城调查研究》,《中国国家博物馆馆刊》2020年第11期。

魏益民、杨谊时等《中国河西走廊东灰山和西灰山作物遗存研究》,《麦类作物学报》2020年第11期。

唐志红、罗广元、阮国杰《河西走廊生态农业新业态发展模式及对策》,《乡村科技》2020年第29期。

史金波、佟建荣《西夏风俗概论》,《西夏学》2021年第1期。

白晶晶《浅谈武威市草食畜牧业发展现状、存在问题及对策》,《甘肃畜牧兽医》2021年第3期。

濮仲远《唐前期凉州境内羁縻府州的兴废》,《中国边疆史地研究》2021年第3期。

王秀娜、丁永建、王建、赵传成《1960—2017年河西地区降水时空变化特征》,《冰川冻土》2021年第4期。

刘志平《先秦秦汉时期陇右地区的族群互动与认同》,《西北大学学报》（哲学社会科学版）2021年第5期。

王新成、殷燕《先秦时期酒泉饮食》,《黑龙江史志》2021年第9期。

孙豪飞《居延简所见两汉之际河西地区戍卒人员月食粟量》,《九江学院学报》（社会科学版）2022年第1期。

蒙芋颖《明清传教士慈善救济与宗教传播关系梳议》,《西部学刊》2022 年第 2 期。

孙花《浅谈魏晋时期河西地区农业发展——以嘉峪关魏晋墓"农耕图"画像砖为例》,《丝绸之路》2021 年第 3 期。

朱顺顺《史料所载明代河西农作物种类及种植特性》,《河西学院学报》2022 年第 2 期。

张相鹏《甘肃玉门火烧沟遗址骟马文化遗存反映的生业活动》,《国学学刊》2022 年第 2 期。

付皓田《〈饮膳正要〉体现的饮食文化交融》,《民族艺林》2022 年第 4 期。

陈秀香《河西灌区高原夏菜产业现状及绿色发展思路》,《甘肃农业》2022 年第 6 期。

张斌、白俊凤《嘉峪关明代长城防御系统的建立与形成》,《河西学院学报》2022 年第 6 期。

陶盈如《河西走廊水资源现状与保护对策》,《乡村科技》2022 年第 8 期。

刘成夔《武威市农业产业高质量发展的对策建议》,《农村经济与科技》2022 年第 11 期。

张玉英、吕剑平《河西走廊农业高质量发展空间分异与影响因素分析》,《中国物价》2022 年第 12 期。

五、学位论文

苏金花《唐五代敦煌绿洲农业研究》,北京:中国社会科学院博士学位论文,2002 年。

陈广恩《元代西北经济开发研究》,广州:暨南大学博士学位论文,2003 年。

袁建光《汉代西北开发》,长沙:湖南师范大学硕士学位论文,2005 年。

陈爱峰《西夏与丝绸之路关系研究》,兰州:西北民族大学硕士学位论文,2007 年。

张显运《宋代畜牧业研究》,开封:河南大学博士学位论文,2007 年。

黄成《五凉时期河西地区的文化繁荣及其影响》,西宁:青海师范大学硕士学位论文,2008 年。

刘兴成《河西走廊地区民族变迁与生态演变》,西安:陕西师范大学硕士学位论文,2008 年。

刘俊霞《秦汉时期西北农业开发与生态环境问题研究》,西安:西北农林科技大学硕士学位论文,2008 年。

袁黎明《唐代丝绸之路演变与西北市场格局的变动》,西安:陕西师范大学硕士学位论文,2010 年。

贾文丽《汉代河西军事地理研究》,北京:首都师范大学博士学位论文,2011 年。

张乃文《北宋军马来源述论》,沈阳:辽宁大学硕士学位论文,2012 年。

陈功《敦煌汉简中的农业》,兰州:西北师范大学硕士学位论文,2012 年。

陈若愚《明清以来河西走廊水利社会研究》,武汉:华中师范大学硕士学位论文,2013 年。

王江海《甘肃河西地区节水农业发展研究》,兰州:兰州大学硕士学位论文,2014 年。

李洪波《两汉时期的马政与边疆安全》,长春:东北师范大学硕士学位论文,2014 年。

李成《黄河流域史前至两汉小麦种植与推广研究》,西安:西北大学博士学位论文,2014 年。

王世红《"腹边互动"视野下秦汉时期边疆农业开发研究》,南京:南京农业大学博士学位论文,2015 年。

陈天鹏《清代河西走廊牧马业研究》,兰州:西北师范大学硕士学位论文,2015 年。

任瑞波《西北地区彩陶文化研究》,兰州:兰州大学博士学位论文,2016 年。

徐臣攀《汉唐时期农耕区拓展研究》,西安:陕西师范大学博士学位论文,2016 年。

徐水兰《汉代河西养马业研究》,兰州:兰州大学硕士学位论文,2016 年。

董斌《石羊河流域历史地理若干专题研究》，兰州：兰州大学硕士学位论文，2016年。

范宪军《西城驿遗址炭化植物遗存分析》，济南：山东大学硕士学位论文，2016年。

白守宁《五凉时期的河西文化与文学》，南京：南京师范大学硕士学位论文，2017年。

王玉萍《回鹘商业发展史研究》，兰州：西北民族大学硕士学位论文，2017年。

何静苗《汉代河西治理研究》，兰州：兰州大学硕士学位论文，2018年。

穆文晨《两汉至五代肃州与丝绸之路研究》，西安：陕西师范大学硕士学位论文，2018年。

张开《西北地区唐代农牧业地理研究》，西安：陕西师范大学博士学位论文，2019年。

黄颖《两汉时期农牧界线的历史变迁及其原因》，南昌：江西师范大学硕士学位论文，2019年。

张磊《明代卫所与河西地区社会变迁研究》，西宁：青海师范大学博士学位论文，2019年。

惠萌《面食之路——中原和西域地区的面食文化交流》，西安：陕西师范大学博士学位论文，2020年。

马志梅《民族关系视野下的蒙元河西路》，西安：陕西师范大学硕士学位论文，2020年。

魏士茹《河西地区魏晋墓"六畜"图像研究》，兰州：西北师范大学硕士学位论文，2020年。

陈红梅《两汉时期凉州地区的经济开发与社会变迁研究》，南昌：江西师范大学硕士学位论文，2020年。

马静《蒙元政权对河西地区的经营》，兰州：西北民族大学硕士学位论文，2020年。

魏振龙《肩水塞出土汉简整理与研究》，武汉：武汉大学博士学位论文，2021年。

谢书磊《吐蕃统治时期沙州汉人研究》，兰州：兰州大学硕士学位论文，2021年。

董莉莉《丝绸之路与汉王朝的兴盛》，济南：山东大学博士学位论文，2021年。

李昕《汉晋时期河西走廊及邻近地区人类摄食结构及其影响因素研究》，兰州：兰州大学博士学位论文，2021年。

冯朝红《基于水资源承载力的西北地区农业可持续发展评估研究》，西安：西安理工大学博士学位论文，2021年。

宋添力《疏勒河中下游地区考古学文化研究》，兰州：兰州大学硕士学位论文，2021年。

鲍娜《早期青铜时代的东西方文化交流——以四坝文化为例》，昆明：云南大学硕士学位论文，2022年。

袁雅洁《河西汉简所见饮食研究》，北京：首都师范大学硕士学位论文，2022年。

董佩东《河西魏晋十六国壁画墓农作图的整理与研究》，兰州：西北师范大学硕士学位论文，2022年。

张嘉琦《甘青地区早期铜器研究》，兰州：西北师范大学硕士学位论文，2023年。

刘琳《先秦时期河西地区农牧业问题研究》，兰州：西北师范大学硕士学位论文，2024年。

后记

从2022年8月领受任务到2023年11月提交初稿，随后又与责任编辑反复沟通，不断修改、完善，直至2025年5月即将出版，仅后记就修改了三次，前后历经近三年时间。现在书稿终于要正式出版了，此时此刻，我感觉如释重负，同时也因为惧怕读者批评而感到忐忑不安。

呈现在读者面前的这部《西北粮仓——河西走廊》是我教学科研生涯中的第二部专著，与2016年的第一部专著《秦早期文明追迹》一样，同样是承蒙孙宝岩先生信任亲自打电话向我约稿，同样是需要快速完成的"命题作文"，同样是使命在肩、压力山大，同样是需要将学术专业严谨性融于大众通俗可读性之中，同样是要作为国家社科基金项目阶段性成果，同样是由甘肃教育出版社编辑出版，同样是惴惴不安而又满怀期待。

我平常在阅读学术著作和评审学位论文时，喜欢读作者后记，因为这样可以了解作者的心路历程和学术成果的著述思想，感觉就像是在与作者进行深度的心灵交流，这是一种别样的精神享受。个人愚见，作为读书人和教书人，一生理应多写几篇抒发真情实感的后记，借以抒发不同求学和治学阶段的心声，这在一定意义上也是对自己阶段性学习成效和学术成果的交代性总结。2003年本科毕业于西北师范大学时，当时毕业论文格式没有写后记的要求，所以也就没有写后记的意识；

2006年硕士毕业于北京师范大学时,听从导师提议,没有写硕士学位论文后记;2014年博士毕业于复旦大学时,用心写了一篇博士学位论文后记,这也是我平生第一次写后记。2016年,我完成了《秦早期文明追迹》一书的撰写任务,当时很认真地写了一篇约5000字的后记,这是我求学和治学生涯中写的第二篇后记。今天重新读这篇后记,往日情景如幻灯片般在心间快速闪现,勾起我许多既美好又感伤的回忆,不禁把自己感动了一把。自我感动之余,觉得2016年的后记虽然写得情真意切,但是略显琐碎和直率,不够简洁豁达,甚至显得不够成熟,其中不免有发牢骚之嫌。今天又到了写著作后记的时候,虽然此前已经有了一些"规划",但临时决定还是放弃既有想法,尽可能淡化和避免个人情绪宣泄,必须特别感谢在书稿编写修改过程中指导、支持和帮助过自己的诸位领导、朋友、学生和家人。

此次书稿编写任务终于完成了,对于写作思路和主体内容框架,我已经在"前言"部分作了大体介绍,兹不赘述。对于河西走廊一带的农牧业发展史,我此前知之甚少,此次领受书稿编写任务,既是机遇也是挑战。近三年来,我将基本教学任务和无法推脱的日常琐事之外的大部分时间都用于该书稿编写之中,通过边学习边思考边写作的过程磨砺,我个人在短时间内掌握了更多的学科专业知识,对一些问题有了更为深入全面的思考,对河西走廊的发展前景充满了期待,希望借此机会可以拓展学术研究视野。为了顺利完成书稿编写任务,我这三年来少写了几篇论文,少出了几次差,压缩了休闲娱乐时间,多熬了几次夜,多吃了几片安眠药,多生了几场小病,多次在高铁、飞机和大巴上修改稿子,内心平添了许多压力和焦虑,不良情绪因此增加了几分,家人也因此承受了不少委屈。人生不如意事常有八九,树欲静而风不止,人不惹事事找人,淡泊宁静实难求。近三年来我遭遇了一些人生挫折,默默承受了一些不公正对待,对世态人情有了一些更成熟的感知;但是在从事该书稿编写过程中,我可以暂时假装漠视一些烦心人和荒唐事,能够尽可能坚守真诚做人、踏实做事的理想信念,从中收获了一定程度

后记

的充实感、成就感和幸福感。虽然在成果级别认定与单位考核指标中，对于该书稿的出版也许并不看重，我也因此从单位层面得不到多少现实利益，但是对于书稿编写任务我依然自始至终尽心竭力。我认为编写工作应该可以算得上是一种社会服务，该选题兼具学术价值和现实意义，我个人从中也收获颇丰，始终无怨无悔。囿于时间、精力、专长和学养的有限性以及出版定位要求，拙著编写过程略显仓促，其中粗疏不当乃至纰缪之处或许不少，敬请读者诸君善意批评指正！

借此机会，我想郑重表达一下我的诚挚感激之情。首先，感谢甘肃教育出版社对我的信任，尤其要特别感谢责任编辑张福英女士在书稿编辑过程中的耐心细致和辛勤付出；其次，感谢缐育乾、刘琳、马亚妮、范欣、李泽皓、王琳琳、武桢浈、王立琛、关春燕等几位研究生在书稿资料搜集整理、初稿修改完善、图文格式技术处理过程中的鼎力协助；再次，感谢我所在单位相关领导和教师在书稿编写过程中给予我的指导、支持和关心。还需要特别说明的是，西北师范大学附属中学高级教师贾莹女士全程参与了全书纲目拟定、文稿编写、图文审定和修改完善等工作，特此郑重说明并谨致谢忱！

本书中未标注出处的图片皆采自视觉中国官网和甘肃教育出版社2021年12月出版的《写给青少年的敦煌故事》丛书，在此对所有提供图片支持的有关单位表示衷心的感谢。

我的第一部书稿完成时，单纯善良的长子玉乾年近4岁，彼时次子玉坤尚未诞生；如今，长子玉乾刚满13岁，聪明可爱的次子玉坤也已年满8岁。值此第二部书稿完成之际，我祝愿俩儿子健康成长、学习进步，希望我们全家平安喜乐、诸事胜意、幸福美满！

西北师范大学历史文化学院　陶兴华
2025年5月10日终稿于田家炳教育书院112办公室